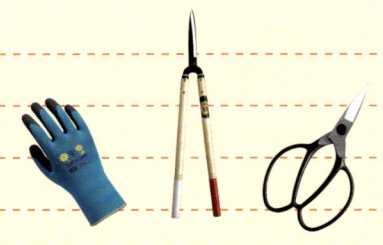

CONTENTS

이 책의 활용법 4

가지치기 용어 사전 188

INDEX 191

1 가지치기의 기본

가지치기의 목적 6
가지치기의 모양 7
나무의 종류와 부위별 이름 8
기본적인 가지치기의 방법 10
기본 가지치기_ 필요없는 가지의 종류 12
기본 가지치기_ 가지를 자르는 방법 14
기본 가지치기_ 필요한 도구 16
기본 가지치기_ 도구를 사용하는 방법 17
깎기 가지치기 18
꽃눈이 달리는 유형과 꽃나무 가지치기 20
Case Study_ 이것이 알고 싶다 Q&A 22
나무의 12개월 주기 28

2 갈잎나무 가지치기

갈잎나무 가지치기 30
가는잎조팝나무 32

가막살나무 34
노각나무 35
개나리 36
납매 38
단풍나무류 40
단풍철쭉 42
도사물나무 44

등나무 46
때죽나무 48
별목련 49
매실나무 50
무궁화 52
미국산딸나무·산딸나무 54
배롱나무 56
백목련 58

벚나무 60
산당화 62
서양수수꽃다리 64
수국 66
수양단풍 68
안개나무 70
애기노각나무(노각나무 종류) 72
일본고광나무 74

자작나무 76
조장나무 78
풍년화 80
황매화 82

3 늘푸른나무 가지치기

늘푸른나무 가지치기 84
감탕나무 86
개동청나무 88
금목서 90
꽃댕강나무 92
꽝꽝나무 94
남천 96
다정큼나무 98
소귀나무 99
동백나무 100
마취목 102
만병초류 104
먼나무 106
물푸레나무(늘푸른나무) 108
미국호랑가시나무 110
미켈리아 112
병솔나무 114
뿔남천 116
사스레피나무 118
상록풍년화 120
식나무 122
올리브나무 123
애기동백나무 124
영산홍 126
월계수 128
일본황칠나무 130
종가시나무 132
치자나무 134
피라칸타 136
홍가시나무 138
황금아카시아 140
후피향나무 142
팔손이 144

4 바늘잎나무 가지치기

바늘잎나무 가지치기 146
가문비나무류 148
구과식물류 149
가이즈까향나무 150
금송 152
조릿대류 153
나한송 154
낮은키편백 156
눈주목 158
대나무 160
소나무 162
실화백 166
황금화백 168

칼럼 여러 가지 가지치기 방법 170

5 과일나무 가지치기

과일나무 가지치기 172
감귤류 174
감나무 176
블루베리 178
비파나무 180
캐나다서비스베리 181
석류나무 182
키위 184
페이조아 186
포도 187

이 책의 활용법

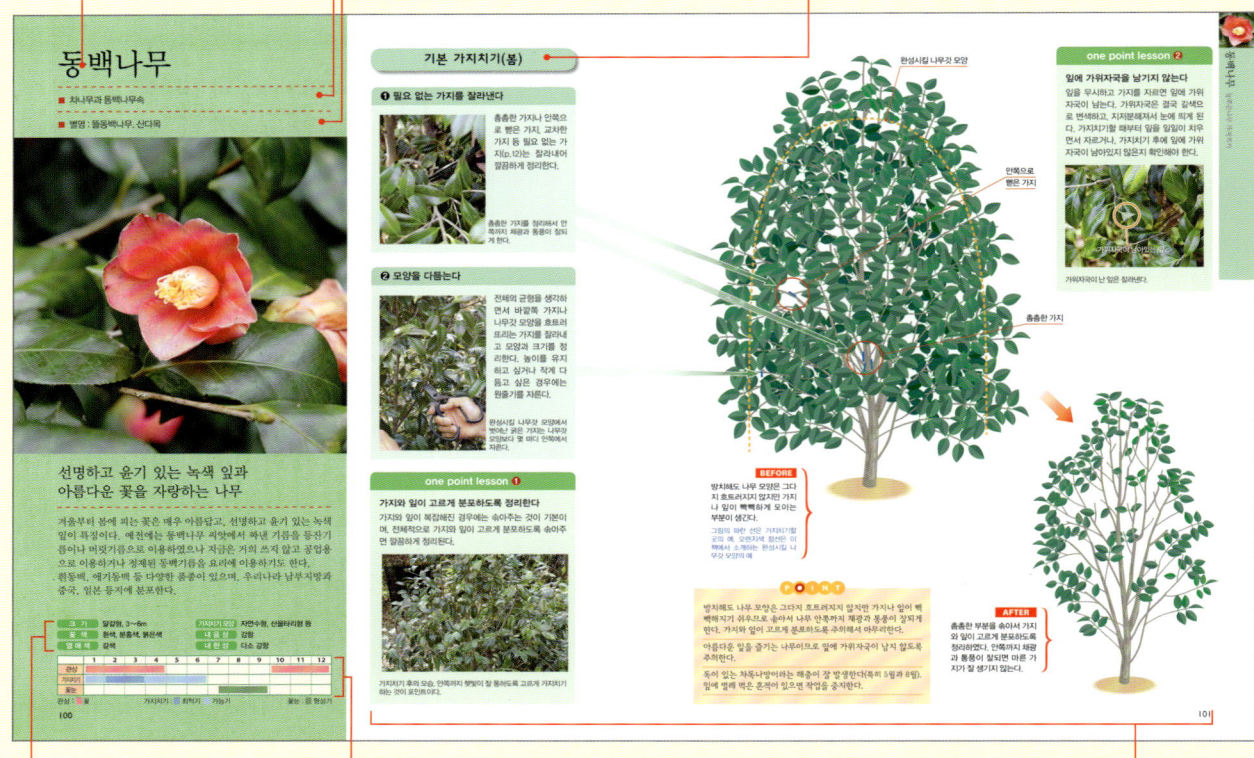

나무 이름
일반적으로 사용되는 이름을 표기하였다.

과속명
식물 분류학에서 분류하는 과속명을 표기하였다.

별명·학명
이름 외에 다르게 부르는 별명 또는 학명을 표기하였다.

가지치기 방법
이 책에서 소개하는 가지치기 방법과 시기를 표기하였다. 또한 가지치기 방법에 대해서는 가지치기 가위 등을 사용하여 필요 없는 가지(P.12)를 자르고, 모양이나 크기를 정리하는 일반적인 방법을 '기본 가지치기', 양손가위를 사용하여 좀 더 쉽게 정리하는 방법을 '깎기 가지치기'라고 하였다.

크기
그 나무의 기준이 되는 형태(오른쪽의 표를 참조)와 정원수로 키웠을 경우의 일반적인 높이를 표기하였다.

꽃색, 열매색
일반적으로 흔히 볼 수 있는 있는 꽃색, 열매색을 표기하였다.

가지치기 모양
일반적으로 흔히 이용하는 가지치기 모양을 표기하였다.

내음성
기본적으로 나무는 생장하기 위해서 햇빛이 필요하지만 내음성이 있는 나무는 햇빛을 받지 못하는 상태에서도 어느 정도 자랄 수 있다. 그 강도를 '강함', '다소 강함', '보통', '다소 약함', '약함'의 5단계로 표기하였다. (강한 것은 햇빛을 많이 받지 못하는 상태에서도 자랄 수 있는 나무이다.)

내한성
추위에 견디는 강도를 '강함', '다소 강함', '보통', '다소 약함', '약함'의 5단계로 표기하였다 (강한 것은 추운 지역에서도 자랄 수 있는 나무이다).

관상
꽃이나 열매를 즐길 수 있는 시기를 표기하였다. 단, 지역이나 생육 환경에 따라 달라지는 경우도 있다.

가지치기
생리학적으로 가지치기에 가장 적합한 시기를 '최적기', 가지치기 가능한 시기를 '가능기', 가지치기에 적합하지 않는 시기를 '부적기'로 표기하였다.

꽃눈
꽃눈이 만들어지는 시기(형성기)를 표기하였다. 그 시기 이후에 가지치기하면 이듬해 피는 꽃 수가 줄어든다.

구체적인 가지치기 방법
가지치기 방법을 구체적으로 소개하였다. 또한 그림과 사진의 파란 선은 가지치기할 곳의 예, 오렌지색 점선은 완성시킬 나무갓 모양의 예를 보여주는 것이다(메인 그림과 설명하는 사진의 가지치기한 곳이 반드시 일치하는 것은 아니다). 어디까지나 기준이고, 실제로는 상황에 맞게 가지치기한다.

나무 모양

달걀형(난형)	나무갓이 달걀처럼 아래가 볼록한 것.
거꾸로 달걀형(도란형)	나무갓이 달걀을 거꾸로 세운 것처럼 위가 볼록한 것.
넓은 달걀형(광란형)	달걀형이 옆으로 넓게 퍼진 것.
긴 달걀형(장란형)	달걀형의 나무 높이가 높아진 것.
반구형	나무갓이 반구 모양으로 둥근 것.
원뿔형	나무갓이 원뿔 모양인 것.
넓은 원뿔형	나무갓이 옆으로 넓은 원뿔 모양인 것.
원기둥형	나무갓이 원기둥 모양인 것.
여러 줄기가 올라가는 모양(다간형)	지면에서 여러 개의 줄기가 올라가는 것.
아래로 늘어진 모양(하수형)	밖으로 퍼지는 가지가 아래로 늘어진 것.
덩굴성	원줄기와 가지가 덩굴성인 것.
대나무형	대나무처럼 마디마다 가지와 잎이 자라는 것.

가지치기의 목적

가지치기는 나무를 심는 목적을 이루기 위한 전문적인 기술이다.

나무는 보통 어떤 목적을 위해 심는다.

일반 가정에서 나무를 심는 목적은 대부분 꽃이나 잎을 감상하기 위해서이다. 계절 따라 피는 아름다운 꽃으로 하루하루의 생활이 풍요로워지고, 선명한 초록잎은 지친 마음을 위로해준다.

또한, 열매를 얻기 위해 나무를 심는 경우도 있고, 산울타리처럼 밖에서 안이 잘 보이지 않게 담장 대신 심거나, 강한 햇빛을 피할 수 있게 그늘을 만들기 위해 나무를 심기도 한다. 그뿐만 아니라 바람을 막거나 동물의 침입을 막기 위해 심는 경우도 있다.

가지치기는 이렇게 나무를 심는 여러 가지 목적을 효율적으로 이루기 위한 전문적인 기술이다. 즉, 꽃을 즐기려고 나무를 심는다면 아름다운 꽃을 좀 더 많이 피우기 위해 가지치기를 하고, 열매를 수확하려고 나무를 심는다면 좀 더 많은 열매가 달리도록 가지치기를 하는 것이다.

크기를 제한하는 것도 중요하다

한편, 가지치기의 또 다른 목적으로 잊지 말아야 할 것이 크기의 제한이다. 아무리 자신의 나무가 중요하더라도 너무 크게 키워서 주위에 피해를 주어서는 안 된다. 당연히 정원 넓이에 맞는 크기로 다듬어야 한다.

그렇다고 해서 무턱대고 자르는 것이 가지치기는 아니다. 나무를 심은 목적과 정원의 넓이나 상황에 맞게 가지를 자르도록 주의해야 한다.

 가지치기의 목적

가지치기는 주로 다음 두 가지 목적을 위해 실시한다.

> 나무를 심는 목적을 이루기 위해서 한다
>
> ╋
>
> 크기를 제한하기 위해서 한다

 나무를 심는 목적

정원수는 기본적으로 어떤 목적을 위해 심는다. 그 목적에 따라 가지치기 방법이 달라진다.

● **꽃과 잎을 감상하기 위해**
꽃나무는 꽃이 잘 피게 하는 것을 목적으로 가지치기를 한다. 관상용이므로 나무 전체의 모양이 흐트러지면 안 된다.

● **열매를 수확하거나 가리개, 그늘을 만들기 위해**
다른 실용적인 목적이 있는 경우에는 그에 알맞는 방법으로 가지치기를 해야 한다. 과일나무는 가지치기에 따라 열매의 수확량이 달라진다.

가지치기의 모양

가지치기를 시작하기 전에 완성된 모양을 미리 상상해본다

가지치기에서 완성된 모양은 사람의 손을 거쳐 만들어진 최종적인 나무 모양을 말한다.

일반적인 모양으로 나무 원래의 모양을 살린 자연수형이 있고, 원줄기에서 난 가지와 잎을 계단 모양으로 정리한 층층형, 크리스마스 트리처럼 아래가 넓고 꼭대기가 뾰족한 원뿔형 등 인공적인 모양도 많이 있으며, 담장 대신으로 이용하는 산울타리도 가지치기 모양의 한 종류이다.

실제로 가지를 자를 때에는 먼저 어떤 모양으로 만들고 싶은지 생각해보고, 완성된 모양을 확실히 머릿속에 그려보는 것이 중요하다. 나무를 심을 때 완성된 모양까지 생각해두는 것이 기본이지만 이미 심어놓은 나무의 모양을 다른 모양으로 바꾸는 것도 가능하다.

나무 종류에 따른 특징, 심는 목적, 정원의 공간 등을 고려하면서 상황에 맞는 모양을 선택하자.

가지치기 모양

나무의 성질이나 어울리는 모습을 고려해서 여러 가지 모양으로 완성할 수 있다.

자연수형
나무 본래의 모양을 살려서 완성한다.

여러 줄기가 올라가는 모양 (다간형)
땅에서부터 몇 개의 줄기가 올라와 한데 모여 하나의 나무 모양이 되도록 완성한다.

산울타리형
잎과 가지가 가늘고 무성한 정원수를 산울타리로 이용한다.

선반형
선반 모양의 받침대를 세우고 가지나 덩굴을 유인한다. 등나무나 키위 등의 덩굴성 식물에 이용하는 형태이다.

구형(공모양)
공모양으로 완성한다. 주로 양손가위를 사용한다.

반구형
글자 그대로 반구형(바로 옆에서 봤을 때 반원형)으로 깎아서 완성한다. 그 중에서도 높이가 낮아 원줄기를 밑동이 약간 보일 정도로 만든 모양을 낮은 반구형이라고 부르기도 한다.

원기둥형
글자 그대로 원기둥처럼 아래에서부터 위까지 나무갓이 일정한 두께를 이루도록 완성한다.

원뿔형
아랫부분은 넓고, 윗부분은 뾰족하게 완성한다.

층층형
원줄기에서 난 가지마다 가지와 잎이 계단 모양이 되도록 완성한다.

표준형
원줄기 아래쪽 가지와 잎을 잘라내고 윗부분단 둥글게 깎아서 정리한 모양이다.

토피어리
나무갓 전체를 기하학적인 모양이나 동물 모양 등으로 다듬은 것이다.

모양목
나무줄기나 가지가 어떤 모양이 되도록 인공적으로 디자인한 것을 말한다.

나무의 종류와 부위별 이름

크게 넓은잎나무와 바늘잎나무, 갈잎나무와 늘푸른나무로 나눈다

가지치기는 나무를 자르는 작업이므로 나무에 대해 알아야 올바른 방법으로 가지치기를 할 수 있다.

나무 종류는 매우 많아서 정원수로 심는 나무 종류만 해도 100여 종 이상이다. 여러 가지 분류 방법이 있지만 크게는 넓은잎나무(활엽수)와 바늘잎나무(침엽수), 또는 갈잎나무(낙엽수)와 늘푸른나무(상록수)로 나눈다. 가지치기의 경우 갈잎나무는 잎이 떨어진 시기에 하는 것이 좋은데, 이처럼 나무 종류에 맞는 가지치기 요령을 알아야 한다.

또한, 나무에 관한 용어 중에 나무갓(수관)이나 곁가지와 같이 나무의 각 부위별 이름이 있다. 이런 명칭을 알아두면 나무를 구입할 때나 가지치기 전문가와 상담할 때 자신의 의사를 보다 명확하게 전달할 수 있으므로 기본적인 용어는 알아두는 것이 좋다.

잎 모양에 따른 나무 분류

잎 모양에 따라 크게 넓은잎나무(활엽수)와 바늘잎나무(침엽수)로 분류한다.

바늘잎나무
삼나무, 노송나무, 소나무류, 전나무 등 가늘고 뾰족한 잎을 가진 나무. 나무 모양은 원뿔형, 원기둥형이 많다.

넓은잎나무
느티나무, 너도밤나무, 졸참나무, 동백나무 등 둥글고 평평한 잎을 가진 나무. 나무 모양은 달걀형 등이 많다.

잎 성질에 따른 나무 분류

가장 기본적인 분류 방법 중 하나이다. 갈잎나무(낙엽수)는 잎이 떨어진 시기에 가지치기하는 것이 기본이다.

늘푸른나무
가을이 되어도 잎이 떨어지지 않고 주로 봄의 생장기에 잎이 떨어지고 새로 나는 나무를 말한다. 새잎이 번갈아 달리기 때문에 늘 잎이 붙어 있다. 바늘잎나무의 대부분은 늘푸른나무이며, 그 외 동백나무과의 나무처럼 잎이 떨어지지 않는 넓은잎나무도 있다.

갈잎나무
가을이나 겨울에 잎이 떨어졌다가 봄에 새잎이 나는 나무를 통틀어 말한다. 넓은잎나무가 대부분이지만 낙엽송처럼 바늘잎나무 중에도 잎이 떨어지는 나무가 있다.

나무 모양에 따른 나무 분류

말 그대로 나무 모양에 따라 분류하는 방법이다. 아래 그림은 나무 모양의 대표적인 예들이며, 줄기가 하나인 모양(단간형)과 여러 줄기가 올라가는 모양(다간형)의 경우에는 2가지 모양이 모두 나타나는 나무도 많다.

줄기가 하나인 모양(단간형)
하나의 두꺼운 원줄기에 곁가지가 붙어있는 나무 모양

여러 줄기가 올라가는 모양(다간형)
땅에서부터 많은 줄기가 나와 전체가 작은 숲처럼 보이는 나무 모양

아래로 늘어지는 모양(하수형)
옆으로 벌어진 가지가 아래로 늘어지는 나무 모양

덩굴성
등나무나 키위처럼 원줄기와 가지가 덩굴성으로 자라는 나무 모양

나무의 부위별 이름

나무 부위에는 각각의 이름이 있고 가지치기에서는 '나무갓'이라는 용어를 특히 많이 사용한다.

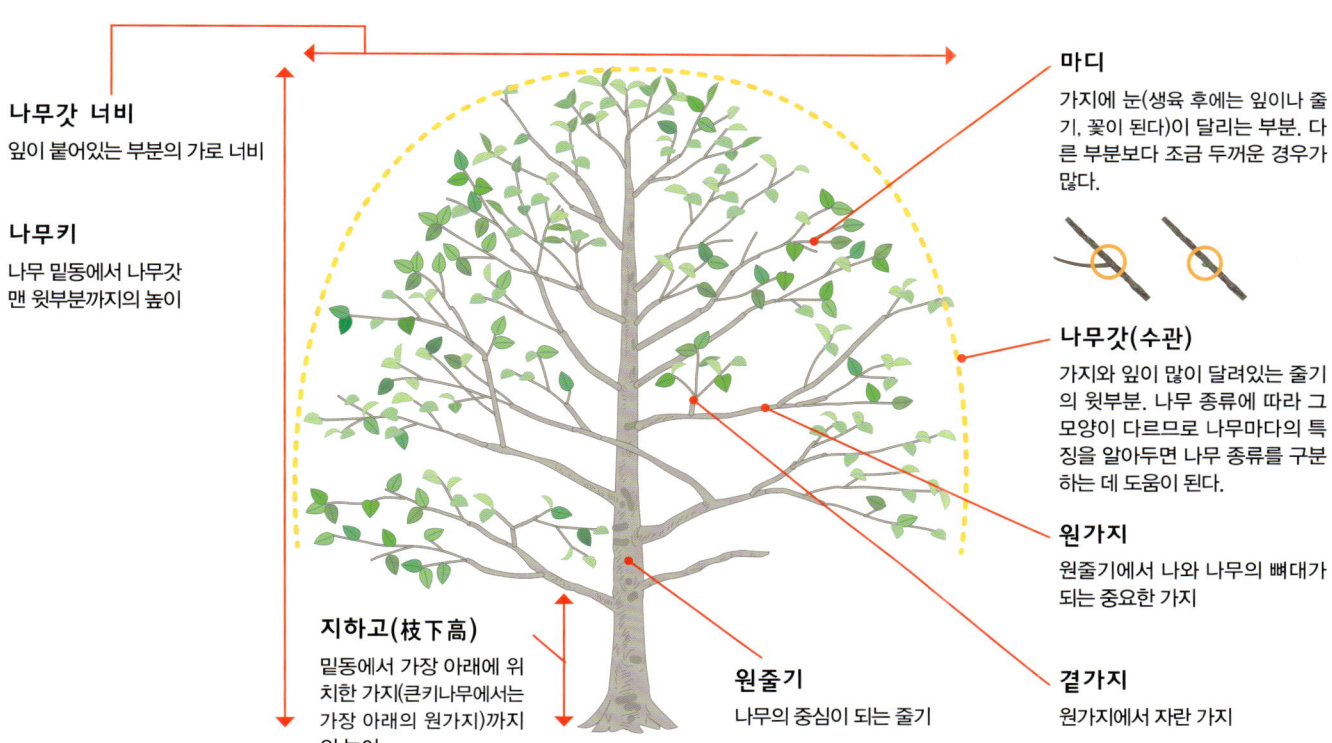

나무갓 너비
잎이 붙어있는 부분의 가로 너비

나무키
나무 밑동에서 나무갓 맨 윗부분까지의 높이

지하고(枝下高)
밑동에서 가장 아래에 위치한 가지(큰나무에서는 가장 아래의 원가지)까지의 높이

원줄기
나무의 중심이 되는 줄기

마디
가지에 눈(생육 후에는 잎이나 줄기, 꽃이 된다)이 달리는 부분. 다른 부분보다 조금 두꺼운 경우가 많다.

나무갓(수관)
가지와 잎이 많이 달려있는 줄기의 윗부분. 나무 종류에 따라 그 모양이 다르므로 나무마다의 특징을 알아두면 나무 종류를 구분하는 데 도움이 된다.

원가지
원줄기에서 나와 나무의 뼈대가 되는 중요한 가지

곁가지
원가지에서 자란 가지

기본적인 가지치기의 방법

 가지치기 방법은 이 2가지만 알면 된다!

① 기본 가지치기

대부분의 나무에서 이 가지치기가 기본이다. 이 방법은 크게 2가지 과정으로 이루어지는데, 첫 번째는 촘촘한 가지나 안쪽으로 뻗은 가지 등 필요 없는 가지(p.12)를 정리하는 것이고, 두 번째는 나무갓 모양을 흐트러뜨리는 가지를 자르고 모양을 다듬어서 상황에 맞는 크기로 완성하는 것이다.

순서 ①

촘촘한 가지나 필요 없는 가지를 잘라낸다

촘촘한 가지(p.15)의 수를 줄여 깔끔하게 정리한다. 안쪽으로 뻗은 가지나 위로 뻗은 가지, 교차한 가지 등은 연결 부분에서 잘라낸다.

순서 ②

모양을 다듬는다

전체적인 모양을 다듬고 크기를 정리하는 것도 가지치기의 큰 목적 중 하나이다. 그 목적을 위해 바깥쪽 가지나 나무갓 모양을 흐트러뜨리는 가지를 잘라낸다. 가지가 갈라지는 마디 바로 위에서 자르는 것이 기본이다.

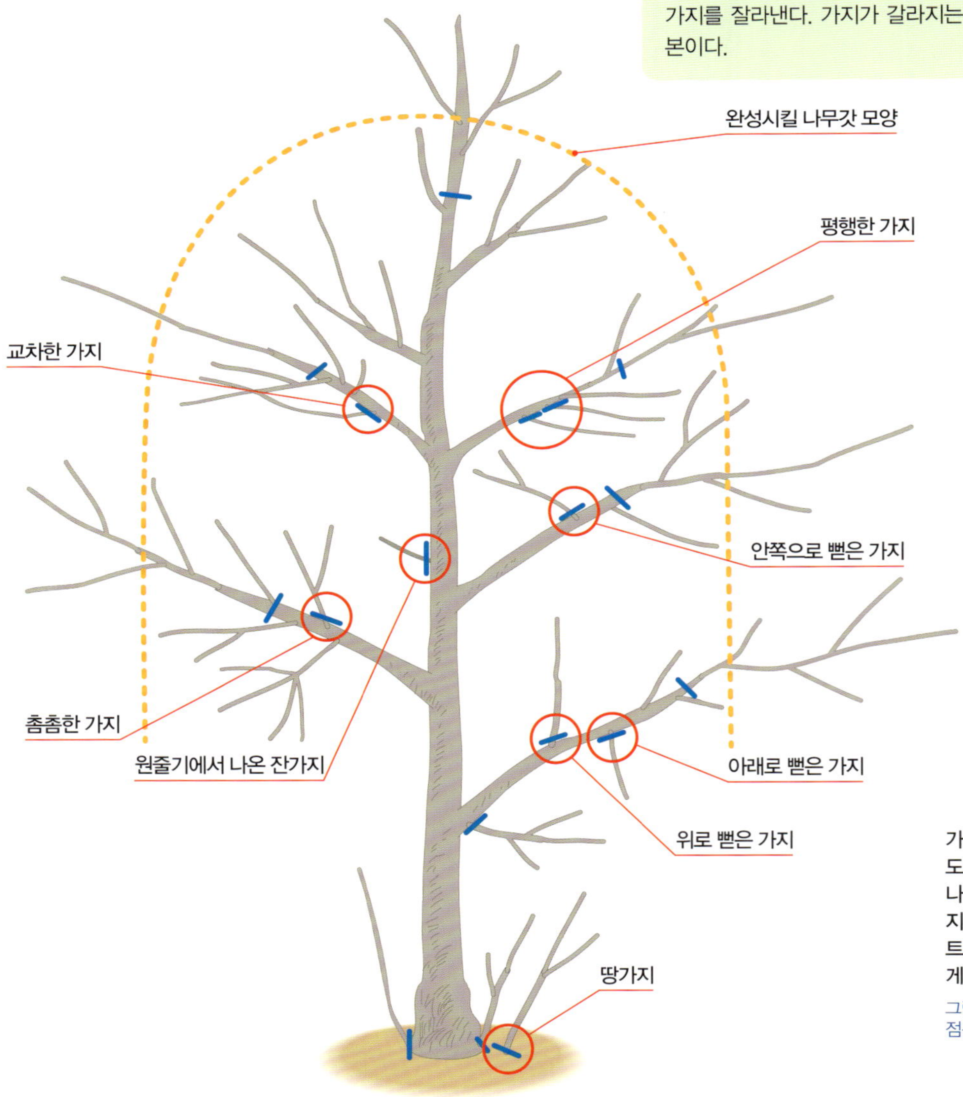

완성시킬 나무갓 모양

평행한 가지

교차한 가지

안쪽으로 뻗은 가지

촘촘한 가지

원줄기에서 나온 잔가지

아래로 뻗은 가지

위로 뻗은 가지

땅가지

가지가 무성해지면 병충해의 원인이 되기도 하므로 촘촘한 부분은 정리해서 채광이나 통풍이 잘되게 한다. 안쪽으로 뻗은 가지나 위로 뻗은 가지 등은 나무 모양을 흐트러뜨리므로 잘라낸다. 크기는 상황에 맞게 결정한다.

그림의 푸른 선은 가지치기할 곳의 예. 오렌지색 점선은 완성시킬 나무갓 모양의 예.

가지치기는 필요 없는 가지를 정리해서 나무의 크기를 다듬는 작업

정원의 나무를 다듬어서 깨끗하게 정리하고 싶어도 처음에는 어느 가지를 잘라야 할지 제대로 구별하기 어렵다. 또, 각각의 나무 종류에 적합한 가지치기 방법이 다르고, 가지치기는 어렵다는 선입견이 있을지도 모른다. 하지만 어느 나무에나 공통적으로 해당하는 부분이 있기 때문에 기본적인 가지치기 방법을 알아두면 그 다음은 기본적인 방법을 응용해서 할 수 있다. 이 책에서는 다양한 나무의 종류와 여러 가지 가지치기 모양(p.7)의 밑거름이 되는 기본적인 가지치기 방법 2가지를 소개한다.

가지치기란 간단히 말하면 필요 없는 가지(p.12)를 잘라내고 모양을 다듬는(크기를 정리하는) 작업이다. 이것을 알면 어느 가지를 자를 것인지 망설이지 않아도 된다.

또한, 기본 가지치기의 경우에는 가지를 자를 때 아래쪽에서부터 위쪽으로 해나가면 원활하게 작업할 수 있는데, 그 이유는 위에서부터 자르면 자른 가지가 아직 자르지 않은 부분에 떨어져서 방해가 될 수 있기 때문이다. 단, 전문가라도 위에서부터 자르는 전문가도 있으며, 상황에 따라서는 위에서부터 잘라도 관계없다.

깎기 가지치기

꽝꽝나무, 홍가시나무, 단풍철쭉처럼 가지나 잎이 가늘고 싹이 잘 트는 나무는 좀 더 쉽게 모양을 다듬기 위해 깎기 가지치기를 한다. 이때 나무 안쪽의 필요 없는 가지도 정리해야 하는데 가지가 빽빽해서 가위를 집어넣기 어려운 경우 등에는 가능한 범위 안에서만 해도 된다.

순서 ❶

굵은 가지를 정리한다
미리 생각해둔 나무갓 모양에서 벗어난 굵은 가지가 있으면 잘라낸다. 가위를 집어넣고 완성시킬 나무갓 모양보다 안쪽으로 자르는데, 가지가 갈라지는 마디의 바로 위에서 자르는 것이 포인트이다.

➡

순서 ❷

양손가위로 모양을 다듬는다
양손가위를 사용해서 모양이나 크기를 다듬는다. 한 번 깎은 후 나무와 떨어진 위치에서 전체적으로 살펴보고 울퉁불퉁한 부분은 다시 깎고, 절단면이 눈에 거슬리는 부분은 식목가위로 다시 정리한다.

완성시킬 나무갓 모양

나무갓에서 벗어난 굵은 가지

깎기 가지치기는 산울타리나 인공적인 나무 모양을 만들 때 많이 이용하는 방법이다. 아름다운 나무 모양을 유지하기 위해서는 적어도 1년에 1번은 가지치기를 해야 한다. 항상 같은 크기를 유지하고 싶으면 그 해에 자란 새가지 부분만 자른다.

그림의 파란 선은 가지치기할 곳의 예. 오렌지색 점선은 완성시킬 나무갓 모양의 예.

기본 가지치기_ 필요 없는 가지의 종류

안쪽으로 뻗은 가지 등이 가지치기의 대상이 된다

가지치기란 그 나무를 심은 목적에 맞는 가지를 남기고, 필요 없는 가지를 잘라내는 작업이다. 따라서 어떤 가지가 필요 없는 가지인지 구별하는 것이 매우 중요하다.

잘라내야 하는 필요 없는 가지에는 여러 종류가 있는데, 안쪽으로 뻗은 가지, 위로 뻗은 가지 등 나무 모양을 흐트러뜨리는 가지가 대표적이다.

아래 설명에서는 알기 쉽게 분류되어 있지만 실제로는 안쪽으로 뻗은 가지가 다른 가지와 얽혀서 교차한 가지가 되기도 하고, 하나의 가지에 여러 개의 나쁜 요소가 겹치는 경우도 많다. 필요 없는 가지는 대부분 잘라내는 것이 좋지만, 그 가지를 없앴을 때 공간이 비는 경우 등에는 자르지 않는 것이 좋다.

필요 없는 가지를 자를 때에는 그 가지의 연결 부분에서 자르는 것이 기본이다. 전체적인 가지의 배치를 보면서 균형을 이루도록 나무 모양을 다듬어야 한다.

필요 없는 가지의 종류

대부분의 경우, 나무의 종류에 관계없이 교차한 가지나 안쪽으로 뻗은 가지 등이 가지치기의 대상이 된다.
전체적인 균형을 생각하면서 나무 모양을 다듬어보자.

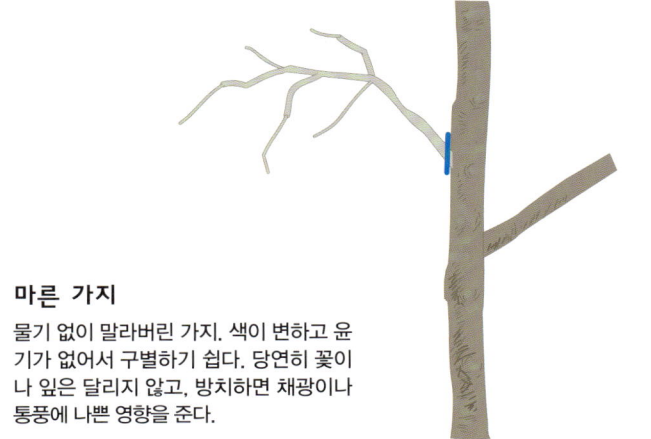

마른 가지
물기 없이 말라버린 가지. 색이 변하고 윤기가 없어서 구별하기 쉽다. 당연히 꽃이나 잎은 달리지 않고, 방치하면 채광이나 통풍에 나쁜 영향을 준다.

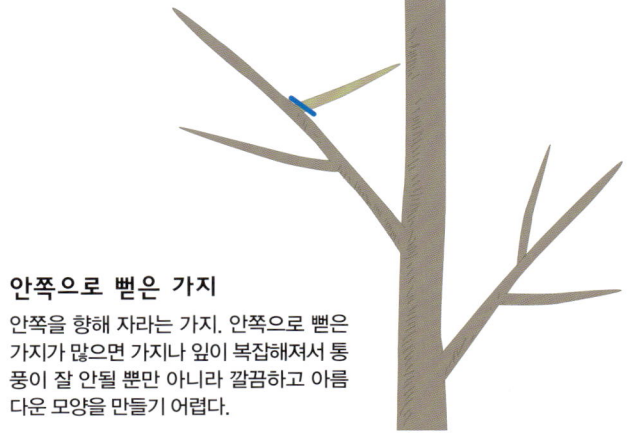

안쪽으로 뻗은 가지
안쪽을 향해 자라는 가지. 안쪽으로 뻗은 가지가 많으면 가지나 잎이 복잡해져서 통풍이 잘 안될 뿐만 아니라 깔끔하고 아름다운 모양을 만들기 어렵다.

교차한 가지
교차한 가지. 얽힌 가지라고도 한다. 가지의 흐름이 자연스러워 보이지 않는다. 어느 한쪽의 가지를 연결 부분에서 제거하는 것이 기본이다.

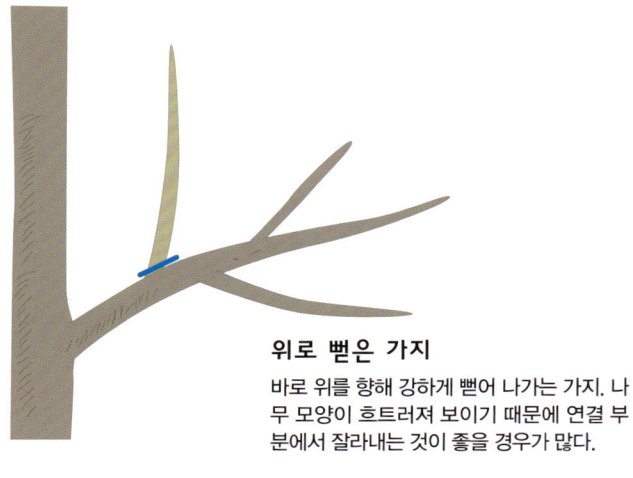

위로 뻗은 가지
바로 위를 향해 강하게 뻗어 나가는 가지. 나무 모양이 흐트러져 보이기 때문에 연결 부분에서 잘라내는 것이 좋을 경우가 많다.

필요 없는 가지의 종류 가지치기의 기본

평행한 가지
가까운 위치에서 평행하게 난 가지. 가지나 잎이 지나치게 복잡해지는 원인이 되기 쉽다. 균형을 맞춰서 1~2개만 남기고 연결 부분에서 자르는 것이 기본이다.

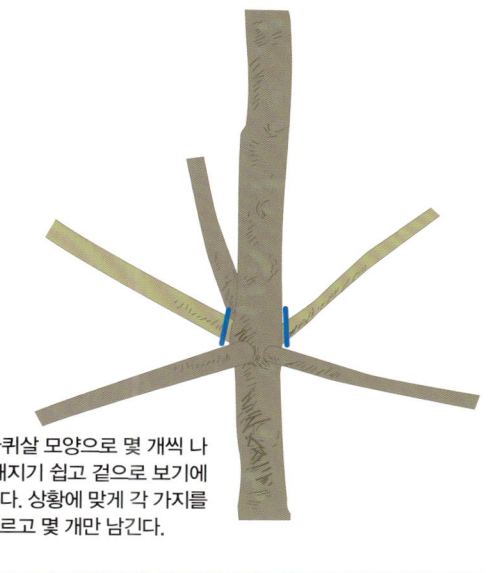

바퀴살가지
같은 마디에서 바퀴살 모양으로 몇 개씩 나오는 가지. 복잡해지기 쉽고 겉으로 보기에 균형이 맞지 않는다. 상황에 맞게 각 가지를 연결 부분에서 자르고 몇 개만 남긴다.

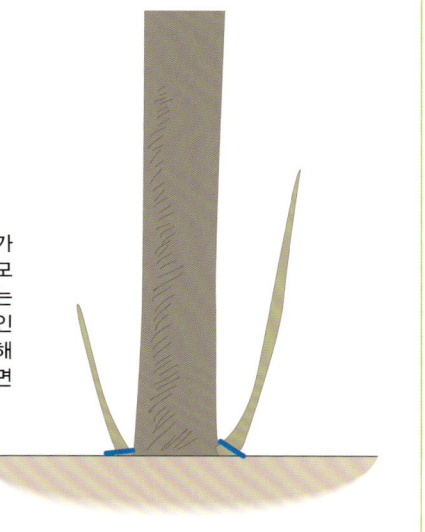

땅가지
밑동 근처에서 자라는 어린 가지. 여러 줄기가 올라가는 모양(다간형)으로 키울 경우에는 남겨두지만, 복잡해지는 원인이 되고 밑동 부근이 깔끔해 보이지 않으므로 필요 없으면 잘라낸다.

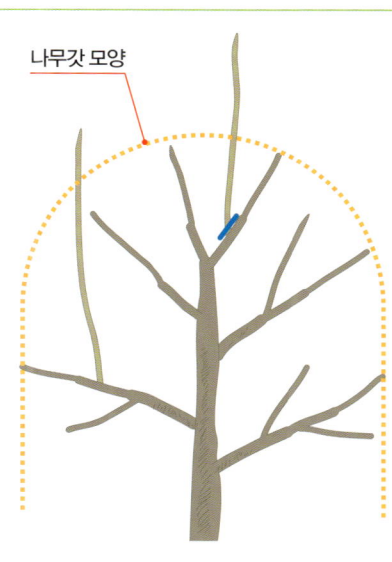

나무갓 모양

웃자람가지
다른 가지에 비해 확연히 굵고 길게 잘 자라는 가지. 나무갓에서 벗어나 나무 모양을 흐트러뜨리므로 나무갓 안쪽 깊은 곳에서 자르거나 연결 부분에서 잘라낸다.

원줄기에서 난 잔가지
원줄기에서 싹튼 어린 가지. 방치하면 더 빽빽해져서 복잡해지므로 새가지를 원하는 경우를 제외하고는 빨리 연결 부분에서 잘라낸다.

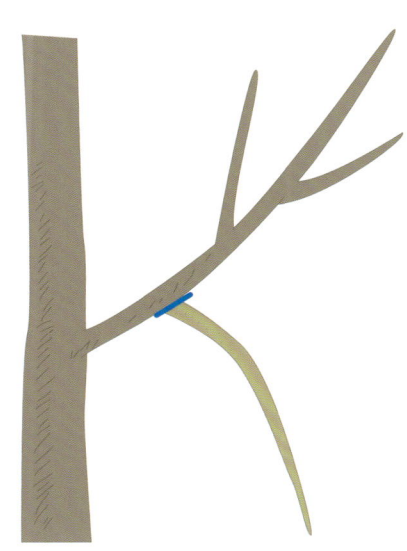

아래로 뻗은 가지
아래로 늘어지며 자라는 가지. 아래쪽 가지와 교차하기 쉽고, 나무 모양을 흐트러뜨리므로 연결 부분에서 잘라낸다.

기본 가지치기_ 가지를 자르는 방법

모양을 다듬는 가지치기는
바깥쪽 눈을 남기고 마디 위에서 자른다

가지치기할 때 잘라버리는 부분이 길고, 줄기와 연결된 부분에서 가까운 쪽을 자르는 것을 '강한 가지치기', 반대로 잘라내는 부분이 짧고, 가지 끝과 가까운 부분을 자르는 것을 '약한 가지치기'라고 한다.

필요 없는 가지를 자를 경우에는 일반적으로 가지와 줄기의 연결 부분에서 자르지만 모양을 다듬기 위해 가지를 정리할 경우에는 강한 가지치기를 할 것인지 약한 가지치기를 할 것인지, 상황이나 목적에 따라 결정해야 된다. 이 때 중요한 것은 눈의 위치를 고려하는 것이다.

눈에는 안쪽 눈(내아)과 바깥쪽 눈(외아)이 있는데, 기본적으로는 바깥쪽 눈 바로 위에서 자른다. 이것을 마디 위에서 자른다고 한다. 단, 너무 눈 가까이에서 자르면 눈이 말라버릴 수도 있으므로 주의한다. 또한, 가지를 자르는 가위의 각도도 여러 방식이 있는데, 보통 가지의 방향에 수직으로 가위를 넣는다.

필요 없는 가지를 자르는 방법

위로 뻗은 가지나 교차한 가지 등 나무 모양을 흐트러뜨리는 가지를 잘라낼 경우에는 그 가지의 연결 부분에서 자른다.

올바른 방법
땅가지를 자를 경우에는 가지가 나온 연결 부분에서 자른다.

올바른 방법
필요 없는 가지는 가지 끝이 아니라 가지의 연결 부분에서 자른다.

잘못된 방법
필요 없는 가지를 중간에서 자르면 나무 모양을 다듬기 위한 본래의 목적을 달성할 수 없을 뿐만 아니라, 오른쪽 그림처럼 남은 가지의 끝부분에서 눈이 나와 가지가 자라기 때문에 다시 복잡해진다. 따라서 연결 부분에서 자르는 것이 기본이지만 그 공간에 가지를 늘리고 싶은 경우에는 그 성질을 이용하여 가지의 중간에서 자르기도 한다.

눈의 종류를 보고 자르는 방법

가지치기를 할 때에는 안쪽 눈과 바깥쪽 눈을 구별해서 가능하면 바깥쪽 눈을 남기도록 한다.

바깥쪽 눈
생장하면 바깥쪽으로 가지가 자라는 눈. 남겨두면 자연스러운 나무 모양이 된다.

안쪽 눈
생장하면 안쪽으로 가지가 자라는 눈. 안쪽으로 뻗은 가지나 위로 뻗은 가지가 될 가능성이 높다.

모양을 다듬기 위해 자르는 방법

모양을 다듬기 위해 가지를 자를 경우에는 마디에 주의해서 바깥쪽 눈이나 가지가 갈라져 있는 부위 바로 위를 자른다.

바깥쪽 눈이 있는 곳
안쪽 눈 위에서 자르면 나무 모양이 흐트러지기 쉬우므로 바깥쪽 눈 위에서 자르는 것이 기본이다. 절단면이 눈의 높이와 같거나 약간 높아지도록(약 5~10㎜정도) 가지와 수직이 되게 자른다.

가지가 갈라지는 곳
가지가 갈라지는 곳은 바로 그 위에서 자르면 가지치기 후에도 자연스러운 모습으로 완성된다.

촘촘한 가지를 솎아주는 방법

위로 뻗은 가지처럼 필요 없는 가지(p.12)가 아니어도 가지의 수가 너무 많아서 촘촘해지면 나무 모양이 흐트러질 뿐만 아니라 병해충의 원인이 되기도 한다.

따라서 촘촘한 가지는 솎아줄 필요가 있다. 가지의 수를 줄일 경우에는 나무에 가지가 붙어있는 방식에 따라 자를 가지를 생각하면 어렵지 않다.

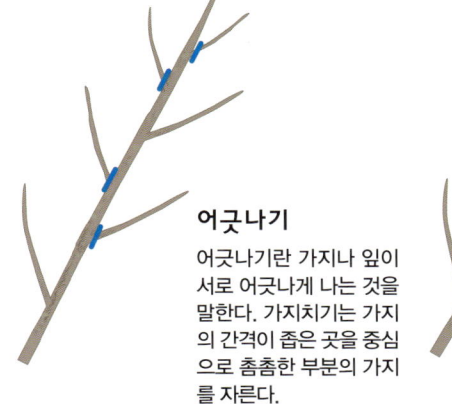

어긋나기
어긋나기란 가지나 잎이 서로 어긋나게 나는 것을 말한다. 가지치기는 가지의 간격이 좁은 곳을 중심으로 촘촘한 부분의 가지를 자른다.

마주나기
마주나기란 가지나 잎이 2개씩 쌍을 이루며 마주 보고 붙어 나는 것을 말한다. 일반적으로 서로 엇갈리게 자르면 균형 잡힌 모양이 완성된다.

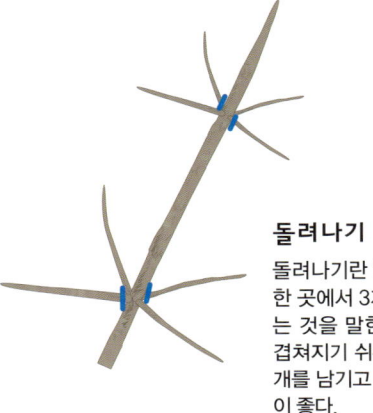

돌려나기
돌려나기란 가지나 잎이 한 곳에서 3개 이상 나오는 것을 말한다. 가지가 겹쳐지기 쉬우므로 2~3개를 남기고 솎아주는 것이 좋다.

기본 가지치기_ 필요한 도구

가지를 자르기 위한 도구는 자기 손에 맞는 것을 고른다

가지치기를 제대로 하려면 전용 도구를 사용해야 한다. 하지만 기본 가지치기에서 필요한 도구는 그다지 많지 않다. 정원의 상황이나 나무에 따라 다르지만 먼저 준비해야 할 것이 가지치기(전정) 가위, 식목가위, 톱 등 가지를 자르기 위한 도구이다.

가지치기 가위 등 가지를 자르기 위한 도구를 구입할 때 중요한 것은 자신의 손에 맞는 것을 고르는 것이다. 실제로 잡아보고 자신의 손에 맞는지 확인해 보는 것이 좋다.
또, 도구를 구입한 후에는 손질을 잘 해야 하는데, 사용 후에 칼날에 묻은 수액 등 오염물질을 꼼꼼하게 닦아내도록 한다. 가위 종류는 회전하는 축 부분에 가끔 기름을 쳐서 부드럽게 움직이도록 정비해두면 가지치기할 때 편리하다.

기본 가지치기에 필요한 도구

가장 기본적인 도구는 가지치기 가위와 식목가위이다. 자신의 손에 맞는 것을 선택한다.

가지치기 가위
가지치기할 때 가장 많이 사용하는 가위. 종류에 따라 다르지만 지름 2cm 정도의 가지까지 자를 수 있는 것도 있다. 크기가 다양하므로 자신의 손에 맞는 것을 고른다.

식목가위
가지치기 가위로 자르기 어려운 가는 가지를 자를 때 사용한다. 손가락을 넣는 부분이 크고 활처럼 구부러진 것은 가지를 자를 때 주위의 가지가 손잡이에 끼지 않도록 하기 위한 것이다.

톱
가지치기 가위로는 잘리지 않는 굵은 가지에 사용한다. 목공용이 아닌 것으로, 다루기 편하고 절단면이 깔끔하게 잘리는 가지치기용 톱을 사용해야 한다. 칼날의 길이는 30cm 정도가 일반적이다.

장갑
가시 등에 다치지 않게 손을 보호한다. 가능하면 원예용 장갑을 선택하는 것이 좋다.

사다리
높은 곳에 있는 가지를 자를 때 사용한다. 안전을 위해 가장 높은 단에는 올라가지 않는 것이 좋다.

끈
줄기와 가지를 유인하거나 가지치기할 때 방해되는 가지를 잠시 묶어둘 때 사용한다.

전동 톱
보통 가지치기용 톱과 같은 목적으로 사용하지만 전기로 움직이기 때문에 힘이 없는 사람도 사용할 수 있다. 여성에게 좋다.

고지가위
손이 닿지 않는 높은 위치에 있는 가지를 자를 때 사용한다. 굵은 가지용으로 톱이 부착되어 있는 것도 있다.

기본 가지치기_ 도구를 사용하는 방법

굵은 가지를 자를 때에는 아래쪽에 칼집을 넣는다

가지치기 가위나 식목가위는 가지치기용 도구이지만 잡는 법이나 사용법에서 특별히 주의할 점은 없다. 손에 힘을 주지 않고 종이 자르는 가위처럼 자연스럽게 사용한다. 두 종류의 가위 모두 일반적으로 날의 끝쪽으로 자르지만 굵은 가지를 자를 때는 날의 안쪽에 넣고 잘라야 쉽게 잘린다.

가지치기 가위로는 잘리지 않는 굵은 가지는 톱을 사용한다. 톱은 사람 앞으로 잡아당길 때 잘리므로 밀 때는 가볍게 띄우듯이 민다.

또, 굵은 가지를 자르기 위해 톱을 사용할 때는 우선 아래쪽에 칼집을 넣은 다음 위쪽을 잘라내야 한다. 이렇게 하지 않고 위에서부터 자르기 시작하면 가지의 무게 때문에 자르는 도중에 나무껍질이 찢어질 수 있다.

가위 사용법

굵은 가지는 가윗날 안쪽으로 자르면 자르기 쉽다.
또, 가지치기 가위는 아래쪽 날에 가지를 고정시키고 자르는 것이 기본이다.

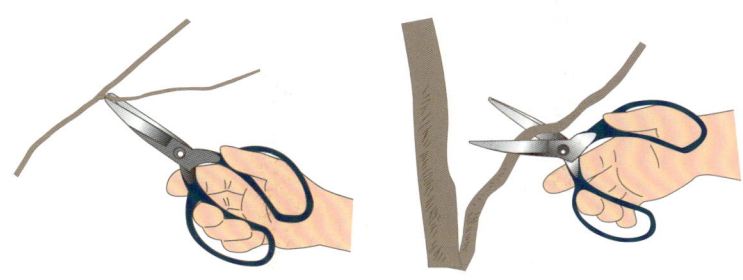

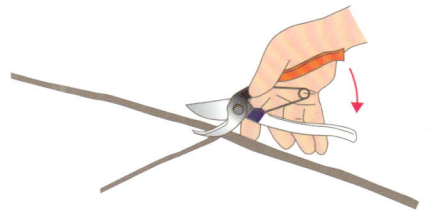

가지 굵기에 따른 가위 사용법
일반적으로 날의 끝쪽으로 자르지만(그림 왼쪽) 굵은 가지는 날 안쪽(그림 오른쪽)까지 넣고 잘라야 쉽게 자를 수 있다. 그림은 식목가위이지만 가지치기 가위도 똑같이 사용한다.

가지치기 가위 사용법
자르고 싶은 위치를 정확하게 자르기 위해서는 가는 쪽 날로 가지를 고정하고 윗날을 눌러서 자른다.

톱 사용법

힘을 주지 말고 잡고 앞으로 당길 때 자른다. 또, 굵은 가지는 먼저 아래쪽에 칼집을 넣은 다음에 자른다.

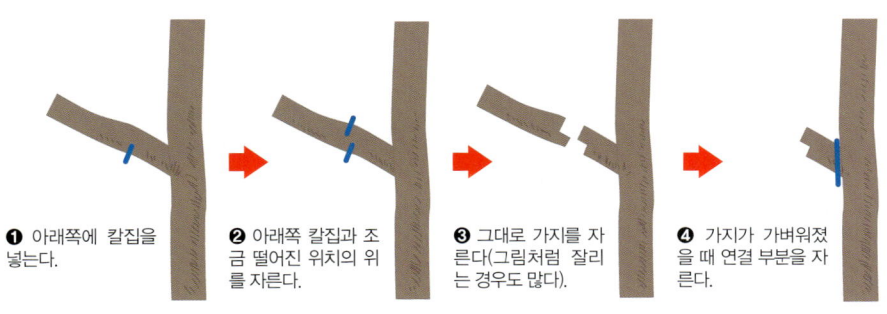

❶ 아래쪽에 칼집을 넣는다.
❷ 아래쪽 칼집과 조금 떨어진 위치의 위를 자른다.
❸ 그대로 가지를 자른다(그림처럼 잘리는 경우도 많다).
❹ 가지가 가벼워졌을 때 연결 부분을 자른다.

굵은 가지를 자르는 경우
굵은 가지의 경우 위에서부터 자르기 시작하면 가지의 무게에 의해 원줄기의 나무 껍질이나 가지가 찢어질 수 있으므로 먼저 아래쪽에 칼집을 넣은 다음 위에서 잘라낸다.

일반적인 사용법
밀 때는 가볍게 띄우고, 앞으로 당길 때 자른다.

깎기 가지치기

양손가위는 한쪽 날을 고정하고 사용한다

깎기 가지치기란 가지를 하나하나 자르는 것이 아니라 양손가위를 이용해서 한번에 여러 개의 가지를 자르는 가지치기 방법이다. 꽝꽝나무, 홍가시나무처럼 가지와 잎이 많은 나무나 산울타리 등을 만들 때 많이 이용하는 방법이다.

양손가위는 가지치기의 필수 도구로 사용할 때 몇 가지 요령이 있다. 그 중 하나가 가위를 잡는 위치이다. 중심을 잡기 위해 가윗날 부분과 손잡이 부분의 무게가 비슷하게 균형을 잡는 위치를 잡는다. 또, 날을 움직이는 방법은 어느 한쪽을 고정하고 다른 한쪽을 움직이도록 한다. 익숙하지 않을 때는 깔끔하게 다듬기 어려우므로 초보자는 어느 정도 자르고 난 후 조금 떨어진 위치에서 살펴보고 전체적인 균형을 생각하면서 울퉁불퉁한 부분을 다시 다듬는다.

 깎기 가지치기 방법

깎기 가지치기는 산울타리 등을 만들 때 많이 이용하는 방법이다.
절단면이 깔끔한 평면이 되도록 필요에 따라 2~3번 정도 잘라서 깔끔하게 완성하자.

BEFORE
나무 모양이 흐트러져 경계를 넘어 크게 자랐으며, 빽빽한 가지와 잎은 마른 잎을 만들거나 병충해의 원인이 되기도 한다.

AFTER
크기와 형태를 상황에 맞게 정리하였다. 1번 깎은 후 조금 떨어진 위치에서 전체적으로 살펴보고, 2~3번 더 가지치기를 한다. 절단면이 눈에 띄는 곳(굵은 가지)은 식목가위로 정리하면 보다 깔끔하게 마무리할 수 있다.

사용 도구

깎기 가지치기에서는 양손가위라는 전용 도구를 사용한다.

양손가위
다양한 크기가 있으므로 상황에 맞는 것을 선택한다.

양손가위 잡는 법

크고 무거운 도구이므로 금방 지치지 않도록 무게중심 위치를 생각해서 잡는다.

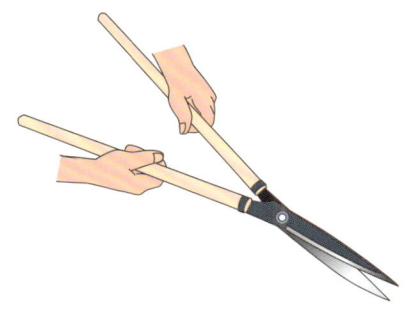

잡는 위치
빨리 지치지 않으려면 자르기 전에 무게중심 위치를 확인한다. 가윗날과 손잡이의 무게 균형이 잘 맞는 부분을 잡는 것이 가장 좋다.

가윗날의 방향

가지치기 가위는 날이 살짝 꺾어져 있어서 양면으로 사용할 수 있다.
자르는 위치에 따라 꺾어진 방향을 바꾸어서 사용하면 편리하다.

자를 위치가 허리 높이와 같다
꺾어진 날이 자신을 향하도록 잡는 것이 자르기 편하다. 또, 자른 가지나 잎이 떨어지는 방향을 생각해서 날을 오므릴 때 위쪽으로 오는 날이 지면에 대해 위가 되도록 잡으면 좋다.

자를 위치가 허리 높이보다 높다
꺾어진 날이 지면을 향하도록 잡고 자른다.

자를 위치가 허리 높이보다 낮다
꺾어진 날이 자신을 향하도록 잡고 자른다.

날을 움직이는 방법

정확하게 자르기 위해서 한쪽 날을 고정시키고 다른 쪽 날만 움직인다.

날을 움직일 때의 요령
한쪽 날을 고정시키고 다른 쪽 날만 움직이도록 한다. 오른손잡이의 경우에는 왼손을 고정시키고 오른손을 움직여서 자르면 편하다.

가지치기 사전 준비

양손가위를 사용하기 전에 나무갓 모양에서 많이 벗어난 굵은 가지가 있으면 먼저 가지치기 가위 등으로 정리한다. 또, 깔끔하게 수평 수직으로 다듬을 자신이 없다면 기준선이 되는 줄을 치고 자르는 방법도 있다.

돌출된 굵은 가지
작업을 보다 원활하게 하기 위해 굵은 가지는 미리 자른다. 완성시킬 나무갓 모양보다 안쪽을 자르는 것이 포인트이다.

꽃눈이 달리는 유형과 꽃나무 가지치기

꽃눈이 생기는 시기와 위치를 알고 가능한 꽃눈은 남겨둔다

꽃나무(수국, 매화나무, 목련처럼 주로 꽃을 감상하기 위해 심는 나무)의 가지치기 목적은 대부분의 경우 꽃을 좀 더 잘 피우기 위한 것이다. 또, 감이나 키위처럼 과일나무의 열매를 수확하고 싶은 경우에도 먼저 꽃을 피우지 않으면 열매가 달리지 않는다.

꽃이 되는 꽃눈이 생기는 시기와 위치는 나무 종류에 따라 다른데, 크게 6가지 유형으로 나눌 수 있다. 꽃나무와 과일나무의 가지치기에서는 이 6가지 유형에 대해 아는 것이 중요하다. 예를 들어, 산당화처럼 길게 자란 가지에 꽃눈이 잘 달리지 않는 경우에는 긴 가지를 잘라서 남은 부분에 세력이 좋은 짧은 가지가 달리기 쉽게 만든다. 그 이외의 유형도 가지치기할 때 가능하면 꽃눈을 남기도록 주의해야 한다.

꽃눈이 달리는 유형

크게 나누어 6가지 유형이 있다.
보다 많은 꽃을 즐기고 싶다면 나무 유형에 맞는 방법으로 가지치기를 해야 한다.

❶ 짧은 새가지의 끝부분에 달린다

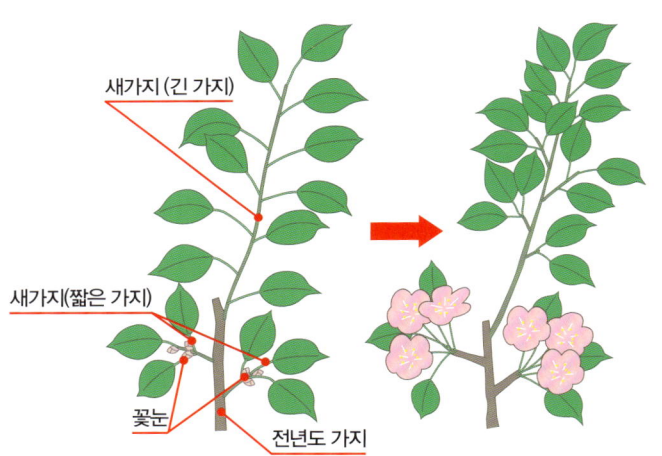

꽃눈이 올해 자란 짧은 새가지의 끝부분에 달려서 이듬해 봄에 개화하는 유형. 길게 자란 가지에는 꽃눈이 잘 달리지 않는 반면, 한 번 짧은 가지가 생기면 3년 정도 계속해서 꽃눈이 달린다.

- **나무 종류**: 모과나무, 피라칸타, 등나무, 산당화, 귤나무 등
- **가지치기 방법**: 길게 자란 가지에는 꽃눈이 잘 달리지 않기 때문에 겨울에 가지를 1/3 정도 남기고 잘라서 남은 부분에 튼튼한 짧은 가지가 나오게 만든다.

❷ 새가지와 잎의 연결 부분에 달린다

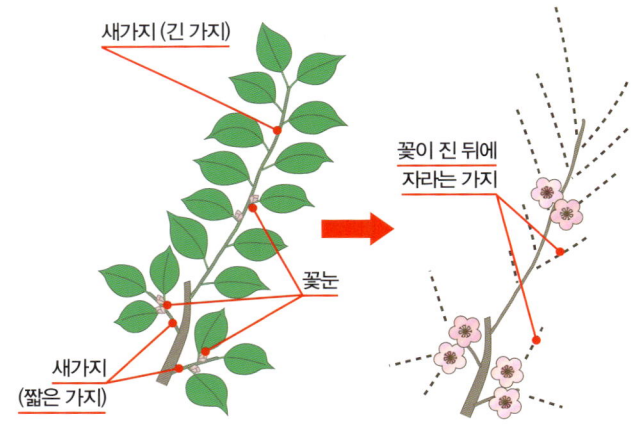

꽃눈이 올해 자란 새가지의 잎겨드랑이(가지와 잎의 연결 부분 위쪽)에 달려 이듬해 봄에 개화하는 유형. 길게 자란 가지보다 짧고 충실한 가지의 잎겨드랑이에 달리는 경우가 많지만 공조팝나무, 가는잎조팝나무 등은 긴 가지에도 꽃눈이 잘 달린다.

- **나무 종류**: 매실나무, 공조팝나무, 도사물나무, 박태기나무, 목서, 복숭아나무, 가는잎조팝나무 등
- **가지치기 방법**: 가지 전체를 자르지 않는 한 모든 꽃눈을 자르는 경우는 없다. 매실나무 등은 긴 가지에 꽃눈이 잘 달리지 않기 때문에 1/3정도 남기고 자르면 이듬해에는 남은 가지에서 새로운 짧은 가지가 나오고 잎겨드랑이에 꽃눈이 달린다.

❸ 새가지의 끝부분에 달린다

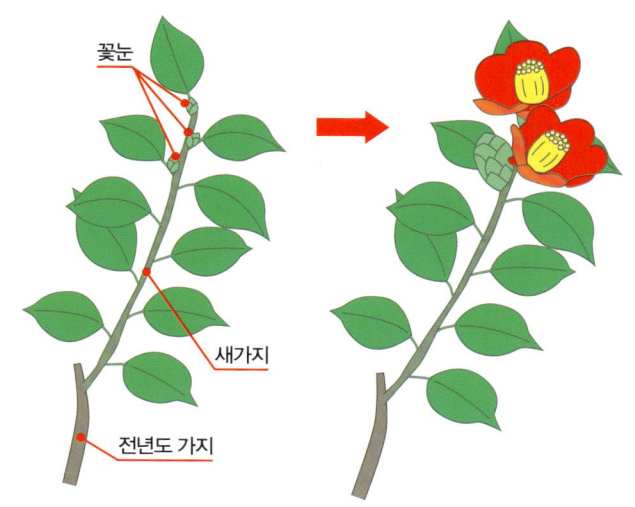

꽃눈이 올해 자란 새가지의 끝부분에 달려 이듬해 봄에 개화하는 유형이다.

- **나무 종류** 식나무, 애기동백나무, 영산홍, 동백나무, 목련, 서양수수꽃다리(라일락) 등
- **가지치기 방법** 여름 이후에 가지 끝부분을 자르면 꽃눈을 자르게 되므로 가능한 꽃이 진 후에 바로 가지치기를 하는 것이 좋다.

❹ 새가지에 생긴 눈에서 이듬해 다시 가지가 자라고 그 가지와 잎의 연결 부분에 달린다.

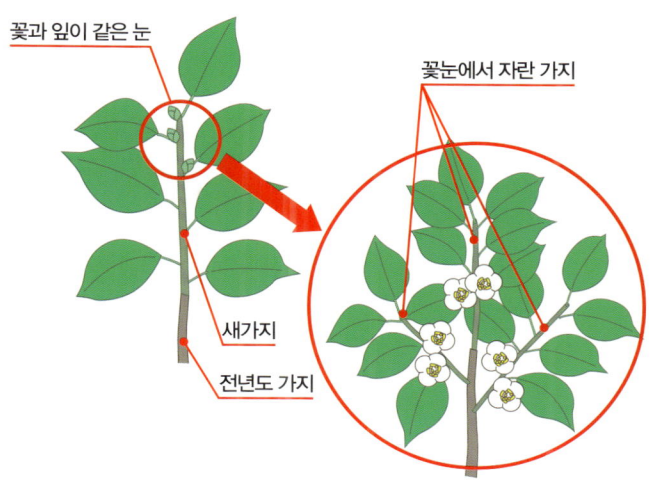

올해 자란 새가지의 끝부분에 눈이 달리고, 이듬해 그 눈에서 다시 긴 새가지가 자라서 그 새가지와 잎의 연결 부분에 꽃이 핀다.

- **나무 종류** 감, 밤나무, 마가목 등
- **가지치기 방법** 이듬해 꽃을 피울 가지가 될 눈은 지나치게 긴 가지나 짧은 가지에는 잘 달리지 않는다. 또, 여름 이후에 가지를 자르면 꽃눈을 잃게 될 수도 있으므로 주의한다.

❺ 새가지에 생긴 눈에서 이듬해 다시 가지가 자라고 그 가지의 끝부분에 꽃이 핀다.

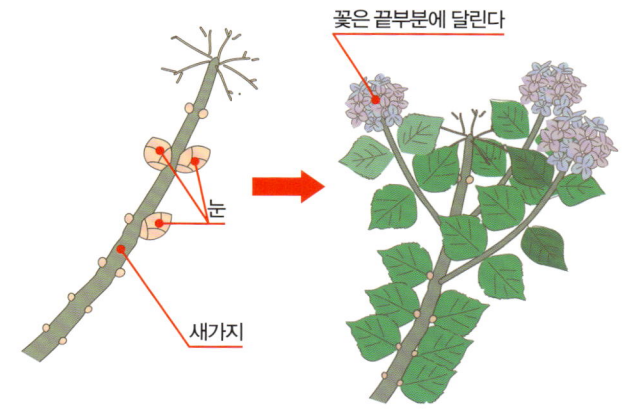

올해 자란 새가지의 끝부분에 눈이 달리고, 이듬해 그 눈에서 다시 새가지가 나와 그 가지의 끝부분에 꽃이 달린다.

- **나무 종류** 수국, 안개나무, 모란
- **가지치기 방법** 꽃만 생각한다면 가지치기 시기는 꽃이 진 바로 다음이 좋다. 또, 잎눈과 꽃눈은 비교적 구별하기 쉬우므로(꽃눈은 약간 둥글고, 잎눈은 약간 뾰족하다) 겨울이라도 실패할 가능성은 적다.

❻ 새가지의 끝부분에 달리고, 그 해 안에 꽃이 핀다

어느 곳에서 자란 가지라도 튼튼한 가지라면 그 끝에 꽃눈이 달리고, 겨울을 나지 않고 그 해 안에 개화한다.

- **나무 종류** 배롱나무, 장미, 무궁화
- **가지치기 방법** 어디를 잘라도 새가지의 끝부분에 꽃이 달리므로 꽃눈을 의식하지 않고 적합한 시기에 비교적 자유롭게 가지치기할 수 있다.

Case Study_ 이것이 알고 싶다 Q&A

여러 줄기가 올라가는 모양(다간형)에 맞는 가지치기 요령은?

Q 여러 줄기가 올라가는 모양(다간형)의 종가시나무를 심었습니다. 단간형과는 다른 다간형에 적합한 가지치기 요령을 알려주세요.

A 일반적으로는 다간형이나 단간형 모두 가지치기 방법은 동일합니다. 안쪽으로 뻗은 가지 등 필요 없는 가지(p.12)를 정리하고, 모양을 다듬는 것이 기본입니다. 단, 다간형의 경우 줄기의 수가 많을 때는 밑동에서 잘라 그 수를 정리하는 방법이 있습니다.

또, 가지의 경우 나무 안쪽의 가지를 많이 잘라내고 조금만 남겨도 문제는 없습니다. 그 이유는 안쪽 가지는 원줄기와 교차해서 가지가 촘촘해지는 원인이 되기 때문입니다. 가지가 촘촘해지면 채광이나 통풍이 잘 안되고 결국 마른 가지가 되어 버립니다. 공간이 비지 않도록 잘 생각해서 기호에 맞게 나무 안쪽의 가지를 정리하는 것이 좋습니다.

완성시킬 나무갓 모양

먼저, 줄기 수가 많다면 줄기를 밑동에서 잘라 수를 줄이는 것이 다간형 가지치기의 포인트이다. 필요 없는 가지(p.12)를 잘라서 가지와 잎을 정리하고, 바깥쪽 가지를 자르는 등 모양과 크기를 정리하는 것은 단간형과 같다.

줄기 수를 정리하여 많이 깔끔해졌다. 오른쪽은 위에서 본 모식도.

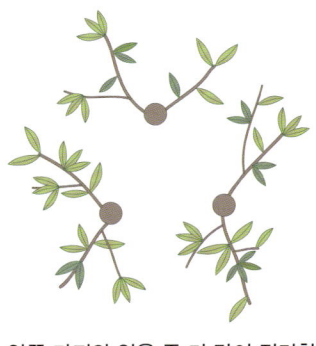

안쪽 가지와 잎을 좀 더 많이 정리한 예. 다간형은 이렇게 정리해도 괜찮다. 오른쪽은 위에서 본 모식도.

POINT

나무 전체를 산뜻하게 정리하기 위해서 보기에 안 좋은 줄기 위주로 자르고, 줄기 수를 줄이는 것이 좋다.

나무 안쪽에도 채광이나 통풍이 잘되도록 안쪽 가지를 과감하게 정리하는 것이 좋다.

오랫동안 방치해 둔 경우에 회복 방법은?

Q 정원에 늘푸른나무에 속하는 물푸레나무를 심고 5년이 지났습니다. 전혀 손질을 해주지 않았기 때문에 너무 커져서 어디서부터 손을 대야 할지 모르겠습니다.

A 오랜 기간 방치한 경우에는 먼저 상황이나 기호에 맞게 가지치기할 크기를 정하는 것이 가장 중요합니다. 그리고 크기를 정했다면 앞으로 가지가 자랄 방향이나 크기를 생각하면서 원줄기나 굵은 가지를 자르고, 그 다음에 필요 없는 가지 등을 잘라가면서 모양을 다듬도록 합니다.

또, 튼튼한 나무이기 때문에 가지치기 시기만 잘 맞춘다면(적기는 3~4월) 강한 가지치기에도 잘 견디므로, 각 가지를 2~3마디만 남기고 잘라서 나무의 전체적인 모양을 다시 만드는 방법도 있습니다. 그런 경우에는 1~2개월 지나서 가지가 자랐을 때 그 가지를 정리합니다. 이것을 몇 년에 걸쳐 반복하면 이상적인 나무 모양에 가까워질 수 있습니다.

완성시킬 나무갓 모양

오랫동안 방치해서 나무 모양이 흐트러진 경우에는 먼저 가지치기 후의 모양과 크기를 생각해본다. 위의 점선은 예.

가지치기 후의 모양과 크기를 정했다면 원줄기와 굵은 가지를 자른다.

원줄기와 굵은 가지의 정리가 끝나면 위로 뻗은 가지 등 필요 없는 가지를 잘라서 가지와 잎의 수를 정리한다.

가지 끝부분을 잘라서 나무갓 모양을 정리한다.

완성된 예. 포인트는 먼저 완성된 모습을 생각해보고 시작하는 것이다.

POINT

'①먼저 크기를 정하고 원줄기와 굵은 가지를 자른다', '②필요 없는 가지 등을 정리하면서 모양을 다듬는다'의 순서로 진행한다.

나무 크기를 정하는 방법은?

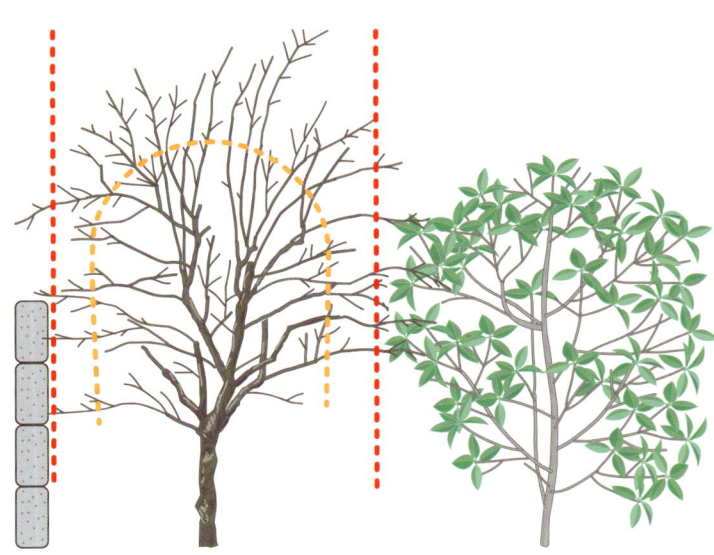

크기를 정할 때에는 나무가 차지할 수 있는 공간(위 그림의 붉은 선)을 고려해서 그 공간 안에서 여유 있는 크기(위 그림의 오렌지색 점선)로 정리해야 한다.

Q 감나무가 너무 많이 자라서 자르려고 합니다. 크기를 결정할 때 기준이 되는 것이 있나요?

A 크기를 결정할 때는 먼저 그 나무가 차지할 수 있는 공간을 생각해 봅니다. 도로나 이웃집 등 자신의 공간이 아닌 곳으로 뻗는 것은 물론 피하고, 나무끼리 가지나 잎이 겹쳐지는 것도 바람직한 환경이 아닙니다. 그리고 가지치기할 때에는 주어진 공간 안에서 여유 있는 크기로 정리하는 것이 기본입니다. 꽉 차게 키우면 곧 공간을 벗어나고, 정원을 조성할 때도 여유가 있으면 나무 아래쪽에 초본류를 심는 등 유연하게 대처할 수 있습니다. 또한, 환경면에서 초록빛 자연을 늘리고 나무 본래의 성질을 훼손하지 않게 가능한 크게 키우고 싶지만 감나무 같은 과일나무의 경우 너무 커지면 열매를 수확할 때 힘들어진다는 것도 고려해야 합니다.

산울타리의 깎기 가지치기 요령은?

옆면의 윗부분은 앞쪽으로 휘어지게 자른다고 생각하고(위 그림의 노란색 영역), 가운데가 높아지기 쉬운 겉면은 V자형(위 그림의 파란색 영역)으로 자른다고 생각하면서 작업한다.

Q 산울타리를 깔끔하고 보기 좋게 정리할 수 있는 요령을 알려주세요.

A 기호에 따라 다르지만 산울타리는 옆에서 볼 때 직사각형으로 정리하는 것이 보기 좋습니다. 그런데 실제로 깎기 가지치기를 해보면 좀처럼 잘되지 않고, 특히 손이 닿기 힘든 높은 위치(옆면의 윗부분과 윗면)는 직선이 되지 않고 구부러지기 쉽습니다. 그렇게 되지 않으려면 깊게 잘라내기 쉬운 옆면의 윗부분은 앞쪽으로 휘어지게, 가운데가 높아지기 쉬운 윗면은 V자형으로 파이게 자른다고 생각하면서 작업하는 것이 좋습니다. 그렇게 하면 결과적으로는 직선으로 보기 좋게 마무리할 수 있습니다.

가지가 늘어지는 성질을 가진 나무에 적합한 가지치기 방법은?

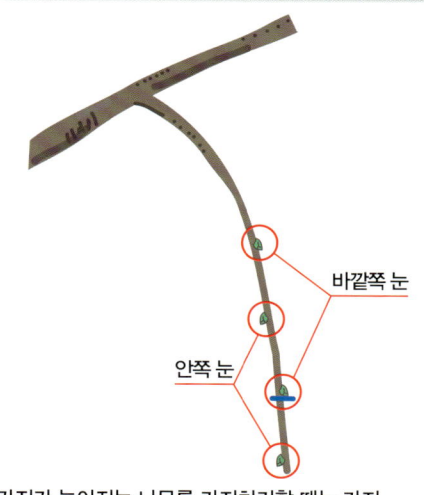

가지가 늘어지는 나무를 가지치기할 때는 가지 위쪽에 붙어있는 눈이 바깥쪽 눈이 된다.

Q 해마다 정원의 수양벚나무가 피는 것을 즐거운 마음으로 기다리고 있습니다. 그런데 나무 모양이 조금씩 흐트러지고 있어서 손질이 필요합니다. 가지가 늘어지는 성질을 가진 나무를 가지치기할 때 특별히 주의할 점이 있나요?

A 가지가 늘어지는 성질이 있다 하더라도 안쪽으로 뻗은 가지나 위로 뻗은 가지 등 필요 없는 가지(p.12)를 정리하고 모양을 다듬는 가지치기의 순서에는 변함이 없습니다. 단, 남겨둘 눈을 구별할 때 주의가 필요합니다. 기본적으로 가지치기할 때는 바깥쪽 눈을 남깁니다. 바깥쪽 눈이란 바깥쪽으로 자라는 눈을 말하는데, 대부분의 나무는 바깥쪽 눈이 가지의 아래쪽에 붙어 있습니다. 그런데 가지가 늘어지는 나무는 가지가 아래로 늘어져 있기 때문에 가지의 위쪽에 붙어있는 눈이 바깥쪽 눈이 되므로 그것을 남겨야 합니다. 또한, 가지가 늘어지는 성질의 나무는 나무 자신의 힘으로는 높이 자라기 어려우므로 높이 자라게 하려면 받침대를 사용하는 편이 좋습니다.

나무 모양의 교정

여러 줄기가 올라가는 다간형의 경우에는 자른 가지를 이용해서 줄기 사이의 간격을 벌릴 수 있다. 이렇게 해두면 나무 모양이 교정된다.

Q 현재의 가지 모양이 그다지 보기 좋지 않습니다. 가지치기는 가지를 자르는 것이지만 반대로 가지가 없는 경우에는 어떻게 하면 좋을까요?

A 나무 모양을 아름답게 다듬기 위해서는 전체적인 균형을 맞추는 것이 중요합니다. 가지나 잎이 일정한 간격으로 배치되게 만드는 것이 이상적이지만 원래 공간이 비어 있는 일도 흔히 있습니다. 그런 경우에 자주 쓰는 해결 방법이 원줄기나 가지를 끈으로 유인하여 이상적인 모양으로 생장시키는 것입니다. 교정할 때 인공적인 모습이 눈에 띄어 보기 안 좋다면 자른 가지를 활용해서 고정하는 방법도 있습니다.

이상적인 나무 모양을 만드는 포인트

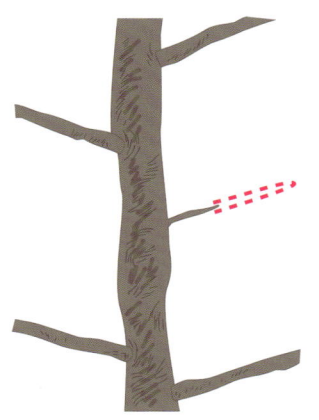

원줄기에서 난 잔가지는 기본적으로는 가지치기의 대상이 되지만 그 공간에 가지가 필요한 경우에는 남겨둔다.

Q 작년에 직접 가지치기를 해봤지만 생각대로 자라지 않았습니다. 올해도 도전해 볼 생각인데 어떤 점에 주의하면 좋을까요?

A 가지치기의 중요 포인트 중 하나는 생장한 후의 모습을 미리 생각하면서 가지치기하는 것입니다. 예를 들어, 원줄기에서 난 잔가지(p.12)는 기본적으로는 가지치기의 대상이 되지만 그 가지가 생장하면서 공간을 잘 메우게 된다면 남겨두는 편이 좋다고 할 수 있습니다. 가지치기하는 시점의 아름다움은 물론 1년 후, 2년 후의 모습도 생각하면서 가지를 잘라야 합니다.

혹을 만들지 않는 가지치기

Q 이번에 배롱나무를 심으려고 하는데 공원의 배롱나무를 보면 혹이 보입니다. 혹을 만들지 않으려면 어떻게 하는 것이 좋을까요?

A 나무의 혹이란 글자 그대로 일부분만이 혹처럼 굵어진 것을 말합니다. 배롱나무 등에서 흔히 나타나는 현상인데, 이런 혹이 생기는 원인은 해마다 같은 위치에서 가지치기를 했기 때문입니다. 따라서 해마다 같은 위치에서 자르지 않으면 혹이 생기는 것을 막을 수 있습니다.
크기를 일정하게 유지하고 싶은 경우에는 조금씩 자르는 위치를 바꾸면 됩니다. 반대로 혹을 즐기고 싶다면 해마다 같은 위치에서 가지치기를 하면 됩니다.

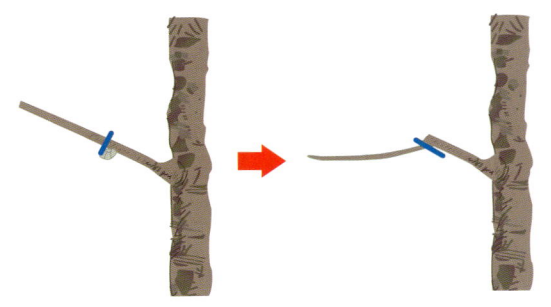

혹을 만들지 않기 위해서는 해마다 자르는 위치를 바꾼다. 예를 들어, 왼쪽 그림처럼 잘랐다면 이듬해에는 오른쪽 그림처럼 자르면 혹을 만들지 않고 크기를 유지할 수 있다.

갈잎키작은나무의 새 줄기를 나오게 할 때

Q 가는잎조팝나무가 너무 커졌습니다. 작게 정리하고 싶은데 가지가 너무 가늘어서 어디를 잘라야 할지 모르겠습니다.

A 가는잎조팝나무, 황매화, 수국 등 갈잎키작은나무는 원줄기와 가지가 명확히 구분되는 다른 나무들에 비해 줄기와 가지가 가늘어서 어디를 잘라야 할지 망설이게 됩니다. 그렇지만 실제로는 어렵게 생각 필요 없이 원하는 크기에 맞춰 잘라도 괜찮습니다. 또, 나무 모양을 처음부터 다시 만들고 싶은 경우에는 지면 가까이에서 자르는 방법도 있습니다. 시기만 조심한다면 가지치기 때문에 나무가 죽거나 하는 일 없이 새로운 줄기가 나옵니다.

작게 정리하고 싶은 경우에는 그림의 붉은색 선과 같은 위치에서 잘라도 좋다. 더 작게 정리하고 싶은 경우에는 그림의 노란 선처럼 밑동에서 잘라 나무의 줄기를 갈이하는 방법도 있다. 이때 줄기 수도 정리하는 것이 좋다.

가지치기의 시기와 빈도

Q 좀처럼 가지치기할 시간을 내기 어렵습니다. 가지치기는 최소한 얼마나 자주, 그리고 언제 하는 것이 좋을까요?

A 나무 종류나 환경에 따라 다르지만 최소한이라는 조건으로 생각하면 기본적으로 1년에 1번 정도면 괜찮습니다. 시기는 갈잎나무의 경우에 나무 모양을 다시 다듬고 싶다면 낙엽기에 하고, 꽃나무를 아름다운 모양으로 다듬고 싶다면 꽃이 진 후에 하는 것이 가장 좋습니다. 또, 늘푸른나무는 초봄~초여름(2~6월경)에 가지치기하는 것이 좋습니다.

전문가에게 맡겨야 하는 가지치기는?

Q 직접 가지치기를 하면 나무가 말라죽지 않을까 걱정됩니다. 전문가에게 맡기는 것이 좋을까요?

A 가지를 자른다고 해서 나무 전체가 말라버릴 정도로 나무는 약하지 않습니다. 그러므로 전문가가 아니면 안 되는 나무는 거의 없다고 생각해도 됩니다. 단, 가지치기를 해야 하는 나무가 너무 커서 사다리 등의 도구가 필요하거나 가지치기할 시간을 낼 수 없는 경우 등에는 전문가에게 맡기는 것이 좋습니다.

격세유전에 대한 대처 방법

Q 가이즈까향나무에 다른 색 잎이 나왔습니다. 어떻게 하면 좋을까요?

A 가이즈까향나무 같은 바늘잎나무, 그중에서도 특히 원예종에 나타나는 현상으로 강한 스트레스를 받으면 주위와 다른 색이나 모양을 한 잎이 나오는 경우가 있습니다. 이것을 격세유전이라고 하는데, 품종개량 전의 가지나 잎이 나오는 것을 말합니다. 격세유전은 강한 가지치기를 했을 때 발생하는 경우가 많으므로 방지하고 싶으면 강한 가지치기를 하지 않는 것이 중요합니다.

이미 자라고 있고, 그런데 계속 신경이 쓰인다면 격세유전한 가지의 연결 부분을 자르는 것이 하나의 대처 방법입니다. 또, 다른 방법으로는 어느 정도 자라면 끝부분에서 가이즈카향나무 본래의 가지와 잎이 나오는 경우도 있는데 그것을 살리면서 볼품없는 격세유전 가지와 잎을 잘라내는 방법도 있습니다.

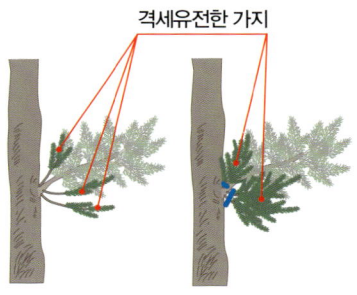

전통적인 방법은 왼쪽 그림처럼 격세유전한 가지의 연결 부분을 자르는 것이다. 단, 격세유전한 가지 끝부분에서 원래의 가지나 잎이 나오는 경우도 있으므로 오른쪽 그림처럼 격세유전한 가지를 남겨두는 방법도 있다.

잘라낸 가지의 처리 방법

Q 잘라낸 가지는 어떻게 처리하면 좋을까요?

A 일반적으로 땔감으로 사용하거나 쓰레기봉투에 넣어 쓰레기로 처리합니다. 잘못된 방법으로 처리하면 문제가 생길 수 있으므로 잘 모르는 경우에는 각 지역의 구청 등 해당 기관에 문의하도록 합니다.

강풍으로 원줄기가 부러진 경우의 대처 방법

Q 태풍으로 황금아카시아의 원줄기가 부러졌습니다. 이 나무는 죽게 될까요?

A 황금아카시아 뿐만 아니라 다른 나무도 원줄기가 부러졌다고 해서 나무 자체가 죽는 일은 별로 없습니다. 단, 분명히 손상은 입은 것이고, 보기에도 좋지 않으므로 확실하게 사후 관리를 해야 합니다. 사후 관리 방법은 톱 등으로 절단면을 깨끗이 정리하고, 그곳에 유합제(세균 등의 침입을 막아서 절단면을 보호하는 약)를 바르는 것입니다. 또한, 가지가 갈라진 부분(마디) 바로 위를 자르면 자연스럽게 마무리할 수 있습니다.

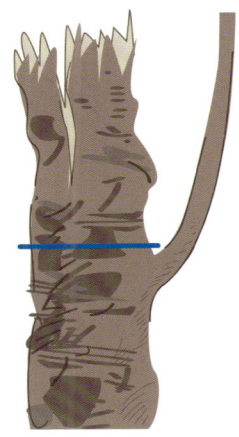

부러진 부분은 갈라지지 않은 곳에서 자른다. 자연스럽게 마무리하기 위해서는 그림처럼 가지가 갈라져 있는 마디 바로 위를 자르는 것이 좋다.

가지치기할 때 주의할 점은?

Q 이번에 처음으로 가지치기에 도전하려고 합니다. 가지치기할 때 특별히 주의해야 할 점이 있습니까?

A 기술적인 것보다 가지치기하는 시기를 조심하는 것이 더 중요합니다. 예를 들어, 후피향나무의 경우 가지치기에 이상적인 시기는 초봄인데 여름 전에 하면 여름에 새로운 눈이 나오게 됩니다. 그런데 새로운 눈은 부드럽기 때문에 벌레가 꼬이기 쉽고, 병에 걸리기도 쉽습니다. 특히, 강한 가지치기를 할 경우에는 시기를 잘 선택하는 것이 중요합니다.

나무의 12개월 주기

나무는 12개월 주기로 활동하며 봄부터 여름에 생장한다

한 번 자른 가지는 원래대로 되돌릴 수 없다. 그래서 가지를 자르면 나무 전체가 말라버릴까봐 고민하는 사람도 있을지 모르지만, 나무는 그렇게 약한 존재가 아니므로 기본적으로는 가지치기가 원인이 되어 말라죽는 일은 별로 없다. 그러나 살아있는 생명체이므로 경우에 따라서는 부주의한 가지치기가 나무에 피해를 주는 경우도 있는데, 특히 가지치기 시기를 선택할 때는 주의해야 한다.

나무는 12개월(1년)을 주기로 일정하게 활동하고 있다. 나무 종류나 지역에 따라 달라지기도 하지만 기본적으로 겨울에는 휴면하고, 봄부터 여름에 걸쳐서 생장하고, 가을에는 겨울을 대비하는 준비를 한다. 가지치기에 좋은 시기는 꽃이나 열매를 생각하지 않는다면 갈잎나무는 12~2월에 하는 것이 좋고, 늘푸른나무는 2~6월에 하는 것이 나무에 피해를 적게 준다.

나무의 12개월 주기

봄부터 여름에 걸쳐서 생장하고, 겨울에는 쉰다. 단, 어디까지나 일반적인 예일뿐 나무 종류나 지역에 따라 달라진다.

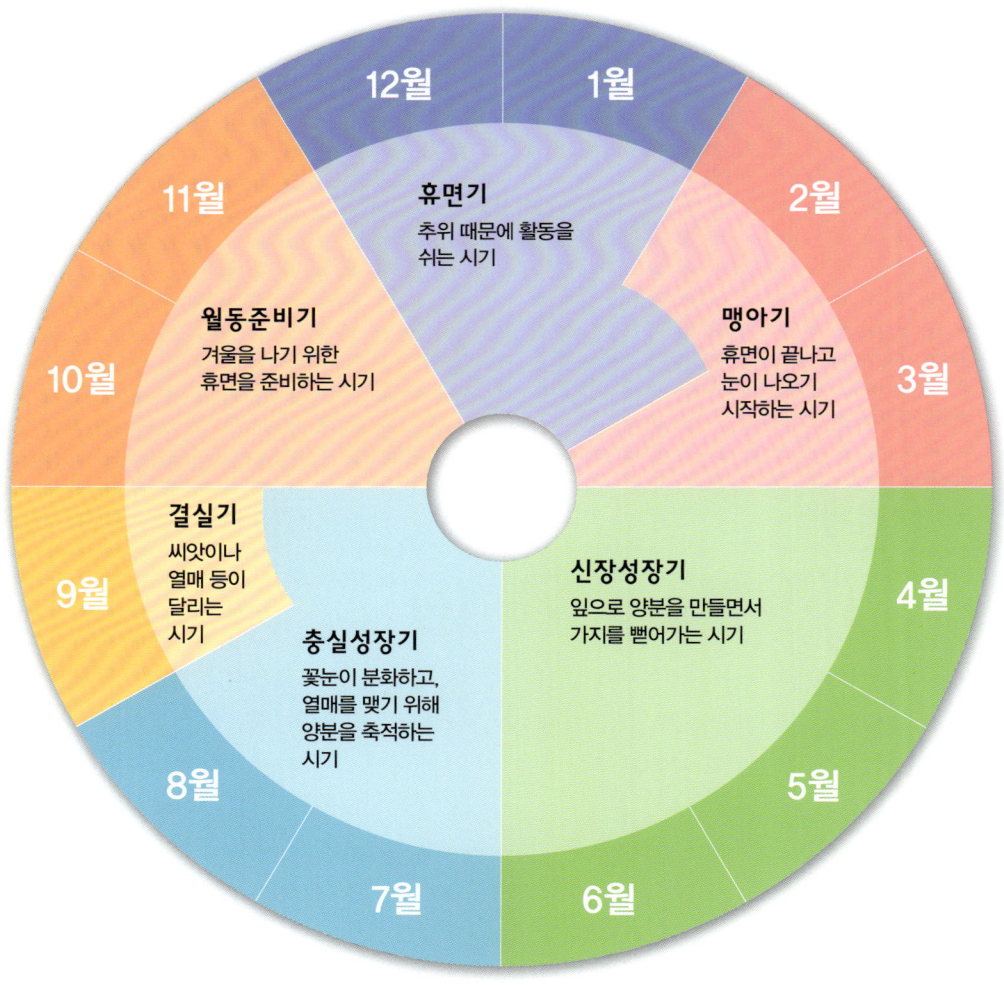

내 손으로 직접하는 나무 가지치기

갈잎나무 가지치기

갈잎나무 가지치기

갈잎나무란?

갈잎나무(낙엽수)란 가을이나 겨울에 잎이 떨어졌다가 봄에 새잎이 나는 나무를 말한다.

정원수로 인기가 많은 갈잎나무로는 아름다운 꽃을 즐길 수 있는 매실나무, 백목련, 미국산딸나무와 가지나 나무의 전체적인 모양을 즐길 수 있는 단풍나무, 자작나무 등이 있다.

갈잎나무는 계절에 따라 다양한 모습을 보여주고, 새나 나비 등의 곤충과 야생 생물이 많이 찾아오기 때문에 자연을 정원으로 끌어들이는 나무라고 할 수 있다.

가지치기 포인트

겨울에 잎이 떨어지면 가지 모양이 잘 보이므로 가지를 깔끔하게 정리하는 것이 갈잎나무 가지치기의 포인트이다. 생장한 후에 가지의 모양이 자연스러우려면 바깥쪽 눈을 남기고, 나무의 특성을 살려서 가지 모양을 정리해야 한다.

생장 후에 가지 모양을 자연스럽게 만들기 위해 바깥쪽 눈을 남긴다. 사진은 백목련(p.58).

미국산딸나무(p.54)는 나무의 특성을 살려서 물결치는 모양으로 가지를 다듬는다.

가지치기 시기

기본적으로 12~2월의 낙엽기가 나무에 피해를 주지 않고 가지치기할 수 있는 시기이다. 그 시기에는 잎이 떨어져서 자를 때 가지 모양을 알아보기 쉽다는 장점도 있다.

단, 봄~초여름에 꽃이 피는 나무의 경우 낙엽기에 가지치기를 하면 이미 달린 꽃눈을 자르게 되므로 꽃이 많이 피지 않게 된다.

따라서 꽃나무의 경우 해마다 가지치기를 하고 있고, 다음번 개화기에 꽃달림을 유지하고 싶다면 꽃이 진 후에 가지치기를 하고, 오랫동안 방치해서 나무 모양이 흐트러졌거나 전체적인 나무 모양을 다시 만들고 싶을 때는 휴면기에 하는 것이 좋다. 단, 나무 종류에 따라 가지치기에 적합한 시기가 다를 수도 있으므로 나무 종류에 따른 가지치기 시기는 이 책에 있는 달력을 참조하기 바란다.

나무 모양이 흐트러진 경우에는 낙엽기에, 해마다 손질을 하고 있는 경우라면 꽃이 진 후에 가지치기한다 (사진은 모두 산당화/p.62).

가지치기 시기는?

| 기본적인 시기 | ➡ 가지 모양을 알아보기 쉬운 낙엽기(12~2월)에 한다. |

| 꽃나무의 경우 | ➡ 꽃달림을 유지하고 싶은 경우에는 꽃이 진 뒤에 바로 가지치기하고, 꽃자루도 제거한다.
➡ 흐트러진 나무 모양을 바로 잡고 싶은 경우에는 기본대로 낙엽기에 가지치기한다. 단, 꽃이 진 후에는 꽃자루를 제거해야 한다. |

어떤 가지를 자를까?

| 스텝 1 | ➡ 촘촘한 가지나 위로 뻗은 가지 등 필요 없는 가지(p.12)를 잘라낸다. |

| 스텝 2 | ➡ 나무갓 모양에 맞춰 바깥쪽 가지를 잘라 모양과 크기를 다듬는다. |

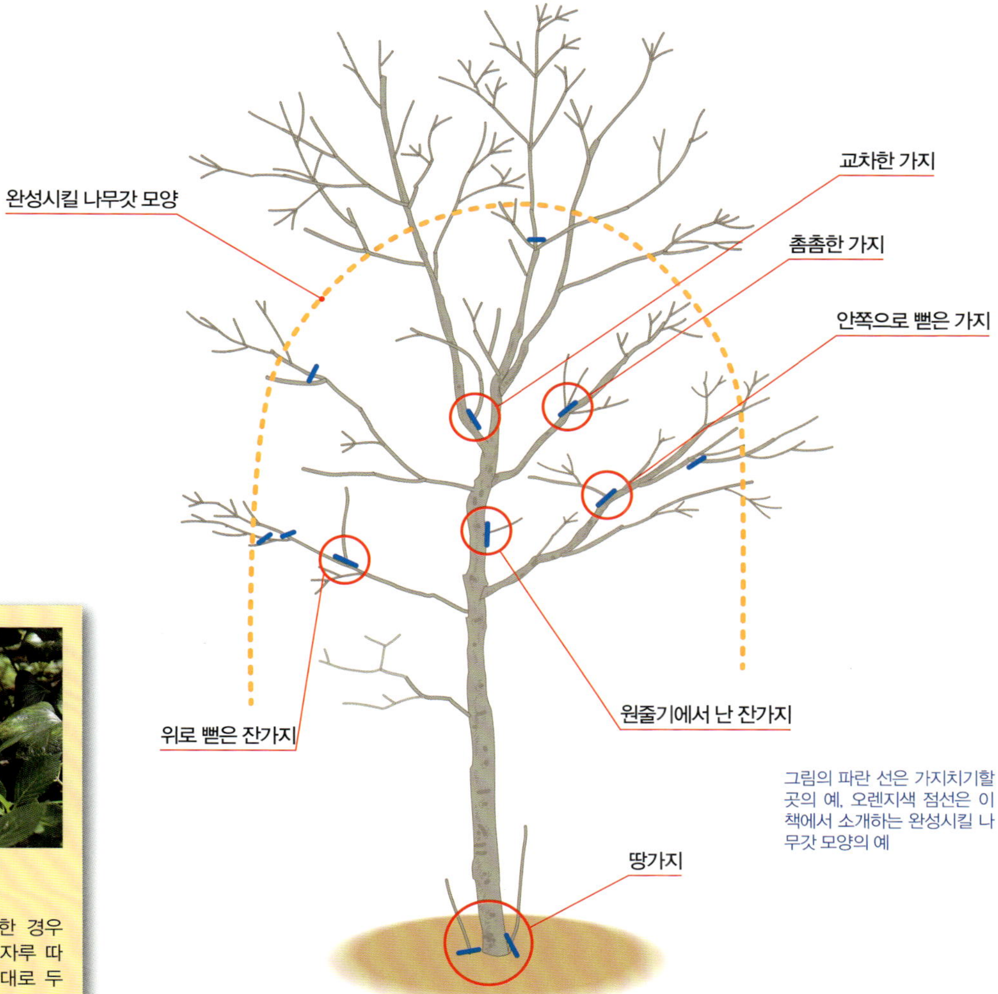

완성시킬 나무갓 모양
교차한 가지
촘촘한 가지
안쪽으로 뻗은 가지
위로 뻗은 잔가지
원줄기에서 난 잔가지
땅가지

그림의 파란 선은 가지치기할 곳의 예. 오렌지색 점선은 이 책에서 소개하는 완성시킬 나무갓 모양의 예

꽃자루 따기

낙엽기에 꽃나무를 가지치기한 경우에도 꽃이 지고 난 후에는 꽃자루 따기를 해야 한다. 꽃자루를 그대로 두면 나무자람새가 약해진다.

가는잎조팝나무

- 장미과 조팝나무속
- 별명 : 톱벌구조팝나무, 능수조팝나무, 분설화

길게 자란 가지에 피는 하얀 꽃이
마치 눈처럼 아름다운 나무

꽃이 피는 봄이 오면 길게 자란 가지에 작고 흰 꽃이 촘촘하게 피어서 마치 눈이 쌓인 버드나무처럼 보인다. 잎은 밝은 녹색으로 날카로운 톱니가 있으며, 뒷면 잎맥 위에 털이 조금 있는 경우도 있다. 튼튼한 나무여서 키우기 쉽다.
우리나라와 중국, 일본 등지에 분포하며, 주로 관상용으로 심는다.

크 기	여러 줄기가 올라가는 모양, 1~2m	가지치기 모양	자연수형
꽃 색	흰색, 분홍색	내 음 성	보통
열 매 색	–	내 한 성	강함

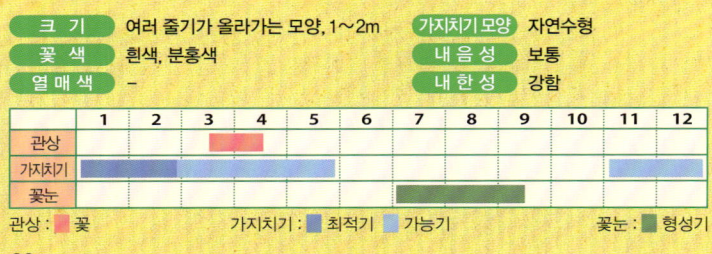

기본 가지치기(꽃이 진 후)

❶ 필요 없는 가지를 잘라낸다

촘촘한 가지나 안쪽으로 뻗은 가지, 교차한 가지 등 필요 없는 가지(p.12)는 잘라내어 깔끔하게 정리한다.

원줄기 부근이 촘촘한 경우에는 필요 없는 가지를 가지가 갈라지는 곳 바로 위에서 자른다.

❷ 모양을 다듬는다

전체적인 균형을 생각하면서 바깥쪽 가지나 나무갓 모양을 흐트러뜨리는 가지를 잘라내어 모양과 크기를 다듬는다.

가지 끝부분을 잘라서 크기를 정리한다.

POINT

싹이 잘 트는 나무이므로 강한 가지치기에도 잘 견딘다. 새 줄기로 갈이하고 싶거나 작게 다듬고 싶은 경우에는 지면 가까이에서 잘라도 좋다.

가지가 많아지기 쉬운 나무이므로 촘촘한 부분은 가지 수를 줄여서 깔끔하게 정리한다.

땅가지가 신경 쓰이면 자주 정리한다.

나무의 전체 모양을 다시 만들고 싶은 경우에는 낙엽기에 가지치기를 한다.

one point lesson ❷

지면 가까이에서 자른다

싹이 잘 트기 때문에 가지치기하기가 어렵지 않다. 새 줄기로 갈이하고 싶으면 모든 가지를 지면 가까이에서 잘라버려도 다시 새가지가 자란다.

새 줄기로 갈이하고 싶으면 과감하게 지면 부근에서 자른다.

완성시킬 나무갓 모양

촘촘한 가지

BEFORE
가지 수가 많고 불규칙하게 자라서 어수선한 느낌을 준다.

그림의 파란 선은 가지치기할 곳을 표시한 것이고, 오렌지색 점선은 이 책에서 소개하는 완성시킬 나무갓 모양의 예

새 줄기로 갈이하고 싶은 경우에 완성시킬 나무갓 모양

one point lesson ❶

줄기 수를 줄인다

줄기 수는 어느 정도 정리하는 것이 보기 좋다. 너무 많으면 밑동에서 잘라서 줄기 수를 줄인다.

줄기를 정리할 경우에는 밑동에서 자른다.

기호에 따라 다르지만 줄기 수는 이 정도가 좋다.

AFTER
줄기 수를 줄여서 깔끔해졌고, 크기도 아담하게 정리하였다.

가막살나무

- 인동과 가막살나무속
- 별명 : 털가막살나무, 탐춘화, 협미

선명한 붉은색 열매가 가을 하늘 아래서 빛난다

우리나라 제주 지방과 일본, 타이완, 중국 등지에 분포하는 갈잎떨기나무이다.
5월 하순부터 6월 상순에 걸쳐 흰색의 작은 꽃이 수국처럼 뭉쳐서 피고, 가을에는 붉은색 열매가 달린다. 열매는 과실주 등으로도 이용할 수 있어서 유용한 나무이다.

기본 가지치기(낙엽기)

❶ 필요 없는 가지를 잘라낸다

촘촘한 가지나 원줄기에서 난 가지 등 필요 없는 가지(p.12)는 잘라내어 깔끔하게 정리한다. 땅가지가 자라기 쉬우며, 땅가지가 생기면 줄기와 연결된 부분에서 잘라낸다.

가지가 빽빽하게 모여 있는 부분은 정리한다.

❷ 모양을 다듬는다

바깥쪽 가지나 나무갓 모양을 흐트러뜨리는 가지를 잘라내어 모양과 크기를 정리한다. 전체적인 균형을 고려하면서 작업을 진행하도록 주의한다.

나무갓 모양에서 벗어난 굵은 가지는 완성시킬 나무갓 모양보다 안쪽에서 자른다.

그림의 파란 선은 가지치기할 곳의 예, 오렌지색 점선은 이 책에서 소개하는 완성시킬 나무갓 모양의 예.

POINT

방치해도 나무 모양이 그다지 흐트러지지 않으므로 가지치기는 필요 없는 가지를 정리하고 모양을 다듬는 정도로 한다.

땅가지가 자라기 쉬우므로 밑동 부근의 필요 없는 가지는 빨리 잘라낸다.

가막살나무는 여러 가지 종류가 있는데 가지치기 방법은 같다.

꽃이 가지 끝에 잘 달리기 때문에 꽃이 피기 전에는 가지를 자르지 않는 것이 좋다.

크 기	여러 줄기가 올라가는 모양, 2~4m	가지치기 모양	자연수형
꽃 색	흰색, 분홍색	내 음 성	햇빛에서 자라는 나무(양수)
열매 색	붉은색, 푸른색	내 한 성	보통

	1	2	3	4	5	6	7	8	9	10	11	12
관상					■	■				■	■	■
가지치기	■	■	■								■	■
꽃눈							■	■	■			

관상 : ■ 꽃 ■ 열매   가지치기 : ■ 최적기 ■ 가능기   꽃눈 : ■ 형성기

노각나무

- 차나무과 노각나무속

- 별명 : 금수목, 비단나무, 조선자경, 노가지나무

초여름에 순백의 꽃을 피우고 가을이면 잎이 떨어지는 갈잎나무

동백나무와 비슷한 종류지만 잎은 두껍지 않고 낙엽성이다. 초여름에 순백색의 꽃이 핀다. 나무껍질이 벗겨져 얼룩무늬가 생기는 것도 특징 중 하나이다. 꽃은 이른 아침에 피어나 저녁이면 떨어지는 1일화. 목재는 가구나 조각 재료로 쓰기도 하며, 나무 껍질이 비단처럼 아름다워 관상용으로 많이 심는다.

기본 가지치기(낙엽기)

❶ 필요 없는 가지를 잘라낸다

촘촘한 가지나 교차한 가지 등 필요 없는 가지(p.12)는 잘라내어 깔끔하게 정리한다. 밑동 부근의 잔가지도 기본적으로 가지치기의 대상이다.

밑동 부근의 잔가지는 기본적으로 필요 없는 가지이므로 줄기와 연결된 부분에서 자른다.

그림의 파란 선은 가지치기할 곳의 예, 오렌지색 점선은 이 책에서 소개하는 완성시킬 나무갓 모양의 예

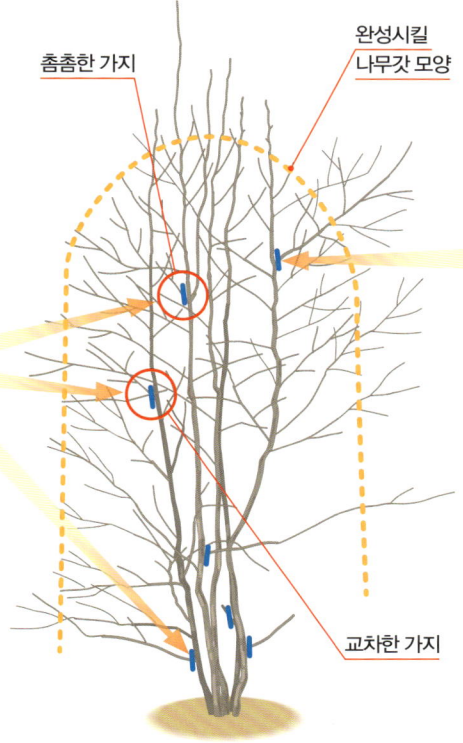

촘촘한 가지 / 완성시킬 나무갓 모양 / 교차한 가지

❷ 모양을 다듬는다

전체적인 균형을 생각하면서 바깥쪽 가지나 나무갓 모양을 흐트러뜨리는 가지를 잘라내고 모양이나 크기를 정리한다. 높이를 유지하고 싶거나 작게 다듬고 싶은 경우에는 원줄기를 가지가 갈라진 마디의 바로 위에서 자른다.

나무갓 모양에서 벗어난 굵은 가지는 완성시킬 나무갓 모양보다 안쪽에서 자른다. 작게 다듬고 싶을 때는 사진처럼 연결 부분에서 잘라도 좋다.

크 기	달걀형, 5~6m			가지치기 모양	자연수형, 여러 줄기가 올라가는 모양							
꽃 색	흰색			내음성	보통							
열매색	갈색			내한성	강함							

	1	2	3	4	5	6	7	8	9	10	11	12
관상						꽃				단풍		
가지치기								부적기				
꽃눈								형성기				

관상 : █ 꽃·단풍   가지치기 : █ 최적기 █ 가능기 █ 부적기   꽃눈 : █ 형성기

POINT

방치해도 나무 모양이 그다지 흐트러지지 않으므로 가지치기는 필요 없는 가지를 정리하고 모양을 다듬는 정도로 한다.

밑동 부분을 깔끔하게 정리하면 미끈한 나무 모습과 아름다운 줄기가 두드러져 보인다.

개나리

- 물푸레나무과 개나리속
- 별명 : 연교, 신리화

가지 가득 피는 노란색 작은 꽃이 초봄을 산뜻하게 장식한다

산기슭의 햇빛이 잘 드는 곳에 자생하는 개나리는 초봄에 아름다운 노란색의 작은 꽃을 가지 가득 피운다. 병해충과 추위에 강해서 오래전부터 관상용이나 산울타리용으로 정원이나 길가, 공원 등지에 많이 심었다.
한방에서 약으로 사용하는 연교는 개나리 종류의 열매를 말린 것으로 화농성질환과 신장염 등에 처방한다.

크 기	여러 줄기가 올라가는 모양, 1.5~3m	가지치기 모양	자연수형, 산울타리형
꽃 색	노란색	내 음 성	보통
열 매 색	–	내 한 성	강함

깎기 가지치기(꽃이 진 후)

❶ 양손가위로 깎는다

양손가위로 크기와 나무갓 모양을 다듬으면서 새가지를 자른다. 다 자른 후 나무와 조금 떨어져서 전체적인 모양을 살핀 다음, 나무갓 모양을 정리하면 좀 더 깔끔하게 완성할 수 있다.

싹이 잘 트는 나무이므로 어느 정도 강하게 가지치기해도 괜찮다.

나무갓 모양에서 벗어난 가지를 잘라낸다

가지치기한 후 나무갓 모양에서 벗어난 굵은 가지가 있으면 잘라낸다. 굵은 가지는 다른 가지보다 생장이 빠른 편이므로 완성시킬 나무갓 모양보다 몇 마디 안쪽에서 잘라야 한다. 또, 상황에 따라서는 깎기 가지치기를 하기 전에 미리 굵은 가지를 자르는 것도 좋다.

굵은 가지는 완성시킬 나무갓 모양보다 안쪽 마디(가지가 갈라지는 곳) 바로 위에서 자른다

POINT

싹이 잘 트고, 강한 가지치기에도 잘 견디기 때문에 깎기 가지치기에도 적합하다.

모양이나 크기 이외의 면에서는 그다지 손질이 필요하지 않은 나무이다. 단, 안쪽의 복잡한 부분을 정리해서 통풍이나 채광이 잘되게 하면 나무 안쪽에서도 꽃을 기대할 수 있다.

나무의 전체 모양을 다시 만들고 싶은 경우에는 낙엽기에 가지치기를 한다.

완성시킬 나무갓 모양

BEFORE
가지가 많고 불규칙하게 자라서 지저분한 느낌이 든다.

그림의 파란 선은 가지치기할 곳의 예, 오렌지색 점선은 이 책에서 소개하는 완성시킬 나무갓 모양의 예

AFTER
크기를 아담하게 정리했다. 또, 필요 없는 가지를 중심으로 가지와 잎을 정리했다.

one point lesson

가지 수를 줄여서 꽃 수를 늘린다

개나리는 강한 가지치기에도 잘 견디는 나무이다. 필요 없는 가지(p.12)를 중심으로 안쪽의 복잡한 부분을 정리해서 과감하게 속아주어도 나무가 피해를 입는 일은 거의 없다. 오히려 나무 안쪽에도 햇빛이 들어 꽃이 피는 것을 기대할 수 있다.

아래 사진처럼 안쪽의 촘촘한 부분을 잘라서 가지와 잎을 줄이면 나무 안쪽에도 꽃이 필 수 있다.

납매

- 납매과 납매속
- 별명 : 당매

엄동설한 추운 겨울에 아름다운 꽃을 피우는 나무

중국 원산의 갈잎나무로, 음력 12월에 매화를 닮은 노란 꽃을 피우기 때문에 '섣달에 피는 매화'라는 의미에서 '납매'라고 부른다. 꽃은 크기는 작지만 진하고 달콤한 향이 있어서 인기가 많다. 일본에서는 설날에 납매 꽃으로 집 안을 장식하는 풍습이 있다.
토질에 관계없이 잘 자라고, 병충해에도 강하기 때문에 관상용으로 많이 심는다.

크 기	여러 줄기가 올라가는 모양, 3~5m	가지치기 모양	자연수형
꽃 색	노란색	내 음 성	보통
열매 색	–	내 한 성	보통

	1	2	3	4	5	6	7	8	9	10	11	12
관상	■	■										■
가지치기	■	■	■	■								■
꽃눈							■	■	■			

관상 : 꽃   가지치기 : 최적기 / 가능기   꽃눈 : 형성기

기본 가지치기(낙엽기)

❶ 필요 없는 가지를 잘라낸다

촘촘한 가지나 원줄기에서 난 잔가지, 안쪽으로 뻗은 가지 등 필요 없는 가지(p.12)는 잘라내어 깔끔하게 정리한다. 원줄기에서 난 가지 사이의 간격이 좁으면 굵은 가지도 잘라낸다.

촘촘한 가지는 잘라내어 정리한다.

원줄기에서 난 가지가 촘촘한 경우에는 굵은 가지라도 연결부분에서 잘라내어 정리한다.

one point lesson

줄기 수를 줄인다

여러 줄기가 올라가는 다간형의 경우 줄기 전체가 촘촘하면 줄기 수를 줄여서 통풍이나 채광이 잘되게 한다. 그렇게 하면 나무 안쪽에도 꽃이 필 수 있다.

줄기를 정리할 때, 필요 없는 줄기는 밑동에서 자른다.

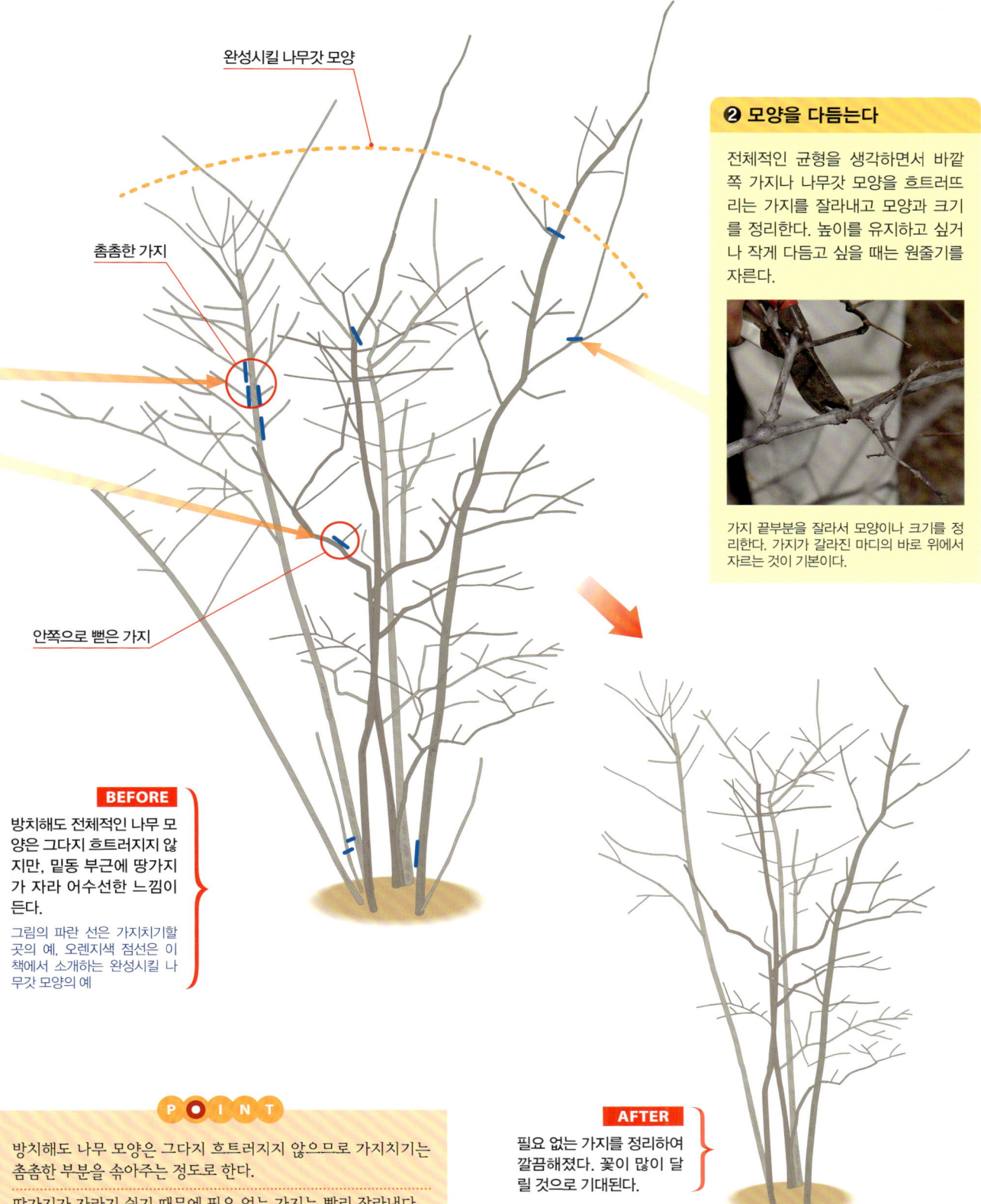

완성시킬 나뭇갓 모양

촘촘한 가지

안쪽으로 뻗은 가지

❷ 모양을 다듬는다

전체적인 균형을 생각하면서 바깥쪽 가지나 나뭇갓 모양을 흐트러뜨리는 가지를 잘라내고 모양과 크기를 정리한다. 높이를 유지하고 싶거나 작게 다듬고 싶을 때는 원줄기를 자른다.

가지 끝부분을 잘라서 모양이나 크기를 정리한다. 가지가 갈라진 마디의 바로 위에서 자르는 것이 기본이다.

BEFORE

방치해도 전체적인 나무 모양은 그다지 흐트러지지 않지만, 밑동 부근에 땅가지가 자라 어수선한 느낌이 든다.

그림의 파란 선은 가지치기할 곳의 예. 오렌지색 점선은 이 책에서 소개하는 완성시킬 나뭇갓 모양의 예

AFTER

필요 없는 가지를 정리하여 깔끔해졌다. 꽃이 많이 달릴 것으로 기대된다.

POINT

방치해도 나무 모양은 그다지 흐트러지지 않으므로 가지치기는 촘촘한 부분을 솎아주는 정도로 한다.

땅가지가 자라기 쉽기 때문에 필요 없는 가지는 빨리 잘라낸다.

단풍나무류

- 단풍나뭇과 단풍나무속
- 학명 : *Acer*

아름다운 색으로 가을을 알리는 나무

일반적으로 단풍나뭇과 단풍나무속에 속하는 단풍나무류를 통틀어 단풍나무라고 부른다.
품종이 매우 다양하여 봄부터 붉게 물드는 단풍나무는 홍단풍으로 일본에서 개량된 품종이고, 중부지방에서 흔히 보는 당단풍은 잎이 9~11갈래로 갈라지며, 남쪽에서 많이 볼 수 있는 단풍나무는 잎이 5~7갈래로 갈라진다.
기본적으로 자연수형을 즐기기 위해서 가지치기를 한다.

크 기	넓은 달걀형, 4~7m	가지치기 모양	자연수형, 여러 줄기가 올라가는 모양
꽃 색	-	내음성	보통
열 매 색	녹색~갈색	내한성	강함

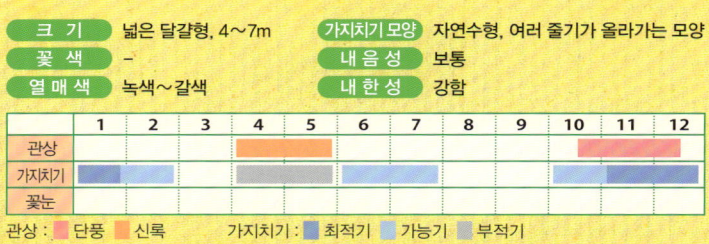

기본 가지치기(낙엽기)

❶ 필요 없는 가지를 잘라낸다

촘촘한 가지나 위로 뻗은 가지 등 필요 없는 가지(p.12)는 잘라내어 깔끔하게 정리한다. 원줄기에서 난 가지의 간격이 좁으면 균형을 이루도록 굵은 가지라도 잘라내어 정리한다.

가는 가지가 자라기 쉬운 나무이므로 촘촘한 가지는 잘라낸다.

원줄기에서 난 가지가 많아서 촘촘한 경우에는 연결 부분에서 잘라서 정리한다.

one point lesson

위로 뻗은 가지에 주의한다

기본적으로 위로 뻗은 가지는 모두 가지치기를 해야 되지만 특히, 단풍나무류는 바람에 나부끼는 듯한 부드러운 모습이 아름답기 때문에 깔끔하게 잘라서 정리한다.

위로 뻗은 가지는 나무 모양을 흐트러뜨리므로 잘라낸다.

위로 뻗은 가지
완성시킬 나무갓 모양
촘촘한 가지

❷ 크기를 다듬는다

전체적인 균형을 생각하면서 바깥쪽 가지나 나무갓 모양을 흐트러뜨리는 가지를 잘라내고 크기를 정리한다. 높이를 유지하고 싶거나 작게 다듬고 싶은 경우에는 원줄기를 줄기가 갈라진 마디의 바로 위에서 자른다.

가지 끝부분을 잘라서 크기를 정리한다. 가지가 갈라진 곳 바로 위에서 자르는 것이 기본이다.

BEFORE

위로 뻗은 가지 등 나무 모양을 흐트러뜨리는 가지가 많아서 단풍나무의 특징인 바람에 나부끼는 듯한 아름다운 모습이 아니다.

그림의 파란 선은 가지치기할 곳의 예, 오렌지색 점선은 이 책에서 소개하는 완성시킬 나무갓 모양의 예

POINT

단풍나무류에는 많은 품종이 있지만 어떤 품종이든지 기본적인 가지치기 방법은 같다. 바람에 나부끼는 듯한 부드러운 모습일 때 가장 아름답기 때문에 위로 뻗은 가지는 우선적으로 잘라낸다.

가는 가지가 자라기 쉬우므로 복잡한 잔가지는 정리한다.

가지치기는 다른 갈잎나무와 마찬가지로 낙엽기에 하는 것이 좋다.

AFTER

가지 수가 줄어서 부드러운 자연수형을 즐길 수 있게 되었다.

단풍철쭉

- 진달래과 등대꽃속
- 별명 : 방울철쭉

종모양의 흰 꽃이 피고
정원에 많이 심는 인기 나무

정원수로 많이 이용되는 나무 중의 하나. 봄에 종모양의 흰색 꽃이 가지 가득 피고, 가을에는 불타는 듯한 단풍도 즐길 수 있다. 낮은 반구형 등으로 다듬는 것이 일반적이지만 자연수형도 정취가 있다. 물이 마르면 잎이 떨어지므로 여름에 흙이 건조해지지 않도록 주의해야 한다.

크 기	낮은 달걀형, 2~3m	가지치기 모양	반구형, 자연수형
꽃 색	흰색	내 음 성	보통
열매색	-	내 한 성	강함

	1	2	3	4	5	6	7	8	9	10	11	12
관상				꽃							단풍	
가지치기												
꽃눈												

관상: 꽃·단풍   가지치기: 최적기 가능기 부적기   꽃눈: 형성기

깎기 가지치기(꽃이 진 후)

모양을 다듬는다

양손가위로 가지를 잘라서 모양이나 크기를 다듬는다. 크기를 일정하게 유지하고 싶으면 지난해에 깎은 면을 따라 자란 부분만 잘라낸다.

양손가위로 가지를 잘라낸다.

one point lesson ❶

2~3번 깎는다

좀 더 보기 좋게 다듬기 위해서는 2~3번 정도 깎는 것이 좋다. 어느 정도 깎은 뒤에 잘라낸 가지를 손으로 털어내고 조금 떨어진 곳에서 전체적인 모양을 본 다음, 나무갓 모양에서 벗어난 부분이 있으면 잘라낸다.

잘라낸 가지가 남아있으므로 손으로 털어서 떨어뜨린다.

POINT

싹이 잘 트고, 가는 가지가 많이 자라므로 깎기 가지치기에 적합하다.

가지치기는 6월경에 하는데 오랜 기간 방치한 경우에는 나무 모양을 알기 쉬운 낙엽기에 하는 것이 좋다.

one point lesson ❷

가위의 방향에 주의한다

양손가위는 날이 살짝 꺾어져 있는데 구형으로 깎을 때는 꺾어진 날이 지면을 향하도록 잡고 자른다. 반대로 잡으면 아름다운 곡선을 만들기 어렵다.

꺾어진 날이 지면을 향하도록 잡고 구형으로 깎는다.

BEFORE

방치하면 가지가 불규칙하게 자라서 나무 모양이 흐트러진다.
사진의 오렌지색 점선은 이 책에서 소개하는 완성시킬 나무갓 모양의 예

AFTER

전체적으로 둥글고, 정리된 모양이 되었다.
또, 가지를 깎으면 표면의 가지가 좀 더 무성해진다.

one point lesson ❸

오랜 기간 방치한 경우에는 낙엽기에 가지치기한다

낙엽기에 가지치기하면 가지 모양이 잘 보여서 작업하기 쉽다. 오랜 기간 방치한 경우에는 낙엽기에 가지치기를 하는 것이 좋다.

낙엽기에 할 경우에도 기본적인 가지치기 방법은 변함이 없다. 양손가위로 모양과 크기를 다듬는다.

도사물나무

- 조록나무과 히어리속
- 학명 : *Corylopsis spicata* Sieb. et Zucc.

노란색 작은 꽃이 이삭 모양으로 아름답게 피는 꽃나무

추위가 남아있는 초봄에 노란색 작은 꽃이 이삭처럼 피어서 인기가 높은 꽃나무이다. 원산지가 일본인 도사물나무는 우리나라 원산의 히어리와 꽃과 잎이 매우 닮았다.
크게 자라므로 작은 나무를 원할 경우에는 근연종인 일행물나무를 선택하는 것이 좋다.

크 기	달걀형, 2~4m	가지치기모양	여러 줄기가 올라가는 모양, 자연수형
꽃 색	노란색	내음성	보통
열매색	–	내한성	보통

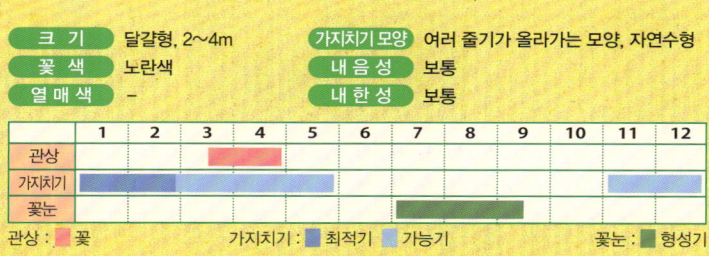

기본 가지치기(꽃이 진 후)

❶ 필요 없는 가지를 잘라낸다

촘촘한 가지나 교차한 가지, 안쪽으로 뻗은 가지 등 필요 없는 가지(p.12)는 잘라내어 깔끔하게 정리한다. 원줄기에서 난 가지의 간격이 좁으면 원줄기와의 연결 부분을 잘라서 가지 사이의 간격을 넓힌다.

원줄기에서 난 가지가 복잡해져 다른 가지나 줄기와 교차하고 있는 경우에는 원줄기와 연결된 부분을 잘라서 정리한다.

one point lesson ❶

밑동 부근을 정리한다

여러 줄기가 올라가는 다간형의 경우 줄기 전체가 복잡할 때는 줄기 수를 정리한다. 또, 밑동 부근은 깔끔하게 정리하는 것이 좋으므로 땅가지는 가지치기해야 한다.

땅가지가 나온 경우에는 밑동에서 잘라낸다.

one point lesson ❷

열매는 빨리 제거한다

열매를 방치해두면 나무에 부담이 되므로 이듬해 꽃이 잘 달리게 하려면 빨리 제거하는 것이 좋다.

열매를 그대로 두면 이듬해 꽃이 잘 달리지 않으므로 빨리 제거한다.

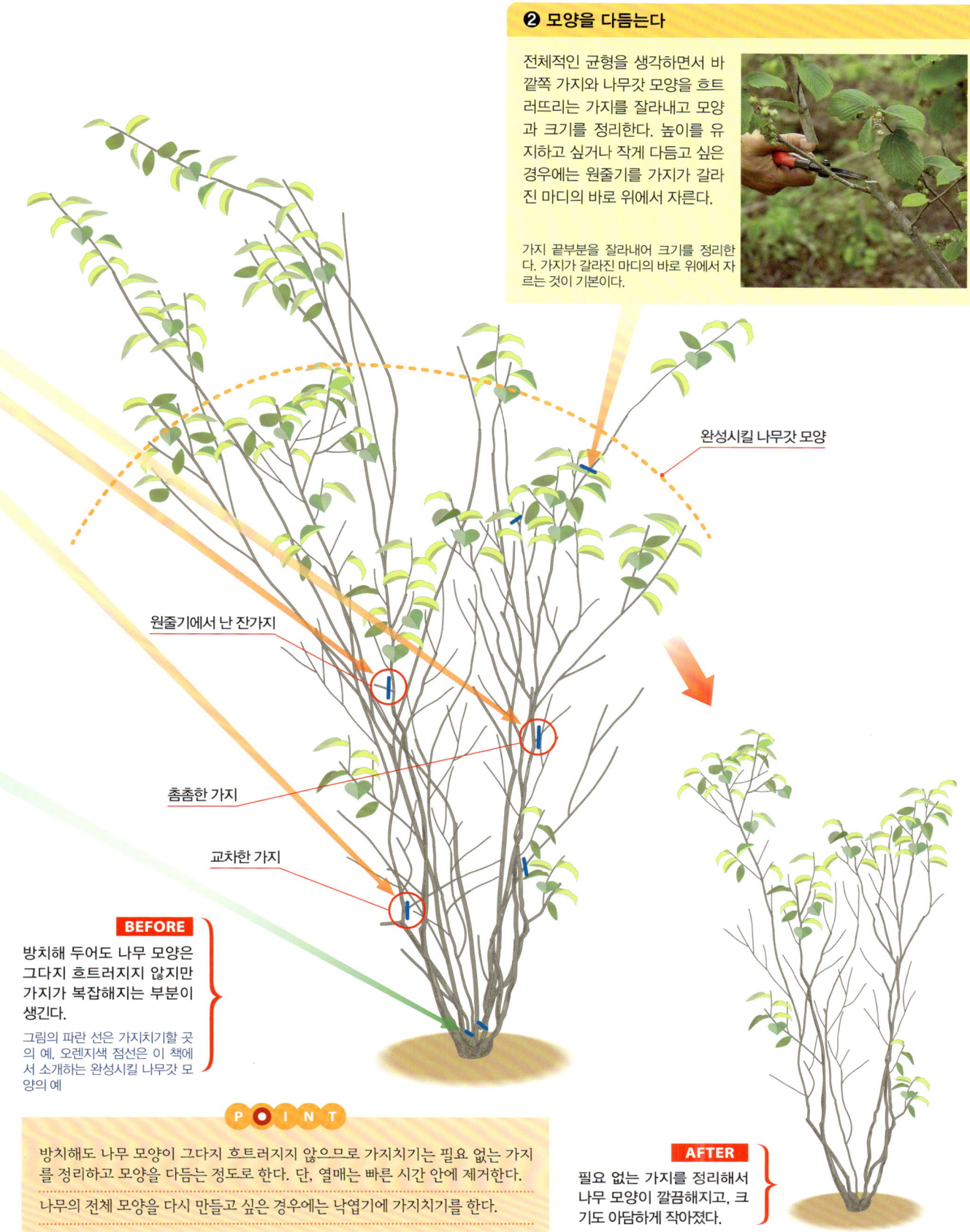

❷ 모양을 다듬는다

전체적인 균형을 생각하면서 바깥쪽 가지와 나무갓 모양을 흐트러뜨리는 가지를 잘라내고 모양과 크기를 정리한다. 높이를 유지하고 싶거나 작게 다듬고 싶은 경우에는 원줄기를 가지가 갈라진 마디의 바로 위에서 자른다.

가지 끝부분을 잘라내어 크기를 정리한다. 가지가 갈라진 마디의 바로 위에서 자르는 것이 기본이다.

완성시킬 나무갓 모양

원줄기에서 난 잔가지

촘촘한 가지

교차한 가지

BEFORE
방치해 두어도 나무 모양은 그다지 흐트러지지 않지만 가지가 복잡해지는 부분이 생긴다.

그림의 파란 선은 가지치기할 곳의 예. 오렌지색 점선은 이 책에서 소개하는 완성시킬 나무갓 모양의 예

POINT
방치해도 나무 모양이 그다지 흐트러지지 않으므로 가지치기는 필요 없는 가지를 정리하고 모양을 다듬는 정도로 한다. 단, 열매는 빠른 시간 안에 제거한다.

나무의 전체 모양을 다시 만들고 싶은 경우에는 낙엽기에 가지치기를 한다.

AFTER
필요 없는 가지를 정리해서 나무 모양이 깔끔해지고, 크기도 아담하게 작아졌다.

등나무

- 콩과 등나무속
- 별명 : 참등, 왕등나무

덩굴이 만들어주는 그늘과
송이 모양으로 늘어진 꽃을 즐긴다

덩굴성이어서 선반형으로 가지치기하면 시원한 그늘과 송이 모양으로 늘어진 아름다운 꽃을 즐길 수 있다. 많은 사람들이 찾는 공원 등지에서 흔히 볼 수 있으며, 다양한 품종이 있는데 크게 오른쪽으로 감는 종류와 왼쪽으로 감는 종류로 나눌 수 있다.
생육이 왕성해서 잘 자라지만 오래 방치하면 꽃눈이 잘 달리지 않게 되므로 주의한다.

크 기	덩굴성, 3~10m	가지치기 모양	선반형
꽃 색	흰색, 보라색, 분홍색	내 음 성	보통
열매색	갈색~녹색	내 한 성	강함

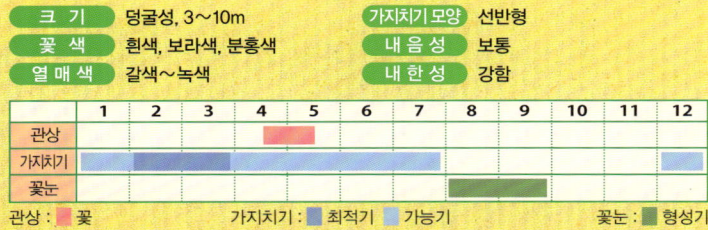

관상 : 꽃   가지치기 : 최적기 / 가능기   꽃눈 : 형성기

기본 가지치기(꽃이 진 후)

❶ 필요 없는 가지를 잘라낸다

교차한 가지나 촘촘한 가지, 안쪽으로 뻗은 가지 등 필요 없는 가지(p.12)는 잘라내어 깔끔하게 정리한다.

덩굴성이어서 가지가 얽히기 쉽다. 얽힌 가지는 정리한다.

땅가지가 자라면 연결 부분에서 잘라낸다.

one point lesson ❶

열매는 빨리 제거한다

열매가 달린 채로 그냥 두면 양분을 뺏겨서 나무자람새가 약해진다. 가능한 빨리 제거한다.

열매는 빨리 제거하는 것이 기본이다.

one point lesson ❷

 →

가지 사이로 햇빛이 들어올 수 있게 다듬는다

가지가 촘촘하면 나무 모양이 보기 싫고, 꽃이 잘 달리지 않게 되므로 어느 정도 솎아주는 것이 좋다. 기준은 가지 사이로 햇빛이 들어올 수 있는 정도가 좋다.

가지가 촘촘하면 가지 사이로 햇빛이 들어올 수 있을 정도로 솎아준다.

교차한 가지

완성시킬 나무갓 모양

BEFORE
가지가 지나치게 늘어났고, 얽혀있는 부분도 많다. 이렇게 되면 꽃이 잘 달리지 않는다.

그림의 파란 선은 가지치기할 곳의 예, 오렌지색 점선은 이 책에서 소개하는 완성시킬 나무갓 모양의 예

❷ **모양을 정리한다**

전체적인 균형을 생각하면서 바깥쪽 가지나 나무갓 모양을 흐트러뜨리는 가지를 잘라내고 모양과 크기를 정리한다.

나무갓 모양에서 벗어난 가지는 가지가 갈라지는 곳 바로 위에서 자른다.

POINT

긴 가지에는 꽃눈이 잘 달리지 않으므로 짧은 가지를 남기고 긴 가지를 자르는 것이 기본이다.

열매를 그대로 두면 나무자람새가 약해지므로 꽃자루나 열매는 빨리 제거한다.

나무 모양을 정리하는 가지치기는 2~3월경에 한다 (꽃을 즐기고 싶다면 가능한 꽃눈을 남긴다).
또, 여름에 그때까지 자란 가지를 정리하면 1년 동안 크기와 나무 모양을 유지할 수 있다.

AFTER
크기를 다듬고 가지 수도 줄여서 깔끔해졌다. 이듬해 꽃도 많이 달리게 될 것이다.

때죽나무

- 때죽나무과 때죽나무속
- 별명 : 족나무, 때나무, 매마등, 금대화 등

희고 청초한 꽃과 짙은 갈색 줄기가 선명한 대비를 이룬다

햇빛을 좋아해서 어두운 숲 속에서는 싹을 틔우지 않는다고 한다. 짙은 갈색 줄기가 아름답고, 봄에는 흰색의 청초한 꽃(분홍색 꽃을 피우는 원예품종도 있다)이 가지 가득 핀다.
또, 열매와 잎에는 작은 동물을 마취시킬 수 있는 '에고사포닌'이라는 성분이 있어서 예전에는 물고기 잡는 데 쓰이기도 했다.

기본 가지치기(낙엽기)

❶ 필요 없는 가지를 잘라낸다

촘촘한 가지나 원줄기에서 난 잔가지, 교차한 가지 등 필요 없는 가지(p.12)는 잘라내어 깔끔하게 정리한다.

원줄기에서 난 잔가지는 일반적으로 가지치기의 대상으로 생각해도 된다.

그림의 파란 선은 가지치기할 곳의 예, 오렌지색 점선은 이 책에서 소개하는 완성시킬 나무갓 모양의 예

- 촘촘한 가지
- 완성시킬 나무갓 모양
- 원줄기에서 난 잔가지

❷ 모양을 다듬는다

전체적인 균형을 생각하면서 바깥쪽 가지나 나무갓 모양을 흐트러뜨리는 가지를 잘라내고 모양과 크기를 정리한다. 높이를 유지하고 싶은 경우나 작게 다듬고 싶은 경우에는 원줄기를 자른다.

가지 끝부분을 잘라서 모양과 크기를 다듬는다. 가지가 갈라진 마디의 바로 위에서 자르는 것이 기본이다.

one point lesson

줄기 수를 줄인다
전체적으로 복잡해진 경우에는 밑동에서 줄기를 잘라 수를 줄이는 것이 좋다.

POINT

방치해도 나무 모양이 그다지 흐트러지지 않으므로 가지치기는 필요 없는 가지를 정리하고 모양을 다듬는 정도로 하면 된다.

가지를 솎을 때는 나중에 잎이 고르게 무성해질 수 있도록 가지의 배치를 고려하면서 솎아준다.

크 기	넓은 달걀형, 4~5m	가지치기 모양	자연수형, 여러 줄기가 올라가는 모양
꽃 색	흰색, 분홍색	내 음 성	다소 약함
열 매 색	검은색	내 한 성	강함

	1	2	3	4	5	6	7	8	9	10	11	12
관상					■			■	■	■		
가지치기	■	■	■	■							■	■
꽃눈							■	■				

관상 : ■ 꽃 ■ 열매   가지치기 : ■ 최적기 ■ 가능기   꽃눈 : ■ 형성기

별목련

- 목련과 목련속
- 학명 : *Magnolia stellata*

좁은 공간에서도 즐길 수 있는 작고 사랑스러운 꽃

중국 원산의 나무로 작고 사랑스러운 꽃은 색과 모양이 풍부하며, 다양한 원예품종이 판매되고 있다. 추위에 강하고, 어떤 땅에서나 잘 자라며, 목련보다 작아서 좁은 공간에서도 키울 수 있기 때문에 정원이나 공원 등에 많이 심는다.
작은 꽃이 별 모양으로 핀다고 해서 '별목련'이라고 부른다.

기본 가지치기(낙엽기)

❶ 필요 없는 가지를 잘라낸다

촘촘한 가지나 원줄기에서 난 잔가지 등 필요 없는 가지(p.12)는 잘라내어 깔끔하게 정리한다.

가는 가지가 자라기 쉬운 나무이므로 촘촘한 가지는 잘라서 정리한다.

그림의 파란 선은 가지치기할 곳의 예, 오렌지색 점선은 이 책에서 소개하는 완성시킬 나무갓 모양의 예

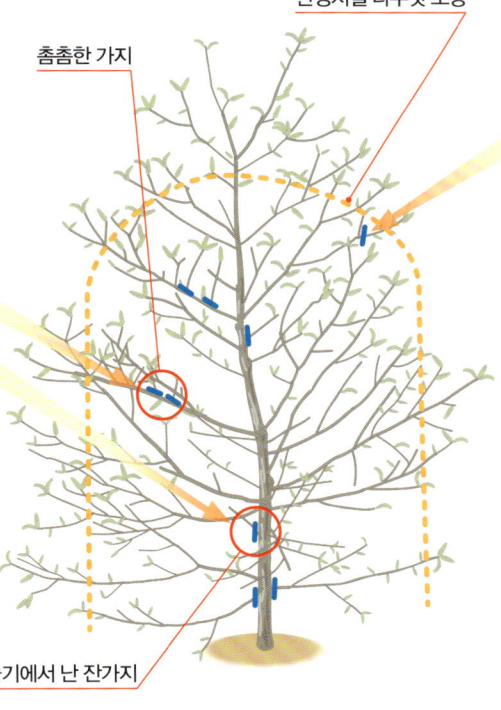

완성시킬 나무갓 모양
촘촘한 가지
원줄기에서 난 잔가지

❷ 모양을 다듬는다

전체적인 균형을 생각하면서 바깥쪽 가지나 나무갓 모양을 흐트러뜨리는 가지를 잘라내고 모양과 크기를 정리한다. 높이를 유지하고 싶은 경우나 작게 다듬고 싶은 경우에는 원줄기를 가지가 갈라진 마디의 바로 위에서 자른다.

가지 끝부분을 잘라서 모양과 크기를 다듬는다.

one point lesson

공간을 생각한다

목련을 포함한 목련과 나무는 가지 모양이 아름다워서 가지 모양을 즐기는 것도 나무를 심는 목적의 하나이다. 아름다운 가지 모양을 연출하기 위해서 가능한 공간이 비지 않도록 주의한다.

POINT

목련은 별목련보다 크지만 기본적인 가지치기 방법은 별목련과 같다고 생각하면 된다.

별목련을 비롯한 목련과 나무의 가지 모양을 즐기려면 가지 사이의 공간이 비지 않도록 주의한다.

크 기	넓은 원뿔형, 3~5m	가지치기 모양	자연수형
꽃 색	흰색, 분홍색	내 음 성	보통
열매색	검은색	내 한 성	강함

	1	2	3	4	5	6	7	8	9	10	11	12
관상			■									
가지치기	■	■			■	■	■				■	■
꽃눈							■	■	■			

관상 : ■ 꽃   가지치기 : ■ 최적기 ■ 가능기 ■ 부적기   꽃눈 : ■ 형성기

매실나무

- 장미과 벗나무속
- 별명 : 매화나무

예로부터 사랑을 받아온 봄을 알리는 대표적인 꽃나무

매실나무 꽃인 매화는 사군자의 하나로 예로부터 문인, 화가들의 그림과 글 소재로 사랑을 받아왔다. 중국 원산으로 우리나라와 일본, 중국에 분포하며, 꽃을 감상하기 위한 꽃매실이 약 300종, 열매를 수확하기 위한 열매매실이 약 100종으로 많은 원예품종이 있다. 1~3월경, 잎보다 꽃이 먼저 피어 달콤한 향기를 내뿜는다. 줄기가 울퉁불퉁한 것이 특징이다.

크 기	넓은 달걀형, 4~6m	가지치기모양	자연수형, 층층형 등
꽃 색	흰색, 분홍색, 붉은색	내 음 성	다소 약함
열매색	붉은색	내 한 성	강함

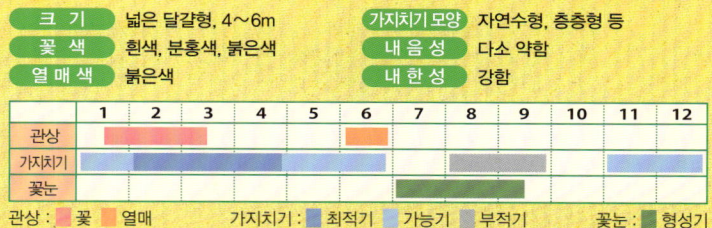

기본 가지치기(낙엽기)

❶ 필요 없는 가지를 잘라낸다

가지치기를 하지 않고 방치하면 웃자람가지가 늘어나기 때문에 그 가지를 중심으로 필요 없는 가지(p.12)를 잘라낸다. 꽃눈은 짧은 가지에 많이 달리므로 짧은 가지는 가능한 남겨둔다. 결과적으로 원가지와 원가지에서 자란 짧은 가지만 남아도 괜찮다.

짧은 가지는 남기고 웃자람가지를 자른다.

가지치기 후의 모습. 원가지와 원가지에서 난 짧은 가지만 남기고 정리했다.

POINT

방치하면 웃자람가지가 늘어나 나무 모양이 흐트러진다.

꽃눈은 짧은 가지에 많이 달리므로 낙엽기에 가지치기 할 때 짧은 가지는 가능한 남겨둔다.

꽃눈은 여름에 새가지의 마디에 달리고, 이듬해 꽃이 된다. 보다 많은 꽃을 즐기려면 가지치기는 꽃이 진 후부터 꽃눈이 달리기 전에 하는 것이 좋다.

나무의 전체 모양을 다듬는 가지치기는 나무 모양을 알아보기 쉬운 낙엽기에 하는 것이 좋다.

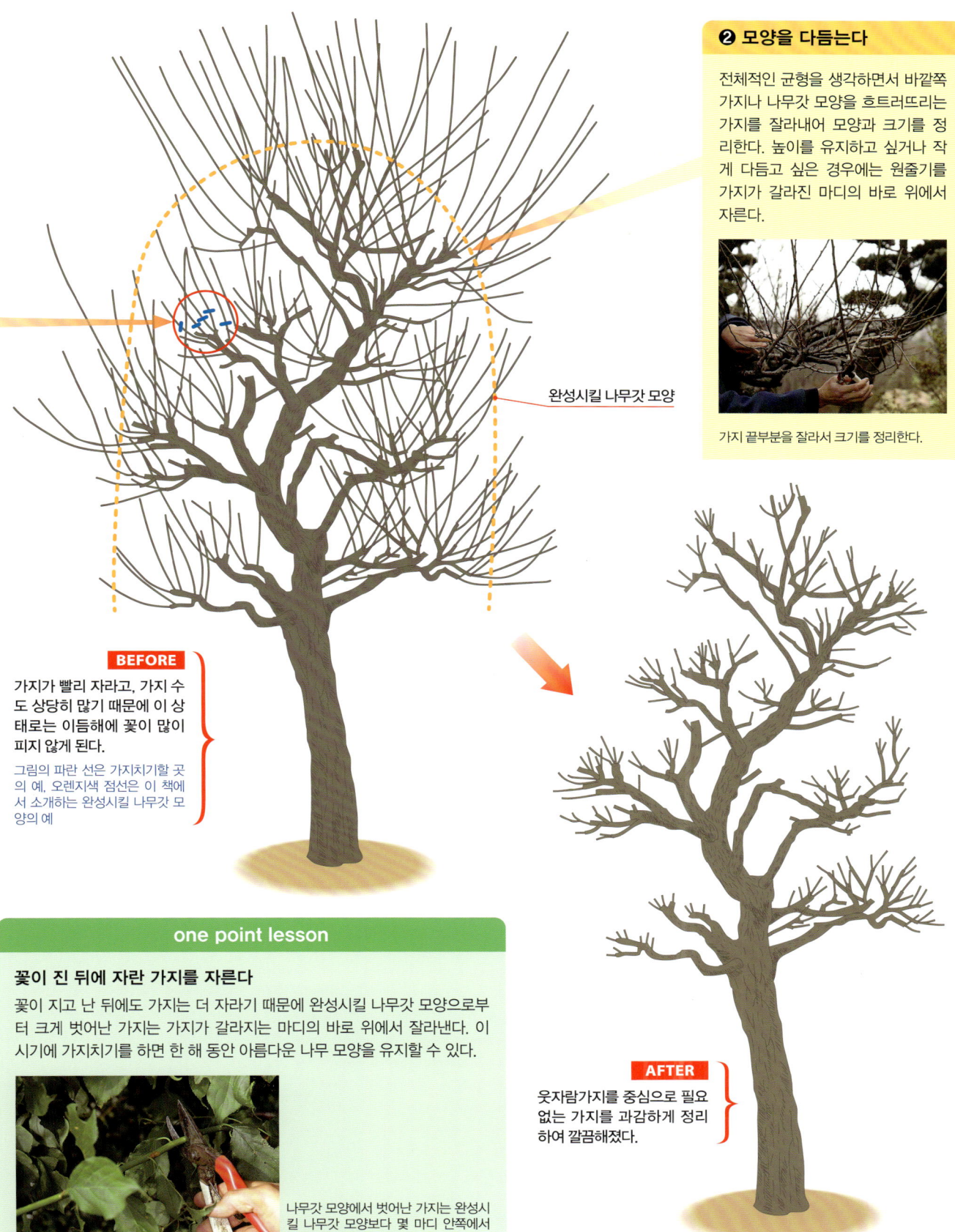

❷ 모양을 다듬는다

전체적인 균형을 생각하면서 바깥쪽 가지나 나무갓 모양을 흐트러뜨리는 가지를 잘라내어 모양과 크기를 정리한다. 높이를 유지하고 싶거나 작게 다듬고 싶은 경우에는 원줄기를 가지가 갈라진 마디의 바로 위에서 자른다.

가지 끝부분을 잘라서 크기를 정리한다.

완성시킬 나무갓 모양

BEFORE
가지가 빨리 자라고, 가지 수도 상당히 많기 때문에 이 상태로는 이듬해에 꽃이 많이 피지 않게 된다.

그림의 파란 선은 가지치기할 곳의 예, 오렌지색 점선은 이 책에서 소개하는 완성시킬 나무갓 모양의 예

AFTER
웃자람가지를 중심으로 필요 없는 가지를 과감하게 정리하여 깔끔해졌다.

one point lesson

꽃이 진 뒤에 자란 가지를 자른다

꽃이 지고 난 뒤에도 가지는 더 자라기 때문에 완성시킬 나무갓 모양으로부터 크게 벗어난 가지는 가지가 갈라지는 마디의 바로 위에서 잘라낸다. 이 시기에 가지치기를 하면 한 해 동안 아름다운 나무 모양을 유지할 수 있다.

나무갓 모양에서 벗어난 가지는 완성시킬 나무갓 모양보다 몇 마디 안쪽에서 잘라서 크기를 정리한다.

무궁화

- 아욱과 무궁화속
- 별명 : 근화, 목근화

여름에 꽃을 피우는
대한민국을 대표하는 국화

튼튼해서 키우기 쉽고, 가지치기도 간단한 여름철 꽃나무이다. 계속해서 꽃눈이 달리므로 꽃을 즐길 수 있는 기간이 7~10월로 긴 것이 특징이다. 추위에 강하고, 강한 가지치기에도 잘 견디므로 정원수로 적합하다.
원산지는 인도, 중국이며 우리나라 국화이다.

크 기	넓은 달걀형, 2~4m	가지치기 모양	자연수형
꽃 색	흰색, 분홍색, 보라색	내 음 성	보통
열 매 색	-	내 한 성	강함

	1	2	3	4	5	6	7	8	9	10	11	12
관상							■	■	■			
가지치기	■	■	■	■								■
꽃눈												

관상 : ■ 꽃   가지치기 : ■ 최적기 ■ 가능기

기본 가지치기(낙엽기)

❶ 필요 없는 가지를 솎아준다

촘촘한 가지나 안쪽으로 뻗은 가지, 교차한 가지 등 필요 없는 가지(p.12)는 잘라내어 깔끔하게 정리한다. 원줄기에서 가지가 잘 자라므로 간격이 좁은 곳, 하나의 마디에서 여러 개의 가지가 자란 곳 등은 정리한다.

원줄기에서 난 가지가 복잡해진 경우에는 연결 부분을 잘라서 정리한다.

하나의 마디에서 여러 개의 가지가 난 경우에는 가지 수를 줄인다.

❷ 모양을 다듬는다

전체의 균형을 생각하면서 바깥쪽 가지나 나무갓 모양을 흐트러뜨리는 가지를 잘라내어 모양과 크기를 정리한다. 높이를 유지하고 싶거나 작게 다듬고 싶은 경우에는 원줄기를 가지가 갈라지는 마디의 바로 위에서 자른다.

원줄기에서 나무갓 모양에서 벗어나는 굵은 가지가 자라기 쉬운 나무. 원줄기와 연결된 부분을 잘라서 모양을 정리한다.

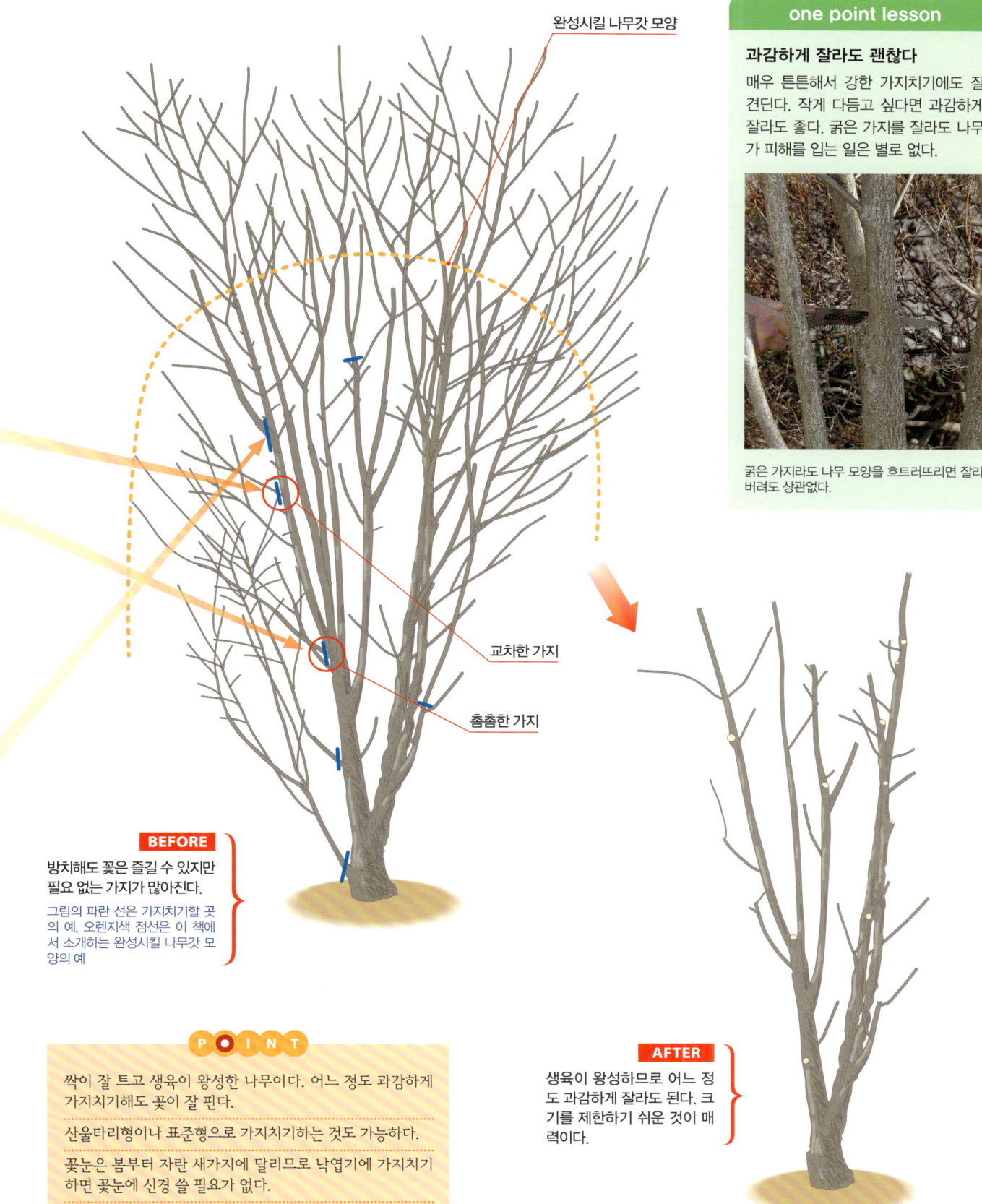

완성시킬 나무갓 모양

one point lesson

과감하게 잘라도 괜찮다

매우 튼튼해서 강한 가지치기에도 잘 견딘다. 작게 다듬고 싶다면 과감하게 잘라도 좋다. 굵은 가지를 잘라도 나무가 피해를 입는 일은 별로 없다.

굵은 가지라도 나무 모양을 흐트러뜨리면 잘라 버려도 상관없다.

교차한 가지

촘촘한 가지

BEFORE
방치해도 꽃은 즐길 수 있지만 필요 없는 가지가 많아진다.

그림의 파란 선은 가지치기할 곳의 예. 오렌지색 점선은 이 책에서 소개하는 완성시킬 나무갓 모양의 예

POINT

싹이 잘 트고 생육이 왕성한 나무이다. 어느 정도 과감하게 가지치기해도 꽃이 잘 핀다.

산울타리형이나 표준형으로 가지치기하는 것도 가능하다.

꽃눈은 봄부터 자란 새가지에 달리므로 낙엽기에 가지치기하면 꽃눈에 신경 쓸 필요가 없다.

AFTER
생육이 왕성하므로 어느 정도 과감하게 잘라도 된다. 크기를 제한하기 쉬운 것이 매력이다.

미국산딸나무·산딸나무

- 층층나무과 층층나무속
- 별명 : 서양산딸나무·애기산딸나무

가로수로 인기가 많고 열매와 단풍도 즐길 수 있다

봄이면 붉고 흰색의 아름다운 꽃이 피고, 가을에는 붉은 열매와 단풍도 즐길 수 있다.

산딸나무는 우리나라 원산으로 황해도 이남 산지의 숲 속에서 자라며, 미국산딸나무는 미국 원산으로 주로 미국과 멕시코 동북부에 분포한다. 산딸나무가 미국산딸나무보다 꽃이 약간 늦게 핀다는 점에서 차이가 있지만 비슷한 종류로 성질도 비슷하기 때문에 관리 방법은 같다.

크 기	넓은 원뿔형, 3~5m	가지치기모양	자연수형
꽃 색	흰색, 분홍색, 붉은색	내음성	보통
열매 색	붉은색	내한성	보통

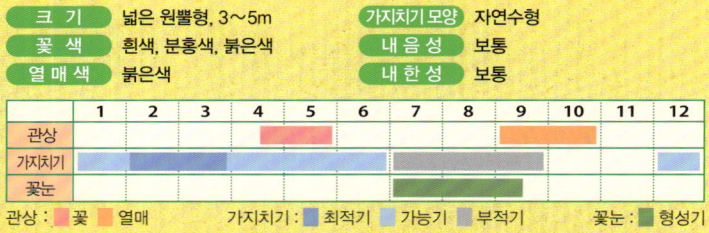

기본 가지치기(낙엽기)

❶ 필요 없는 가지를 잘라낸다

촘촘한 가지나 원줄기에서 난 잔가지, 교차한 가지 등 필요 없는 가지(p.12)는 잘라내어 깔끔하게 정리한다.

하나의 마디에서 많은 가지가 나온 경우에는 가지를 잘라내어 정리한다.

one point lesson ❶

햇빛을 받지 못하면 가지가 쉽게 마른다

미국산딸나무나 산딸나무는 햇빛을 받지 못하면 가지가 쉽게 말라버린다. 마른 가지는 색이 변하고 손으로도 쉽게 부러뜨릴 수 있다. 가지를 솎아내어 나무 안쪽까지 햇빛이 잘 들게 해서 가능하면 마른 가지를 만들지 않도록 주의한다.

마른 가지는 색이 바래고, 손으로도 쉽게 꺾을 수 있다.

POINT

나무 안쪽의 가지가 마르기 쉬우므로 가지 수를 정리하여 햇빛이나 바람이 잘 통하게 한다.

바깥으로 벌어지는 성질이 강하므로 공간에 제한이 있는 경우에는 옆으로 벌어지는 것을 억제하는 가지치기가 필요하다.

낙엽기에는 꽃눈을 구별하기 쉽기 때문에 가지치기하기에 좋다.

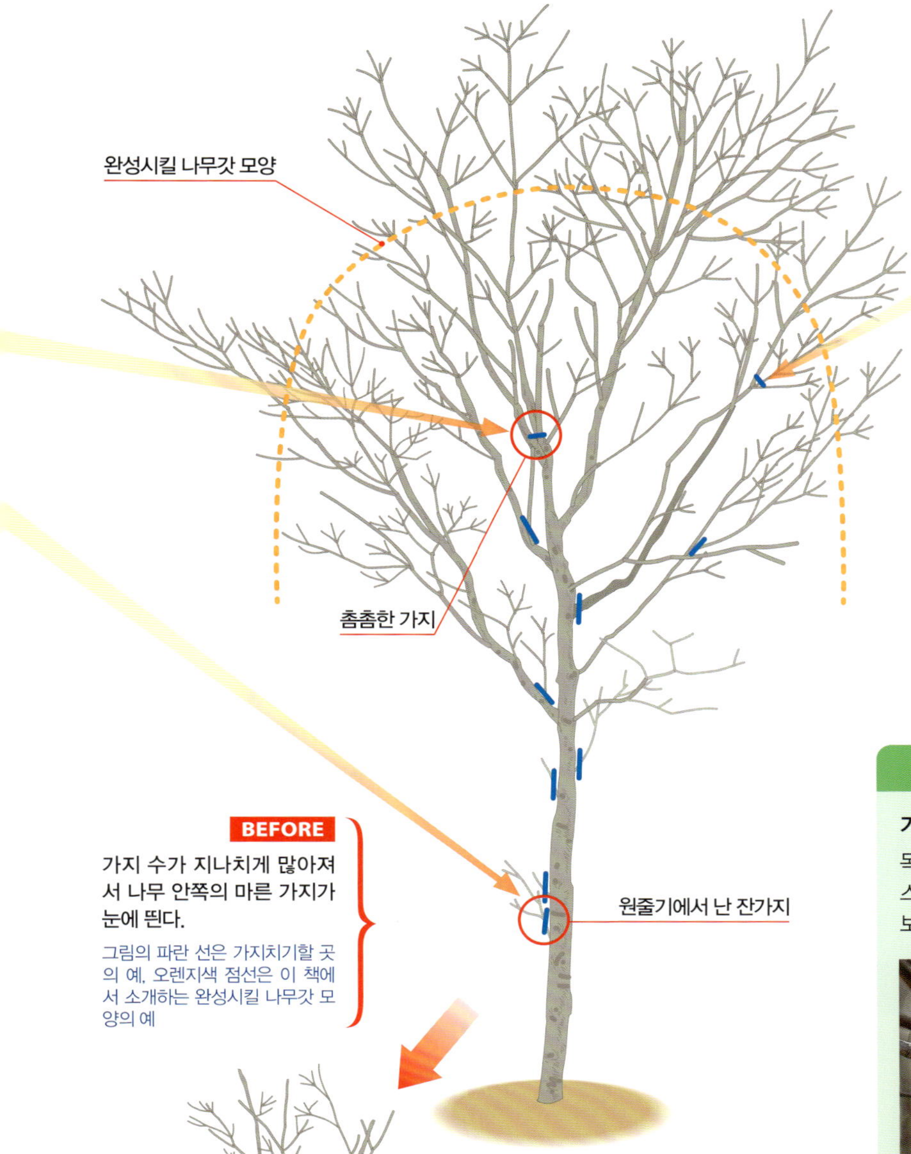

완성시킬 나무갓 모양

촘촘한 가지

BEFORE
가지 수가 지나치게 많아져서 나무 안쪽의 마른 가지가 눈에 띈다.

그림의 파란 선은 가지치기할 곳의 예. 오렌지색 점선은 이 책에서 소개하는 완성시킬 나무갓 모양의 예

원줄기에서 난 잔가지

AFTER
복잡한 부분을 솎아서 깔끔하게 정리했다. 가지 모양은 자연스러운 흐름을 살리는 것이 아름답다.

❷ 모양을 다듬는다

전체의 균형을 생각하면서 바깥쪽 가지나 나무갓 모양을 흐트러뜨리는 가지를 잘라내고 모양과 크기를 정리한다. 높이를 유지하고 싶은 경우나 작게 다듬고 싶은 경우에는 원줄기를 가지가 갈라진 마디의 바로 위에서 자른다.

가지 끝부분을 잘라서 모양과 크기를 정리한다. 가지가 갈라지는 곳 바로 위에서 자르는 것이 기본이다.

one point lesson ❷

가지는 물결치는 느낌으로 정리한다

독특한 가지 모양을 즐길 수 있는 나무이다. 가지의 자연스러운 흐름을 의식해서 물결치는 듯한 느낌으로 자르면 보다 아름답게 완성할 수 있다.

물결치는 듯한 느낌으로 가지치기하면 아름답게 완성된다.

배롱나무

- 부처꽃과 배롱나무속
- 별명 : 간즈름나무, 백일홍나무

매끄럽고 알록달록한 껍질과 오랫동안 즐길 수 있는 꽃을 가진 나무

꽃이 오랫동안 피어 있어서 '백일홍나무'라고도 하며, 나무껍질을 손으로 긁으면 잎이 움직인다고 하여 '간즈름나무' 또는 '간지럼나무'라고도 한다. 나무껍질이 매끄러워서 일본에서는 나무타기 명수인 원숭이도 미끄러진다는 의미에서 '원숭이 미끄럼나무'라고 부른다. 품종이 다양하며, 흰가루병에 잘 걸리는데, 최근에는 내성이 있고 좁은 정원에서도 즐길 수 있도록 작게 개량한 품종이 판매되고 있다.

크 기	넓은 달걀형, 3~6m	가지치기 모양	자연수형
꽃 색	흰색, 분홍색, 보라색, 붉은색	내 음 성	약함
열 매 색	–	내 한 성	다소 약함

	1	2	3	4	5	6	7	8	9	10	11	12
관상							■	■				
가지치기	■	■	■	■	■			■	■			■
꽃눈												

관상 : ■ 꽃   가지치기 : ■ 최적기 ■ 가능기 ■ 부적기

기본 가지치기(낙엽기)

❶ 필요 없는 가지를 솎아준다

촘촘한 가지나 원줄기에서 난 잔가지, 위로 뻗은 가지 등 필요 없는 가지(p.12)는 잘라내어 깔끔하게 정리한다. 원줄기에서 난 가지 사이의 간격이 좁으면 균형을 이루도록 굵은 가지라도 잘라내어 정리한다.

위로 뻗은 가지는 자연스러운 나무 모양을 흐트러뜨리므로 가지치기의 대상이 된다.

원줄기에서 난 잔가지는 기본적으로 필요 없는 가지이므로 연결 부분에서 자른다.

one point lesson

굵은 가지가 많을수록 큰 꽃이 핀다

굵은 새가지가 많을수록 큰 꽃이 피기 때문에 꽃을 보는 것이 주된 목적이라면 강한 가지치기를 하는 방법도 있다.

강한 가지치기를 해서 굵은 가지만 남기면 몇 년 후에는 보다 큰 꽃을 즐길 수 있다.

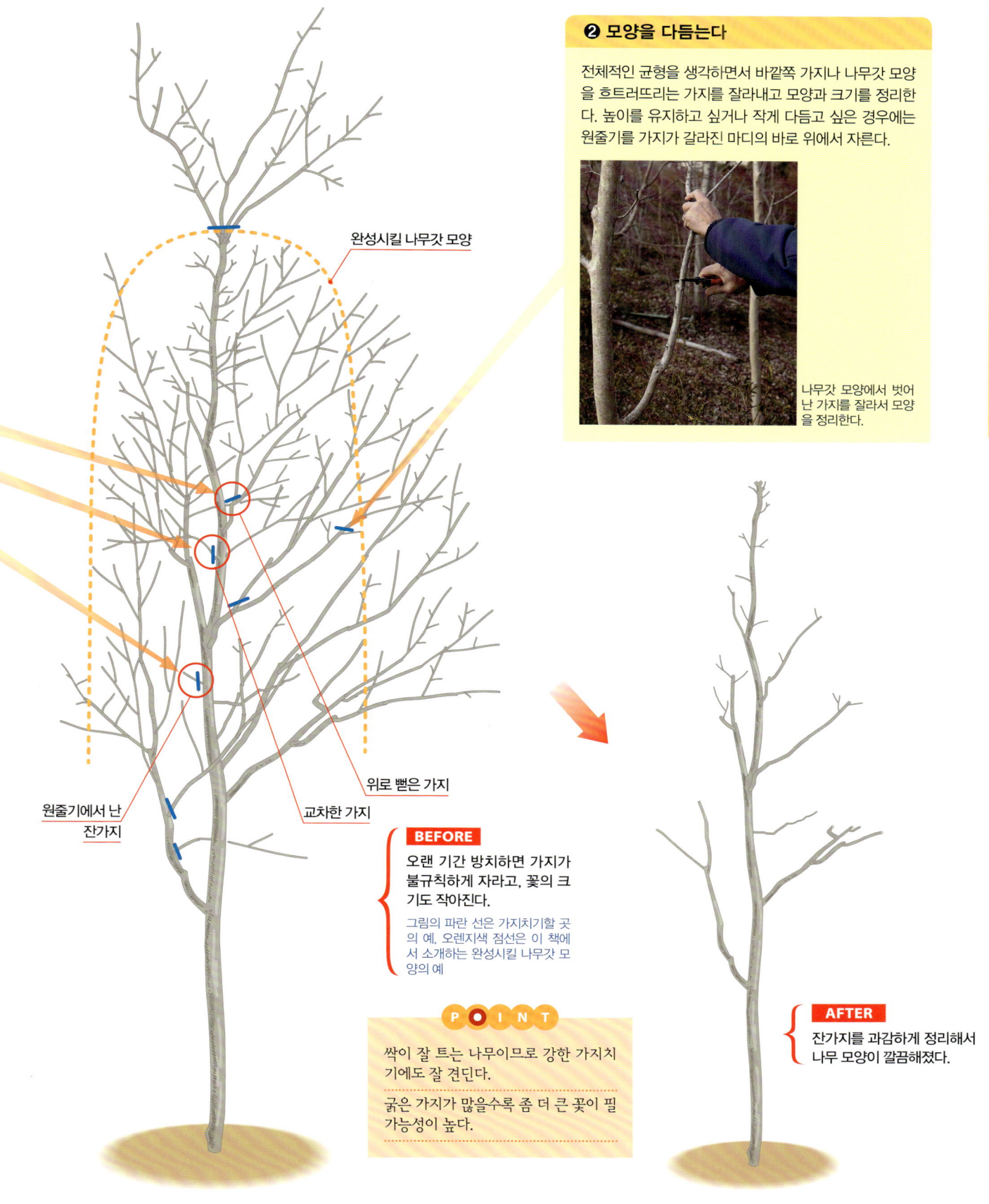

백목련

- 목련과 목련속
- 별명 : 흰가지꽃나무

달콤한 향기가 나는 크고 흰 꽃이 특징이다

중국 원산의 갈잎큰키나무로 숲에서는 높이가 10m 이상 되는 것도 있다. 4월경, 잎이 나오기 전에 가지 끝에 크고 흰 꽃이 피고, 꽃에서는 달콤한 향기가 난다. 정원수로 많이 심는다.
같은 목련 종류로 꽃잎의 겉은 자주색이고, 안쪽은 흰색인 자주목련과 겉과 안이 모두 자주색인 자목련 등이 있다.

크 기	달걀형, 5~7m	가지치기 모양	자연수형
꽃 색	흰색	내 음 성	약함
열매색	–	내 한 성	보통

	1	2	3	4	5	6	7	8	9	10	11	12
관상												
가지치기												
꽃눈												

관상 : 꽃   가지치기 : 최적기 가능기   꽃눈 : 형성기

기본 가지치기(낙엽기)

❶ 필요 없는 가지를 잘라낸다

촘촘한 가지나 안쪽으로 뻗은 가지, 교차한 가지 등 필요 없는 가지(p.12)는 잘라내어 깔끔하게 정리한다.

원줄기에서 난 가지가 촘촘한 경우에는 연결 부분을 잘라서 정리한다.

❷ 모양을 다듬는다

전체의 균형을 생각하면서 바깥쪽 가지나 나무갓 모양을 흐트러뜨리는 가지를 잘라내고 모양과 크기를 정리한다.

나무갓 모양에서 벗어난 굵은 가지는 완성시킬 나무갓 모양보다 안쪽에서 잘라 크기를 정리한다.

one point lesson

바깥쪽 눈을 남긴다

가지치기는 마디 위에서 잘라내는 것이 기본이다. 또한 되도록 바깥쪽 눈(p.15)을 남긴다. 이것은 대부분의 나무 종류에 동일하게 적용된다. 바깥쪽 눈을 남겨야 앞으로 아름답고 자연스러운 가지 모양을 즐길 수 있다.

바깥쪽 눈

가지 끝부분을 가지치기할 때는 바깥쪽 눈을 남기도록 주의한다.

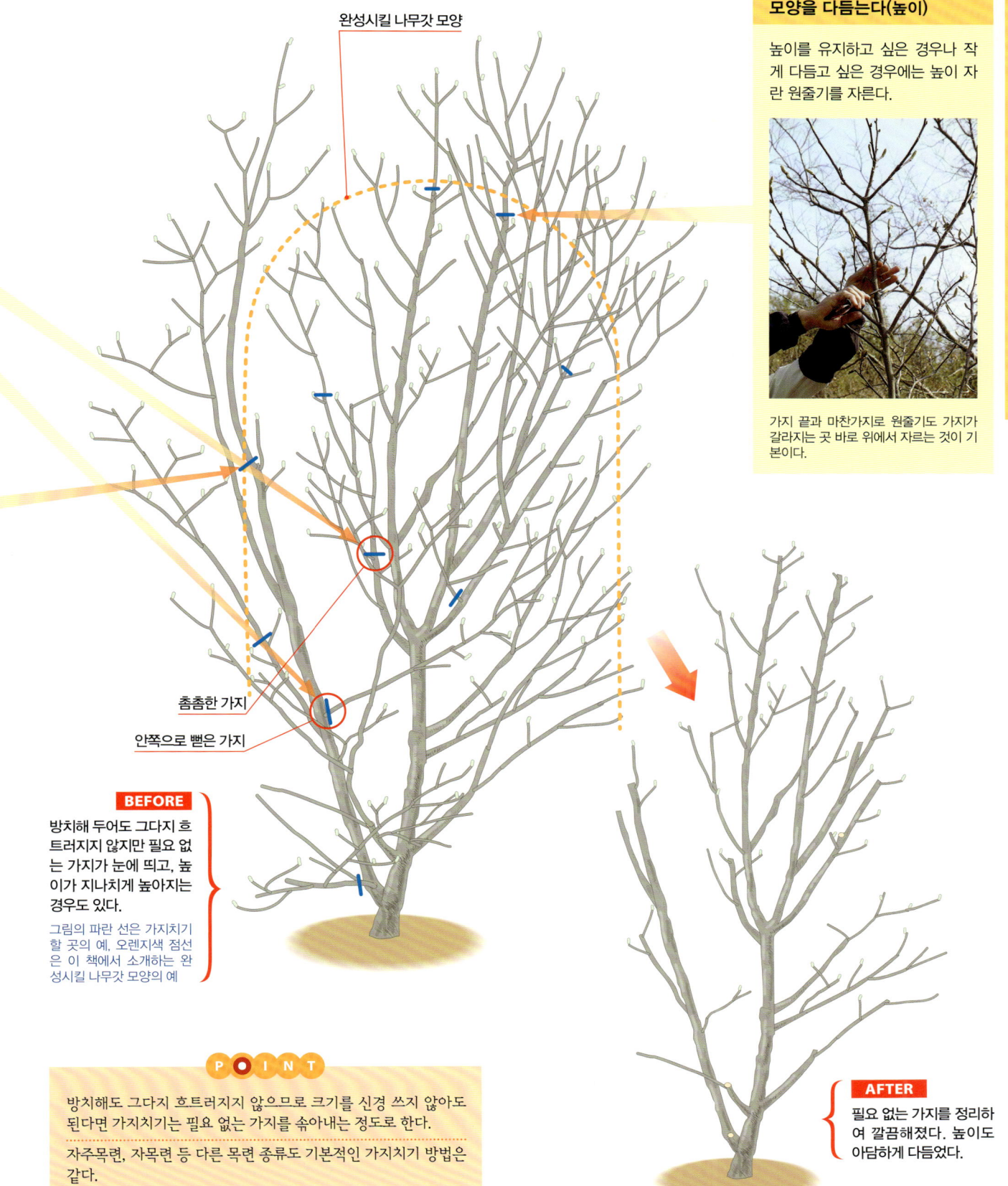

벚나무

- 장미과 벚나무속
- 학명 : *Prunus*

눈송이처럼 바람에 흩날리는 꽃이 눈부시게 아름다운 나무

벚나무는 장미과에 속하는 가는잎벚나무, 개벚나무, 잔털벚나무 등을 통틀어 이르는 말로, 우리나라에는 20여종의 벚나무가 자생한다. 꽃은 흰색 또는 분홍색을 띠고, 벚나무 열매인 버찌는 6~7월에 흑자색으로 익으며, 생으로 먹거나 술을 빚기도 한다. 공원이나 정원에 흔히 심는 벚나무 종류로 왕벚나무, 산벚나무, 수양벚나무 등이 있다.

크 기	넓은 달걀형, 5~6m	가지치기모양	자연수형
꽃 색	흰색, 분홍색	내음성	보통
열매색	흑자색	내한성	보통

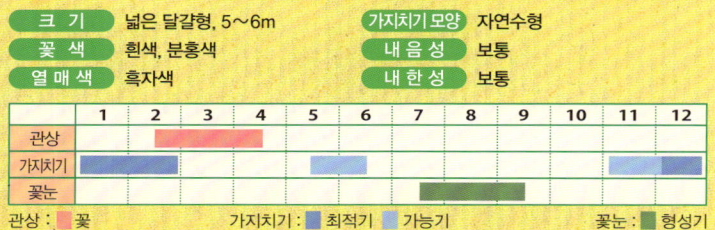

관상 : 꽃   가지치기 : 최적기 / 가능기   꽃눈 : 형성기

기본 가지치기(낙엽기)

❶ 필요 없는 가지를 잘라낸다

촘촘한 가지나 땅가지, 안쪽으로 뻗은 가지 등 필요 없는 가지(p.12)는 잘라내어 깔끔하게 정리한다.

하나의 마디에서 많은 가지가 나온 경우에는 가지를 잘라서 정리한다.

땅가지가 자란 경우에는 밑동에서 잘라낸다.

❷ 모양을 다듬는다

전체의 균형을 생각하면서 바깥쪽 가지나 나무갓 모양을 흐트러뜨리는 가지를 잘라내고 모양과 크기를 정리한다.

나무갓 모양에서 벗어난 굵은 가지는 완성시킬 나무갓 모양보다 몇 마디 안쪽에서 자른다.

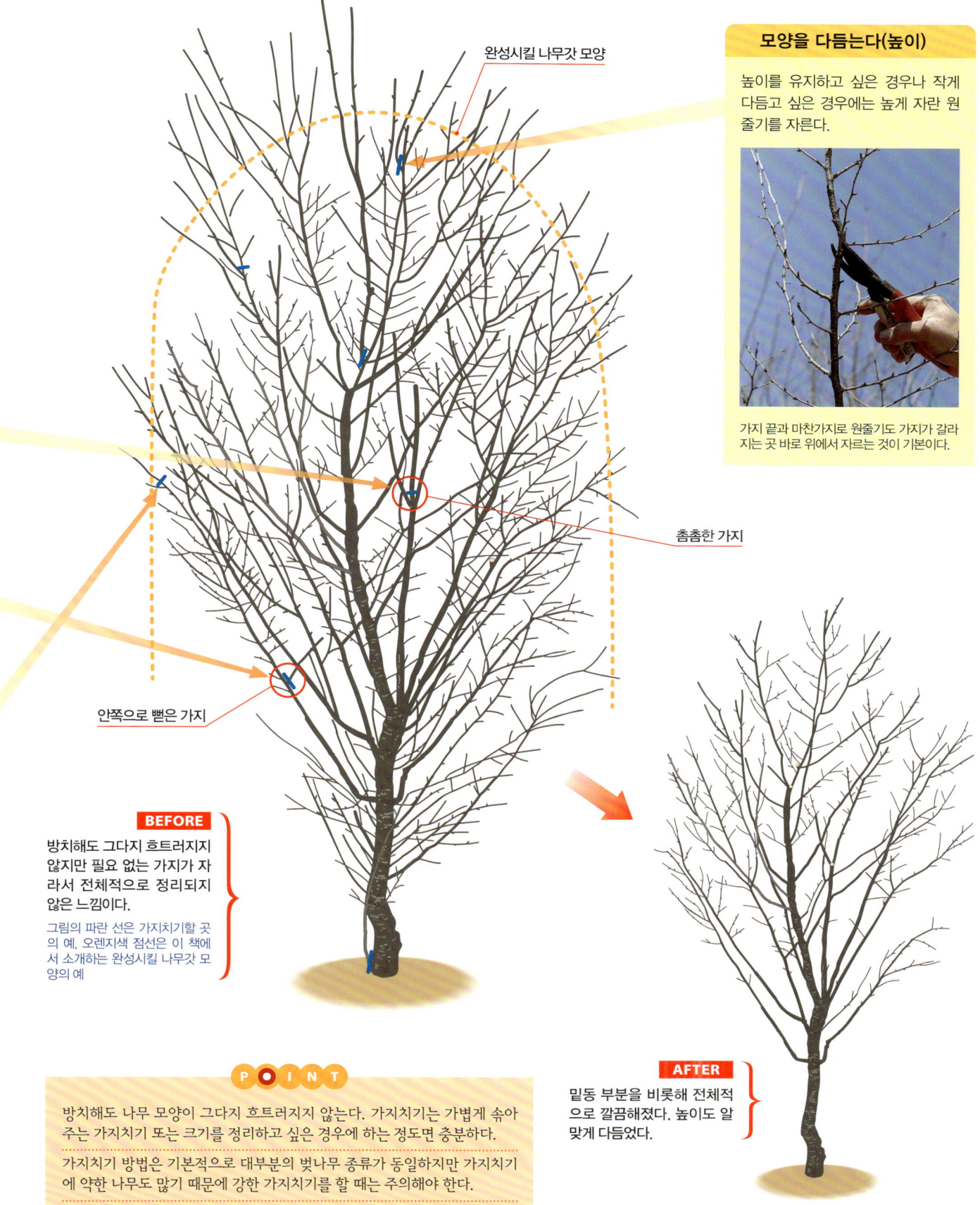

모양을 다듬는다(높이)

높이를 유지하고 싶은 경우나 작게 다듬고 싶은 경우에는 높게 자란 원줄기를 자른다.

가지 끝과 마찬가지로 원줄기도 가지가 갈라지는 곳 바로 위에서 자르는 것이 기본이다.

완성시킬 나무갓 모양

촘촘한 가지

안쪽으로 뻗은 가지

BEFORE
방치해도 그다지 흐트러지지 않지만 필요 없는 가지가 자라서 전체적으로 정리되지 않은 느낌이다.

그림의 파란 선은 가지치기할 곳의 예. 오렌지색 점선은 이 책에서 소개하는 완성시킬 나무갓 모양의 예

AFTER
밑동 부분을 비롯해 전체적으로 깔끔해졌다. 높이도 알맞게 다듬었다.

POINT

방치해도 나무 모양이 그다지 흐트러지지 않는다. 가지치기는 가볍게 솎아주는 가지치기 또는 크기를 정리하고 싶은 경우에 하는 정도면 충분하다.

가지치기 방법은 기본적으로 대부분의 벚나무 종류가 동일하지만 가지치기에 약한 나무도 많기 때문에 강한 가지치기를 할 때는 주의해야 한다.

산당화

- 장미과 명자나무속
- 별명 : 명자꽃, 당명자나무

다양한 품종이 있는 대표적인 꽃나무

중국 원산으로 우리나라 경상도와 황해도 이남 지역에 분포한다. 오랫동안 관상용으로 심었으며 가을에 피는 것, 겹꽃 등 품종도 다양하다. 장미과 나무답게 아름다운 꽃이 피는데 햇빛이 잘 들고 바람이 잘 통하는 장소를 좋아하며, 햇빛을 받지 못하면 꽃이 잘 달리지 않는다. 원예품종은 붉은색 외에도 꽃색이 다양하다.

크 기	여러 줄기가 올라가는 모양, 1.5~2.5m	가지치기 모양	자연수형
꽃 색	흰색, 분홍색, 붉은색	내 음 성	보통
열 매 색	녹색~노란색	내 한 성	강함

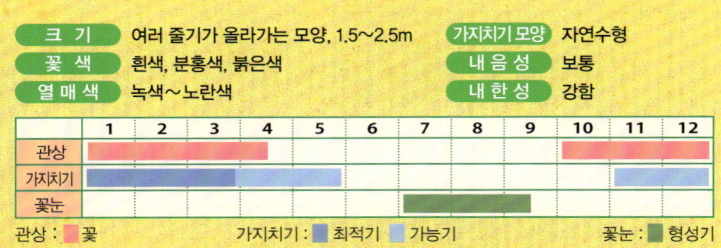

기본 가지치기(낙엽기)

❶ 필요 없는 가지를 잘라낸다

촘촘한 가지나 안쪽으로 뻗은 가지, 교차한 가지 등 필요 없는 가지(p.12)는 잘라내어 깔끔하게 정리한다.

안쪽으로 뻗은 가지는 나무 모양을 흐트러뜨리므로 기본적으로 가지치기의 대상이 된다.

one point lesson ❶

줄기 수를 줄인다

여러 줄기가 올라가는 다간형은 줄기 수를 줄이는 것이 깔끔해서 보기 좋다. 땅가지가 자라기 쉬우므로 키우고 싶은 줄기만 남기고 필요 없는 줄기는 잘라낸다.

one point lesson ❷

몇 마디 남기고 자른다

짧은 가지에 꽃이 잘 달리는 나무이므로 꽃을 많이 보려면 가지를 몇 마디 남기고 잘라서 짧은 가지를 늘리는 것이 좋다.

가지를 몇 마디 남기고 자르면 짧은 가지가 늘어나 꽃이 많이 달리게 된다.

POINT

생육이 왕성해서 가지 수도 많다. 촘촘한 가지는 솎아주는 것이 기본이다.

짧은 가지에 꽃이 잘 달리므로 꽃이 잘 달리게 하기 위해서 짧은 가지를 늘리는 것이 좋다.

이듬해 꽃을 많이 보려면 열매는 제거하는 것이 좋다.

❷ 모양을 다듬는다

전체의 균형을 생각하면서 바깥쪽 가지나 나무갓 모양을 흐트러뜨리는 가지를 잘라내고 모양과 크기를 정리한다. 높이를 유지하고 싶거나 작게 다듬고 싶은 경우에는 원줄기를 가지가 갈라지는 마디의 바로 위에서 자른다.

나무갓 모양에서 벗어난 가지를 잘라낸다.

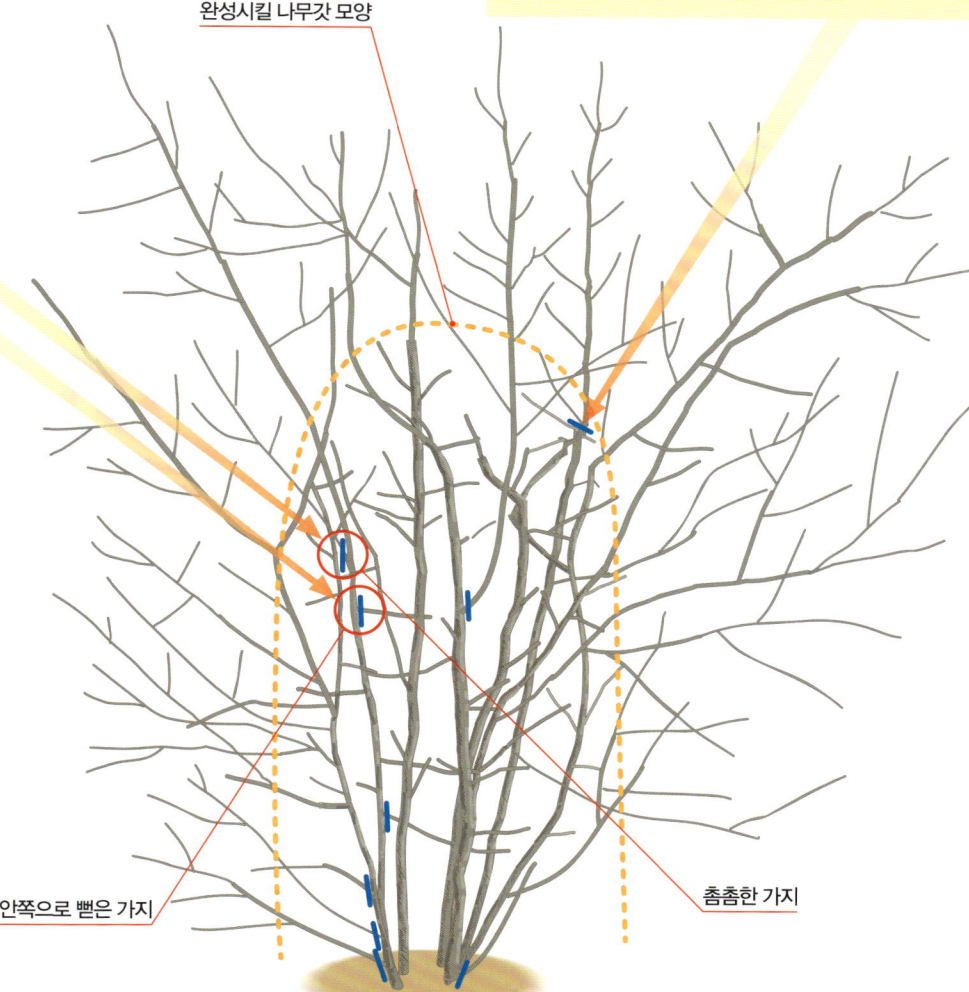

완성시킬 나무갓 모양

안쪽으로 뻗은 가지

촘촘한 가지

BEFORE
생육이 왕성한 나무이므로 방치하면 가지 수가 늘어나 어수선해지고, 높이도 높아지기 쉽다.

그림의 파란 선은 가지치기할 곳의 예, 오렌지색 점선은 이 책에서 소개하는 완성시킬 나무갓 모양의 예

AFTER
필요 없는 가지를 정리하여 깔끔해졌다. 높이도 상황에 맞게 다듬었다.

one point lesson ❸

꽃이 진 후에도 가지를 정리한다

1년 내내 아름다운 나무 모양을 즐기고 싶다면 꽃이 진 다음에도 가지치기를 해야 한다. 꽃이 진 후의 가지치기도 나무갓 모양에서 벗어난 가지나 촘촘한 가지를 잘라내는 것이 기본이다. 또, 꽃이 진 후에는 열매가 달리는데, 열매를 방치하면 양분을 빼앗겨서 이듬해 꽃이 잘 달리지 않게 되므로 빨리 제거한다.

꽃이 진 후에는 나무갓 모양에서 벗어난 가지를 자른다.

서양수수꽃다리

- 물푸레나무과 고광나무속
- 별명 : 라일락, 양정향나무

이삭 같은 작은 꽃에
향수처럼 짙은 향기가 감돈다

유럽 원산의 갈잎나무로 나무높이는 2~4m이다. 봄에 작은 꽃이 모여서 이삭 모양으로 핀다. 꽃은 매우 향기가 좋아서 향수의 원료로 쓰이기도 한다. 성질은 추위에 강한 반면, 기온이 높고 습기가 많은 환경을 싫어하는데, 최근에는 더위에 강한 품종도 판매되고 있다.

크 기	거꾸로 달걀형, 2~4m	가지치기 모양	자연수형
꽃 색	보라색, 분홍색, 흰색	내 음 성	보통
열 매 색	-	내 한 성	강함

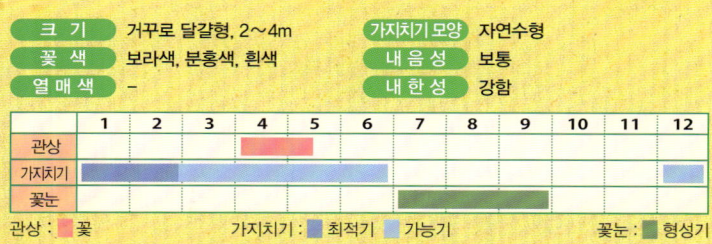

관상 : 꽃   가지치기 : 최적기 / 가능기   꽃눈 : 형성기

기본 가지치기(꽃이 진 후)

❶ 필요 없는 가지를 잘라낸다

촘촘한 가지나 땅가지, 안쪽으로 뻗은 가지 등 필요 없는 가지(p.12)는 잘라내어 깔끔하게 정리한다.

촘촘한 부분은 가지를 잘라서 깔끔하게 정리한다.

땅가지는 연결 부분에서 잘라낸다.

one point lesson

꽃자루를 제거한다

꽃이 진 후에 가지치기를 할 때는 남아있는 꽃자루를 반드시 제거해야 하는데 이때 꽃자루의 바로 밑이 아니라, 한 마디 아래에서 자르는 것이 중요하다. 바로 밑에서 자르면 그 해에 꽃눈이 되지 못한 눈이 남아있게 될 수 있다.

꽃자루는 한 마디 아래에서 잘라낸다.

❷ 모양을 다듬는다

전체의 균형을 생각하면서 바깥쪽 가지나 나무갓 모양을 흐트러뜨리는 가지를 잘라내고 모양과 크기를 정리한다. 높이를 유지하고 싶거나 작게 다듬고 싶은 경우에는 원줄기를 자른다.

가지 끝부분을 잘라서 모양과 크기를 정리한다. 가지가 갈라지는 곳 바로 위에서 자르는 것이 기본이다.

완성시킬 나무갓 모양

촘촘한 가지

교차한 가지

BEFORE
방치해도 나무 모양은 그다지 흐트러지지 않지만 가지가 촘촘한 부분이 생긴다.

그림의 파란 선은 가지치기할 곳의 예, 오렌지색 점선은 이 책에서 소개하는 완성시킬 나무갓 모양의 예

AFTER
필요 없는 가지를 잘라내서 모양도 깔끔하고 크기도 아담하게 정리하였다.

POINT

방치해도 나무 모양은 그다지 흐트러지지 않는다. 가지치기는 촘촘한 부분을 솎아주는 정도로 하면 된다.

꽃눈은 겨울에도 달려 있다. 꽃의 수를 줄이고 싶지 않다면 가지치기는 꽃이 진 후에 바로 실시한다. 꽃이 줄어도 관계없다면 1~2월이 가장 적합하다.

꽃이 진 후에 가지치기를 할 경우에는 꽃자루를 제거한다.

땅가지가 자라기 쉬운데 신경이 쓰인다면 부지런히 잘라준다.

수국

- 범의귀과 수국속
- 별명 : 분수국, 자양화

품종이 매우 다양하며 장마철에 아름다운 꽃을 피운다

장마 때 꽃을 피우는 대표적인 꽃나무이다. 수국이란 이름은 중국 이름인 '수구(繡球)' 또는 '수국(水菊)'에서 유래된 것으로 알려져 있으며, 옛 문헌에는 '자양화(紫陽花)'라는 이름으로 나오기도 한다. 옛날에는 꽃을 말려 해열제로 사용하기도 했다.
일본에서 개발된 꽃으로 서양으로 건너가 개량되어 화려해진 서양수국과 추위에 강한 산수국 등 매우 다양한 품종이 있다.

크 기	넓은 달걀형, 1~2m	가지치기 모양	자연수형
꽃 색	흰색, 분홍색, 청색 등	내 음 성	보통
열 매 색	–	내 한 성	보통

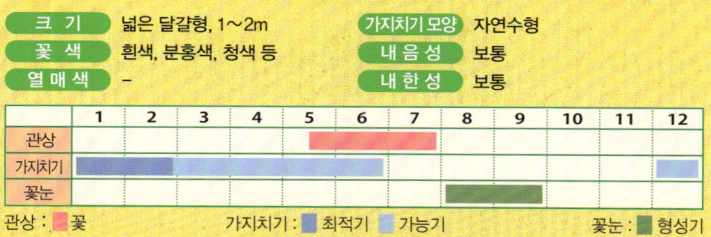

관상 : ■꽃　　가지치기 : ■최적기 ■가능기　　꽃눈 : ■형성기

기본 가지치기(낙엽기)

❶ 필요 없는 가지를 잘라낸다

촘촘한 가지나 교차한 가지 등 필요 없는 가지(p.12)는 잘라낸다. 밑동 부근의 가지도 필요 없는 가지이다. 또, 줄기 수를 어느 정도 제한하면 깔끔해진다. 오래된 줄기는 꽃이 잘 달리지 않으므로 정리할 때에는 오래된 줄기를 우선적으로 밑동에서 자른다.

촘촘한 부분은 가지 수를 줄인다.

❷ 모양을 다듬는다

전체의 균형을 고려하면서 바깥쪽 가지나 나무갓 모양을 흐트러뜨리는 가지를 자르고 모양과 크기를 정리한다.

가지 끝부분을 잘라서 모양과 크기를 다듬는다. 가지가 갈라지는 마디의 바로 위에서 자르는 것이 기본이다.

one point lesson ❶

꽃눈을 남긴다

겨울이 되면 이듬해 개화할 꽃눈이 자라서 구별할 수 있게 된다. 낙엽기에 가지치기를 할 때 이듬해 보다 많은 꽃을 즐기고 싶다면 가능한 꽃눈을 많이 남겨둔다.

이듬해 좀 더 많은 꽃을 즐기고 싶다면 꽃눈을 가능한 많이 남겨둔다.

one point lesson ②

시든 꽃을 그대로 두면 나무자람새가 약해지므로 꽃이 진 뒤에는 꽃자루를 제거한다. 꽃송이가 달린 줄기에서 2~3번째 마디의 위에서 자른다.

꽃자루는 바로 밑에서 자르지 말고 꽃송이가 달린 줄기에서 2번째 마디의 위에서 자른다.

완성시킬 나무갓 모양

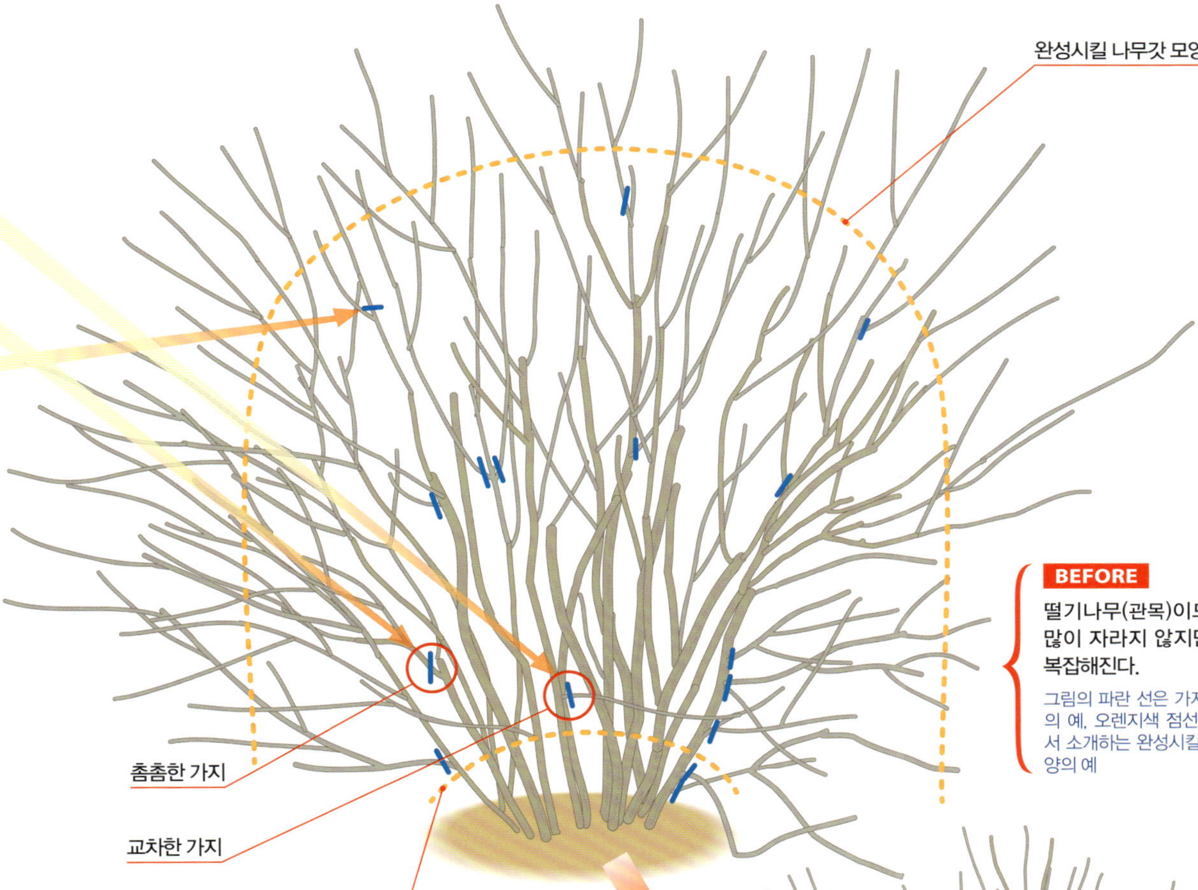

BEFORE
떨기나무(관목)이므로 키는 많이 자라지 않지만 가지가 복잡해진다.

그림의 파란 선은 가지치기할 곳의 예. 오렌지색 점선은 이 책에서 소개하는 완성시킬 나무갓 모양의 예

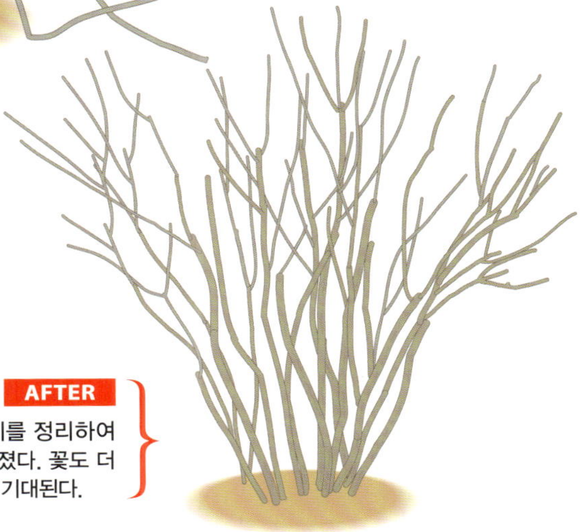

촘촘한 가지

교차한 가지

새 줄기로 갈이하고 싶은 경우에 완성시킬 나무갓 모양

POINT

새 줄기로 갈이하고 싶거나 너무 크게 자란 줄기를 작게 정리하고 싶을 때는 모든 줄기를 지면 가까이에서 자른다.

해마다 손질을 하고 있는 경우에는 꽃이 진 후에 가지치기를 하고, 아주 작게 다듬고 싶을 때는 낙엽기에 하는 것이 좋다.

꽃이 진 후에 가지치기를 할 때는 꽃송이가 달린 줄기에서 2~3마디 밑에서 자른다. 꽃이 진 다음 바로 자르지 않으면 이듬해 그 가지에는 꽃이 피지 않을 가능성이 높다.

AFTER
필요 없는 가지를 정리하여 상당히 깔끔해졌다. 꽃도 더 많이 필 것으로 기대된다.

수양단풍

- 단풍나무과 단풍나무속
- 별명 : 공작단풍

가는 잎과 길게 늘어진 가지가 만드는 아름다운 모습을 즐긴다

단풍나무과에 속한 뜰단풍의 변종으로 가지가 늘어진 품종이다. 가는 잎이 아름답고, 가을에는 단풍도 즐길 수 있는 홍단풍(봄에 색이 변하는 단풍의 총칭) 이외에 녹색 잎을 가진 청단풍도 있다. 아름다운 나무 모양을 즐기기 위해서는 원래의 나무 모양을 흐트러뜨리지 않게 가지치기하는 것이 중요하다.

크 기	아래로 늘어진 모양, 2~5m	가지치기 모양	자연수형
꽃 색	흰색	내 음 성	보통
열 매 색	–	내 한 성	강함

	1	2	3	4	5	6	7	8	9	10	11	12
관상										■	■	
가지치기	■	■		■	■						■	■
꽃눈												

관상 : ■ 단풍　　가지치기 : ■ 최적기　■ 가능기　■ 부적기

기본 가지치기(낙엽기)

❶ 필요 없는 가지를 잘라낸다

촘촘한 가지나 원줄기에서 난 잔가지, 위로 뻗은 가지 등 필요 없는 가지(p.12)는 잘라내어 깔끔하게 정리한다. 특히 수양단풍은 안쪽에 있는 가지가 마르기 쉬우므로 주의하고, 마른 가지는 다른 가지나 줄기와 연결된 부분에서 자른다.

하나의 마디에서 많은 가지가 나와 촘촘한 가지는 잘라내어 정리한다.

one point lesson ❶

위로 뻗은 가지는 잘라낸다

바깥쪽으로 자랄수록 아래로 늘어지는 모습이 아름다운 나무. 그 모습을 즐기기 위해서 위로 뻗은 가지는 가능하면 잘라내는 것이 좋다.

늘어지는 나무는 특히 위로 뻗은 가지에 주의해야 한다. 위로 뻗은 가지가 있으면 잘라낸다.

one point lesson ❷

가지 사이의 간격을 넓게 잡는다

가지가 촘촘한 부분을 잘라내고 정리하면 보기 좋게 완성된다. 굵은 가지를 잘라도 상관없다.

촘촘한 부분은 굵은 가지라도 잘라낸다.

❷ 모양을 다듬는다

전체의 균형을 생각하면서 바깥쪽 가지나 나무갓 모양을 흐트러뜨리는 가지를 잘라내고 모양과 크기를 정리한다. 높이를 유지하고 싶거나 작게 다듬고 싶은 경우에는 원줄기를 가지가 갈라진 마디의 바로 위에서 자른다.

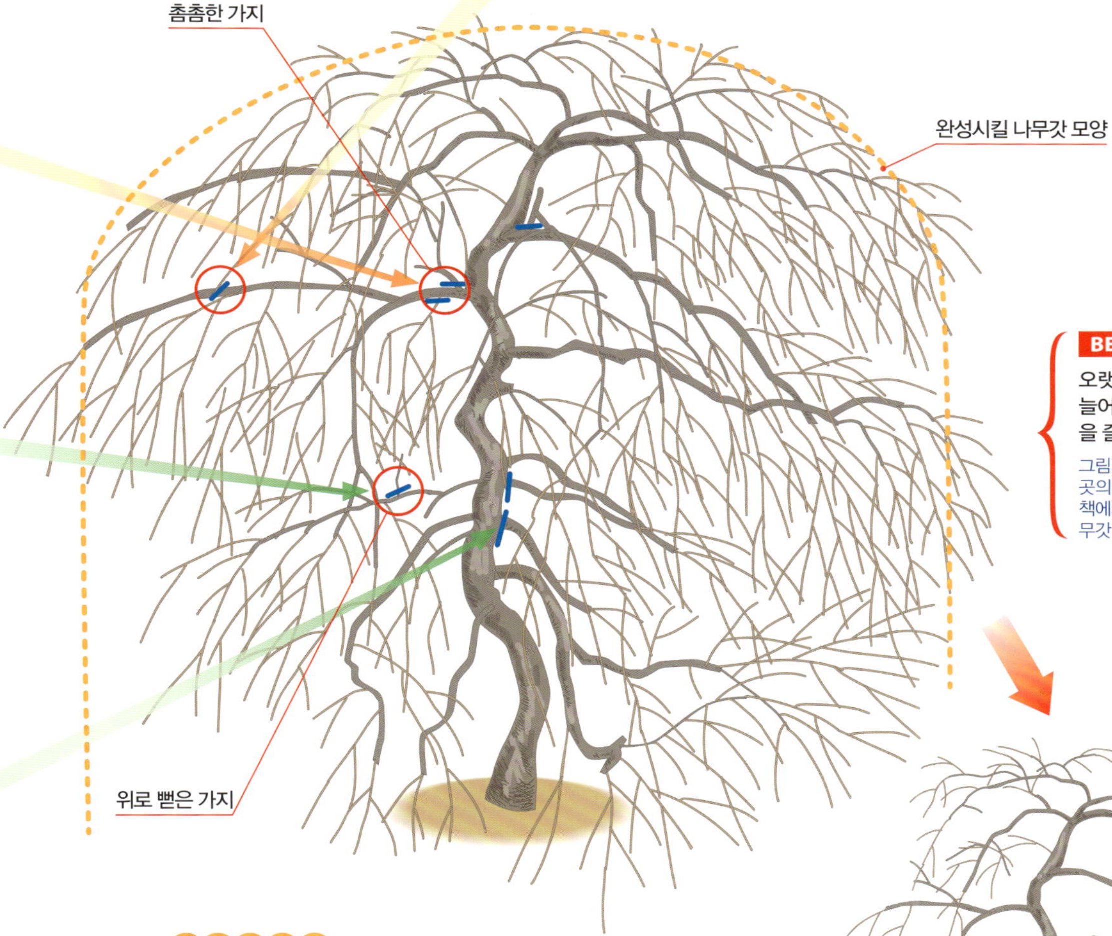

가지 끝부분을 잘라서 모양이나 크기를 다듬는다. 가지가 갈라진 곳 바로 위에서 자르는 것이 기본이다.

촘촘한 가지

완성시킬 나무갓 모양

BEFORE
오랫동안 방치하면 가지가 늘어나 아름다운 나무 모양을 즐길 수 없게 된다.

그림의 파란 선은 가지치기할 곳의 예. 오렌지색 점선은 이 책에서 소개하는 완성시킬 나무갓 모양의 예

위로 뻗은 가지

POINT
자연수형이 아름다우므로 가지치기를 할 때는 가지의 흐름을 흐트러뜨리지 않도록 주의한다. 위로 조금 자라다가 방사상으로 아래로 자라는 가지는 가능한 남겨둔다.

햇빛을 받지 못하면 나무 안쪽의 가지가 마르기 쉬우므로 촘촘한 가지는 정리한다.

판매되는 모종 중에는 접목묘가 많은데 대목에서 눈이 나오면 바로 제거한다.

AFTER
아름답고 자연스러운 가지의 흐름을 잘 살린 나무 모양이 되었다.

안개나무

- 옻나무과 옻나무속
- 별명 : 개옻나무, 스모크트리

안개 같은 꽃자루와 함께
가을에는 단풍도 즐길 수 있다

꽃은 작지만 꽃이 진 후에 열매를 지탱하는 꽃자루가 자라는데, 그 모습이 마치 안개처럼 보인다. 암수딴그루이기 때문에 아름다운 모습을 즐기고 싶다면 암그루를 선택한다.
가을에는 단풍이 들고, 귀엽고 둥근 잎도 보기 좋으며, 붉은색이나 노란색 잎을 가진 품종도 있어서 관상용으로 많이 심는다. 더위와 추위에 강해서 키우기 쉬운 나무이다.

크 기	달걀형, 3~5m	가지치기 모양	자연수형
꽃 색	노란색	내음성	다소 약함
열매 색	흰색, 노란색, 붉은색	내한성	강함

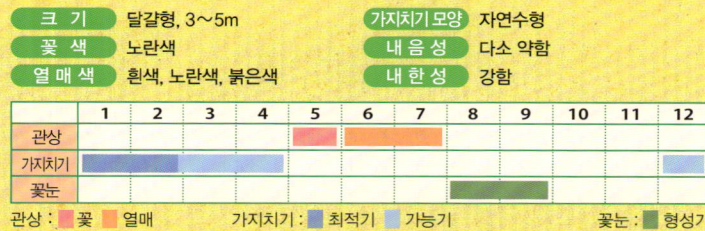

기본 가지치기(낙엽기)

❶ 필요 없는 가지를 잘라낸다

촘촘한 가지, 교차한 가지 등 필요 없는 가지(p.12)는 잘라내어 깔끔하게 정리한다.

가지가 촘촘한 경우에는 잘라내어 정리한다.

❷ 모양을 다듬는다

전체의 균형을 보면서 바깥쪽 가지나 나무갓 모양을 흐트러뜨리는 가지를 잘라내고 모양과 크기를 정리한다. 높이를 유지하고 싶거나 작게 다듬고 싶은 경우에는 원줄기를 가지가 갈라진 마디의 바로 위에서 자른다.

나무갓 모양을 흐트러뜨리는 가지를 잘라내어 모양과 크기를 다듬는다.

one point lesson ❶

굵은 가지를 잘라낸다

원줄기 못지않게 굵어지는 가지가 너무 길게 자라면 나무 모양을 흐트러뜨리기 쉽다. 기호에 따라 다르긴 하지만 필요 없다고 판단되면 과감하게 가지치기한다.

가지의 굵기를 어느 정도 일정하게 만들기 위해서는 굵은 가지라도 가지치기 할 수 있다.

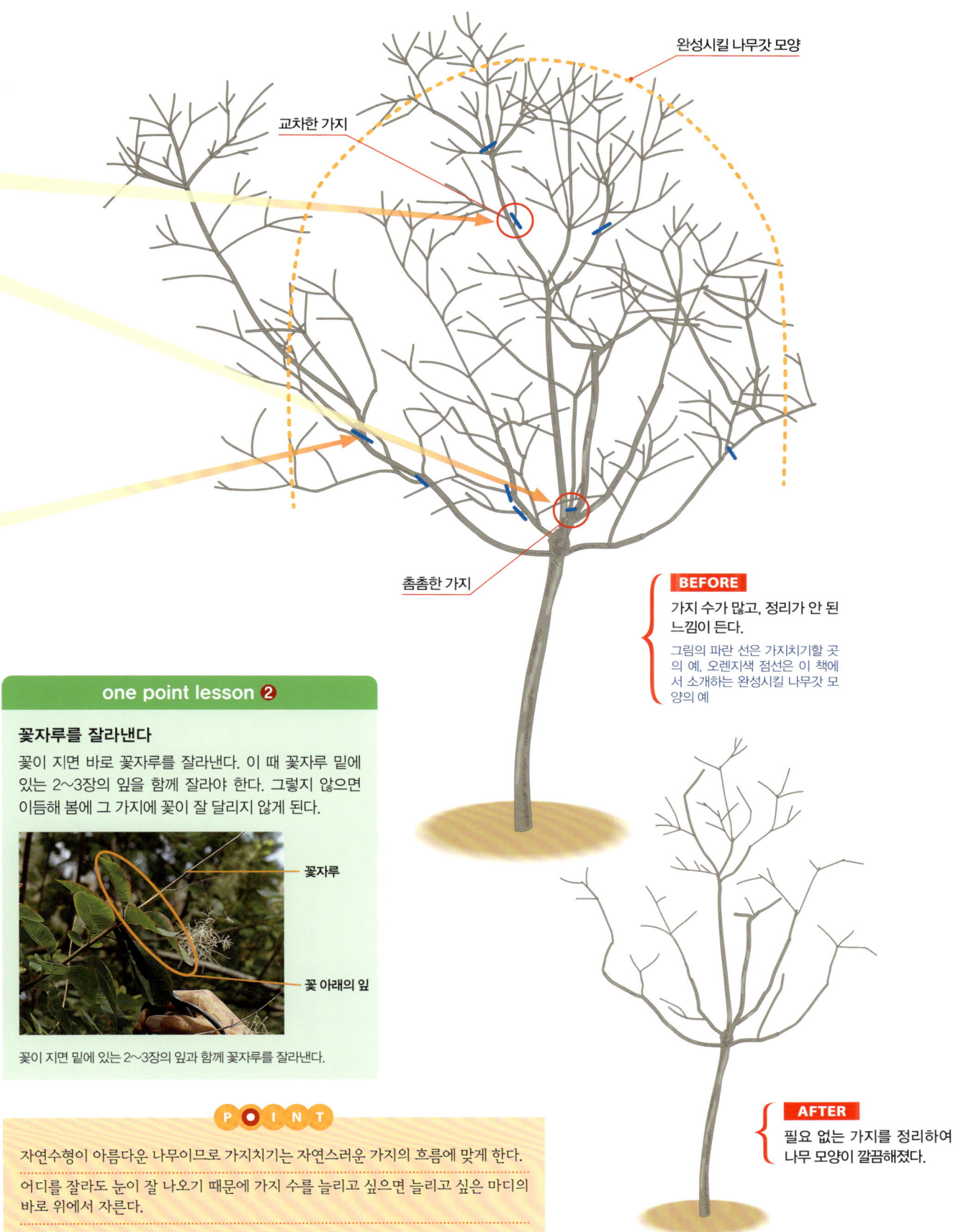

완성시킬 나무갓 모양

교차한 가지

촘촘한 가지

BEFORE
가지 수가 많고, 정리가 안 된 느낌이 든다.

그림의 파란 선은 가지치기할 곳의 예, 오렌지색 점선은 이 책에서 소개하는 완성시킬 나무갓 모양의 예

AFTER
필요 없는 가지를 정리하여 나무 모양이 깔끔해졌다.

one point lesson ❷

꽃자루를 잘라낸다

꽃이 지면 바로 꽃자루를 잘라낸다. 이 때 꽃자루 밑에 있는 2~3장의 잎을 함께 잘라야 한다. 그렇지 않으면 이듬해 봄에 그 가지에 꽃이 잘 달리지 않게 된다.

꽃자루

꽃 아래의 잎

꽃이 지면 밑에 있는 2~3장의 잎과 함께 꽃자루를 잘라낸다.

POINT

자연수형이 아름다운 나무이므로 가지치기는 자연스러운 가지의 흐름에 맞게 한다.

어디를 잘라도 눈이 잘 나오기 때문에 가지 수를 늘리고 싶으면 늘리고 싶은 마디의 바로 위에서 자른다.

애기노각나무 (노각나무 종류)

- 차나무과 노각나무속
- 학명 : *Stewartia monadelpha*

광택이 있는 나무껍질이 아름다운 나무

노각나무와 비슷하지만 잎이나 꽃이 전체적으로 작고 크기도 작아서 정원에서 키우기에 적합하다. 나무껍질은 매끄럽고 얼룩덜룩하게 벗겨져 떨어지며, 아름다운 광택이 있다. 6~7월경, 적갈색 줄기와 밝은 녹색 잎에 잘 어울리고, 동백을 닮은 아름다운 흰색 꽃이 핀다.
동양풍이나 서양풍 정원에 모두 잘 어울린다.

크 기	긴 달걀형, 5~8m	가지치기 모양	자연수형, 여러 줄기가 올라가는 모양
꽃 색	흰색	내음성	보통
열매색	갈색	내한성	보통

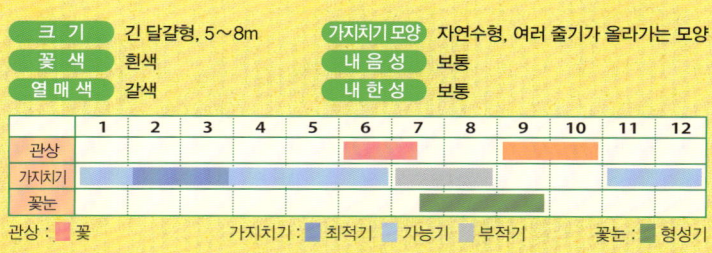

기본 가지치기(낙엽기)

❶ 필요 없는 가지를 잘라낸다

촘촘한 가지나 원줄기에서 난 잔가지, 안쪽으로 뻗은 가지 등 필요 없는 가지(p.12)는 잘라내어 깔끔하게 정리한다.

원줄기에서 난 잔가지는 기본적으로 필요 없는 가지이므로 연결 부분에서 잘라낸다.

❷ 모양을 다듬는다

전체의 균형을 생각하면서 바깥쪽 가지나 나무갓 모양을 흐트러뜨리는 가지를 잘라내어 모양과 크기를 정리한다.

가지 끝부분을 잘라서 모양과 크기를 정리한다. 가지가 갈라지는 곳 바로 위에서 자르는 것이 기본이다.

one point lesson
마른 가지에 주의한다

햇빛을 받지 못하면 가지가 바로 말라버린다. 마른 가지는 색이 변하고 손으로도 쉽게 부러뜨릴 수 있다. 가지를 솎아주어 나무 안쪽에도 햇빛이 잘 들게 해서 가능한 마른 가지가 생기지 않게 한다.

햇빛을 받지 못하면 바로 마른 가지가 생긴다. 마른 가지는 쉽게 부러진다.

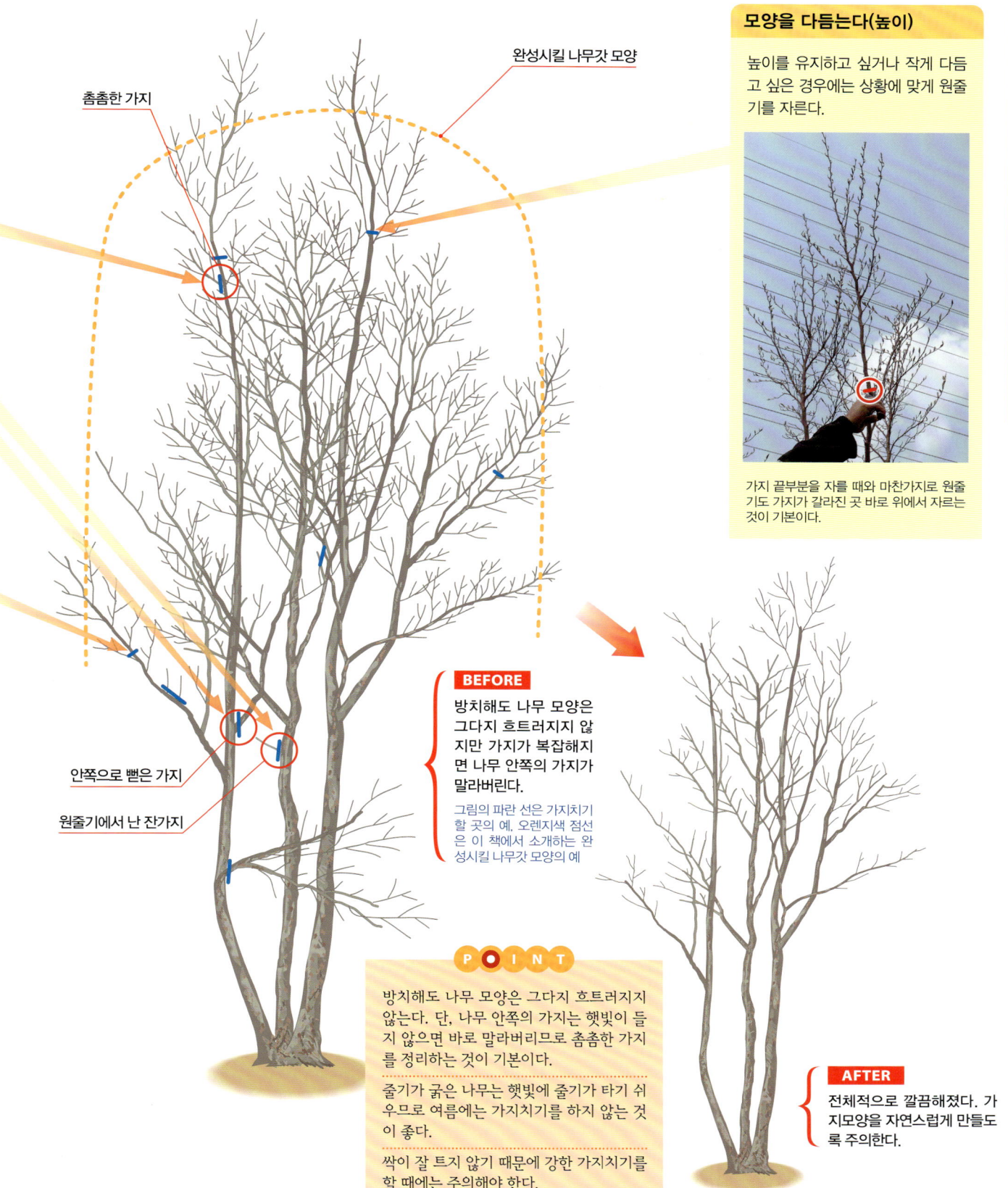

일본고광나무

- 범의귀과 고광나무속
- 학명 : *Philadelphus satsumi*

매화를 닮은 하얀 꽃이 피는
아름다운 갈잎떨기나무

우리나라와 일본에 분포하는 일본고광나무는 매화를 닮은 흰 꽃이 피고, 잎은 끝이 뾰족한 달걀형으로 표면에는 잔털이 있다. 우리나라의 경우 잎과 줄기에 털이 많고, 봄이면 향기로운 흰색 꽃을 피우는 서울고광나무를 더 많이 볼 수 있다.

크 기	여러 줄기가 올라가는 모양, 2~3m	가지치기 모양	자연수형
꽃 색	흰색	내 음 성	보통
열매색	-	내 한 성	보통

	1	2	3	4	5	6	7	8	9	10	11	12
관상					■	■						
가지치기	■	■	■	■							■	■
꽃눈								■	■			

관상 : ■ 꽃   가지치기 : ■ 최적기 ■ 가능기   꽃눈 : ■ 형성기

기본 가지치기(낙엽기)

❶ 필요 없는 가지를 잘라낸다

촘촘한 가지나 안쪽으로 뻗은 가지, 교차한 가지 등 필요 없는 가지(p.12)는 잘라내어 깔끔하게 정리한다.

하나의 마디에서 2개의 가지가 나온 경우에는 한쪽을 잘라서 정리한다.

one point lesson ❶

줄기 수를 줄인다

여러 줄기가 올라가는 다간형은 줄기 수를 어느 정도 제한하면 깔끔하고 보기 좋게 정리된다. 줄기가 많으면 구부러진 줄기 등을 우선적으로 자른다.

밑동에서부터 구부러진 줄기를 우선적으로 자른다.

POINT

여러 줄기가 올라가는 다간형의 경우 줄기 수를 정리하면 깔끔한 아름다움을 즐길 수 있다.

오래된 줄기나 가지에는 꽃이 잘 달리지 않으므로 잘라내고 새로운 줄기나 가지로 갈이한다.

❷ 모양을 다듬는다

전체의 균형을 생각하면서 바깥쪽 가지나 나무갓 모양을 흐트러뜨리는 가지를 잘라내고 모양과 크기를 정리한다. 높이를 유지하고 싶거나 작게 다듬고 싶은 경우에는 줄기를 가지가 갈라지는 마디의 바로 위에서 자른다.

가지 끝부분을 잘라서 모양과 크기를 정리한다.

AFTER
오래된 가지를 잘라서 밑동 부근을 비롯해 전체적으로 깔끔해졌다. 이듬해에 꽃도 많이 필 것이다.

완성시킬 나무갓 모양

BEFORE
오랜 시간 방치하면 필요 없는 가지가 많이 생겨 나무 모양이 지저분해진다.

그림의 파란 선은 가지치기할 곳의 예, 오렌지색 점선은 이 책에서 소개하는 완성시킬 나무갓 모양의 예

촘촘한 가지

교차한 가지

one point lesson ❷

새 줄기로 갈이한다

새로운 줄기 / 오래된 줄기

여러 줄기가 올라가는 다간형 나무는 오래되면 꽃이 잘 달리지 않는다. 오래된 줄기는 새로운 줄기보다 굵고 색이 옅기 때문에 이를 기준으로 오래된 줄기를 밑동에서 잘라 새 줄기로 갈이하면 꽃이 많이 달리게 된다.

오래된 줄기는 색이 옅고 굵다. 오래된 줄기를 잘라서 새 줄기로 갈이하면 꽃이 많이 달리게 된다.

자작나무

- 자작나무과 참나무속

- 별명 : 백화, 제낭, 봇나무

하얗고 아름다운 나무껍질이 시원한 고원을 연상시킨다

높은 산악지대나 추운 지방에서 주로 자라며, 흰색의 아름다운 나무껍질이 시원한 고원을 연상시키는 나무. 해마다 줄기가 굵어지면서 오래된 껍질이 떨어지고, 흰색의 새로운 나무껍질이 나온다. 병충해 면에서는 하늘소의 유충이 뿌리를 갉아먹어서 말라죽는 경우가 있으므로 주의한다. 마른 가지가 갑자기 늘어나거나 밑동에 나무 부스러기 같은 것이 쌓여있으면 살충제를 뿌리는 것이 좋다.

크 기	넓은 달걀형, 5~7m	가지치기 모양	자연수형
꽃 색	녹색, 노란색	내 음 성	약함
열매 색	녹색~갈색	내 한 성	강함

	1	2	3	4	5	6	7	8	9	10	11	12
관상												
가지치기												
꽃눈												

가지치기 : 최적기　가능기　부적기

기본 가지치기(낙엽기)

❶ 필요 없는 가지를 잘라낸다

촘촘한 가지나 안쪽으로 뻗은 가지 등 필요 없는 가지(p.12)는 잘라내어 깔끔하게 정리한다. 원줄기에서 난 가지 사이의 간격이 좁으면 굵은 가지라도 잘라내어 균형을 이루도록 정리한다.

안쪽으로 뻗은 가지는 나무 모양을 흐트러뜨리므로 가지치기의 대상이 된다.

원줄기에서 난 가지 사이의 간격이 좁을 때는 가지를 연결 부분에서 잘라 균형을 맞춘다.

one point lesson

바깥쪽 눈을 남긴다

가지 끝부분을 잘라서 줄일 경우에는 눈이 달려 있는 마디의 위에서 자르는 것이 기본이다. 잘 관찰하면 눈의 방향을 알 수 있으므로, 바깥쪽 눈(p.15)을 남기고 그 마디 위에서 자른다.

바깥쪽 눈

가지 끝을 자를 경우에는 바깥쪽 눈을 남기고 자른다.

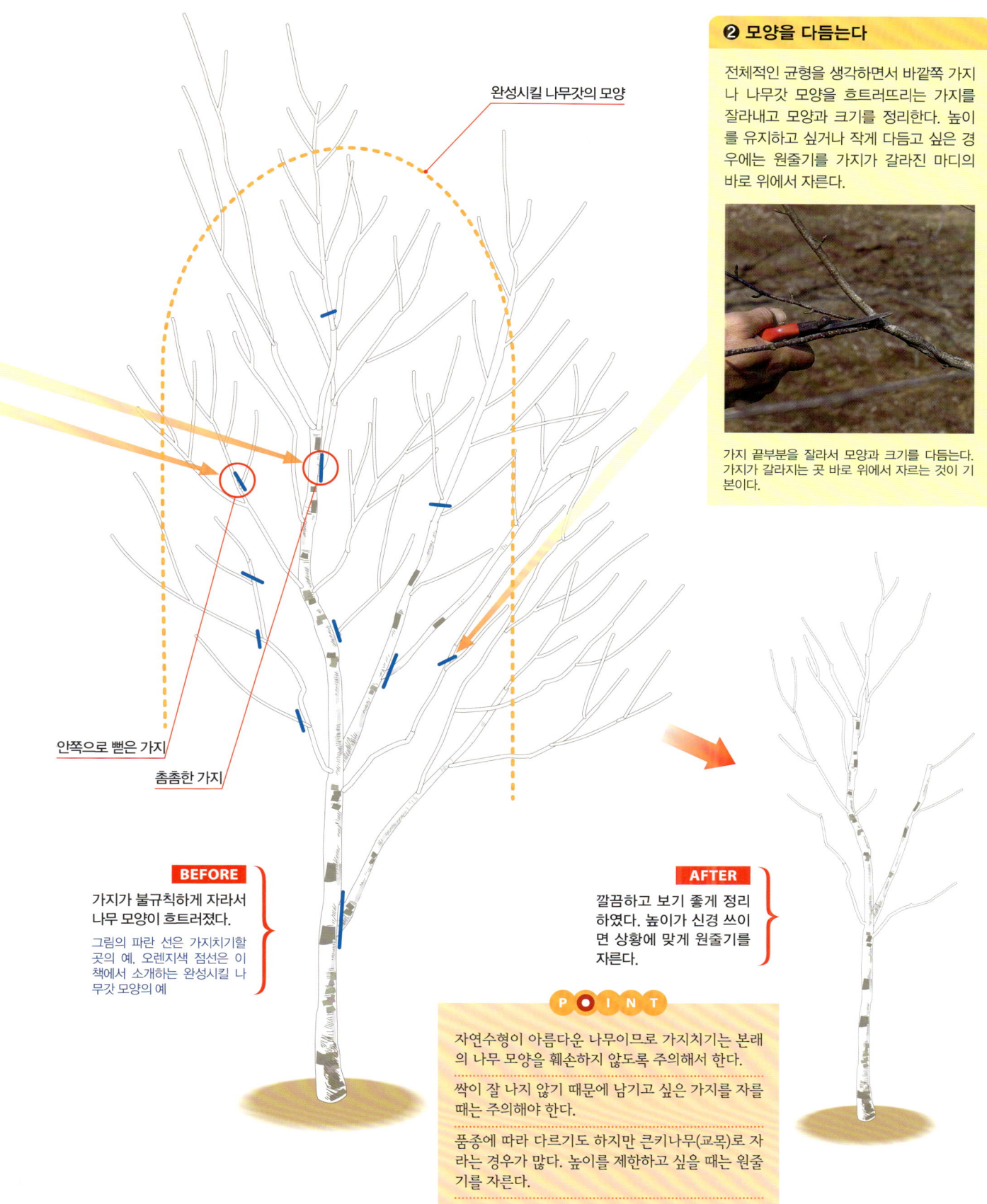

조장나무

- 녹나무과 생강나무속
- 학명 : *Lindera umbellata* Thunb.

황녹색의 매끈한 줄기를 가지고 반그늘에서도 잘 자라는 튼튼한 나무

작은 가지나 잎을 꺾으면 특유의 향기가 나며, 황녹색의 매끈한 줄기가 특징이다. 여러 줄기가 올라가는 다간형으로 균형 잡힌 모습이 멋스럽다.
약간 습기가 있는 반그늘에서도 잘 자라고, 병충해에도 강하며, 그다지 크게 자라지 않기 때문에 작은 정원에서도 충분히 즐길 수 있다. 원산지는 열대 및 아열대 아시아이다.

크 기	거꾸로 달걀형, 2.5~4m	가지치기 모양	여러 줄기가 올라가는 모양, 자연수형
꽃 색	노란색	내음성	보통
열매 색	검은색	내한성	강함

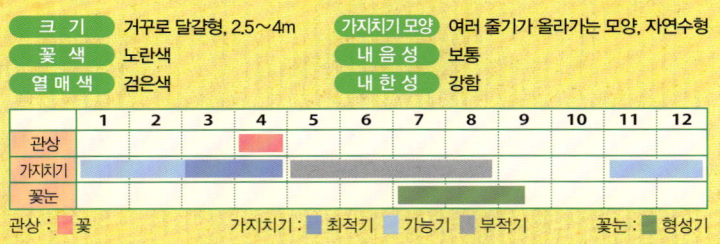

기본 가지치기(낙엽기)

❶ 필요 없는 가지를 잘라낸다

원줄기에서 난 잔가지는 기본적으로 필요 없는 가지이다. 또, 가지의 간격이 좁으면 굵은 가지라도 정리한다. 촘촘한 가지나 안쪽으로 뻗은 가지, 교차한 가지 등 필요 없는 가지(p.12)도 잘라낸다.

원줄기에서 난 가지 사이의 간격을 어느 정도 넓힌다.

one point lesson

밑동 부근을 정리한다

여러 줄기가 올라가는 다간형은 줄기가 3, 5, 7개일 때가 보기 좋다. 땅가지가 많이 나와서 보기 싫으면 구부러진 가지 등을 우선적으로 밑동에서 잘라낸다.

줄기 수를 줄이면 다간형만의 아름다움을 즐길 수 있다.

POINT

땅가지가 나오기 쉬운 나무이므로 필요 없는 땅가지는 밑동에서 잘라낸다.

작게 다듬고 싶을 때는 전체의 균형을 맞추면서 과감하게 잘라도 된다.

❷ 모양을 다듬는다

전체적인 균형을 생각하면서 바깥쪽 가지나 나무갓 모양을 흐트러뜨리는 가지를 잘라내고 모양과 크기를 정리한다. 높이를 유지하고 싶거나 작게 다듬고 싶을 때는 원줄기를 가지가 갈라진 마디의 바로 위에서 자른다.

가지 끝을 잘라내어 크기를 정리한다. 가지가 갈라져 있는 곳 바로 위에서 자르는 것이 기본이다.

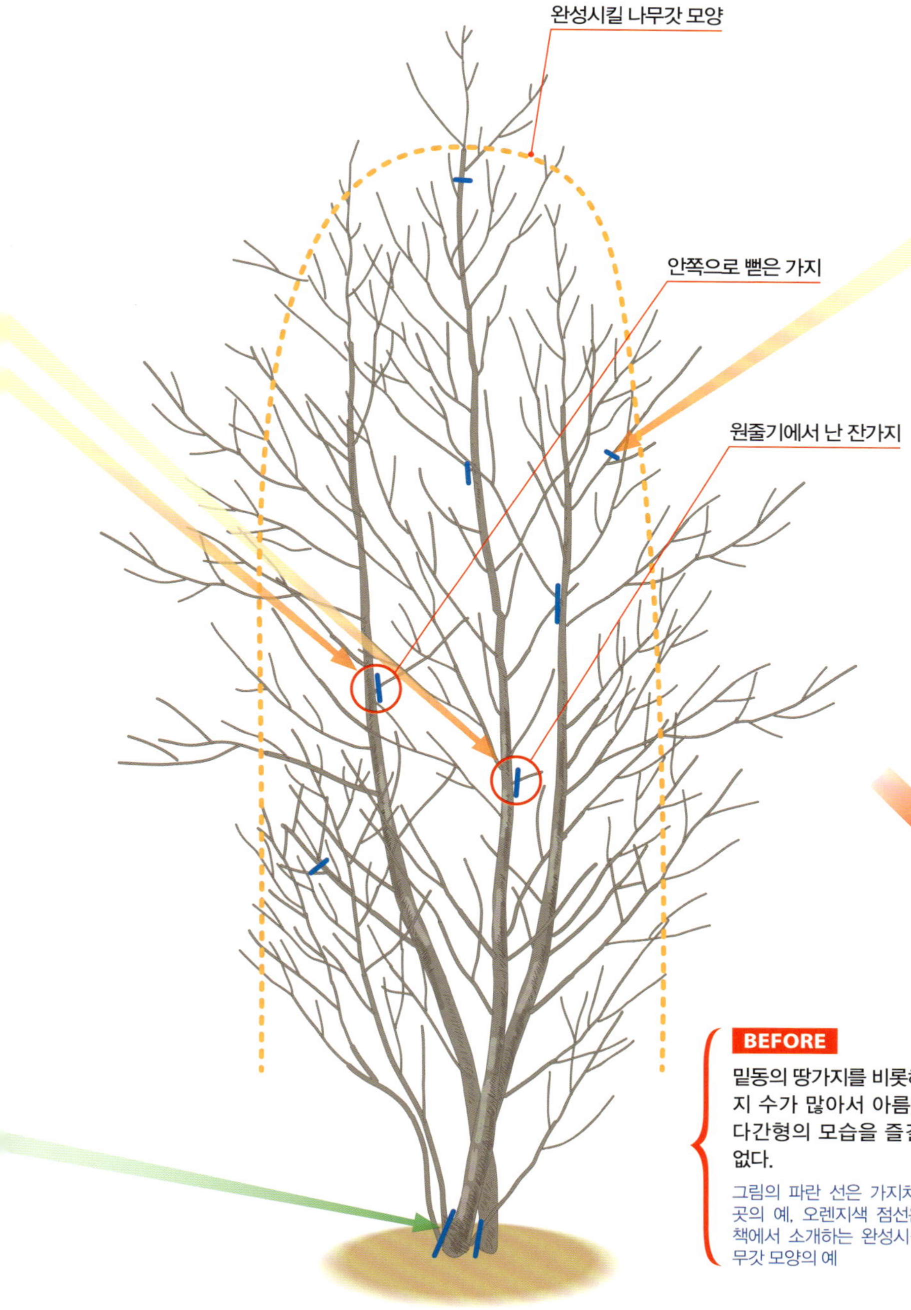

완성시킬 나무갓 모양

안쪽으로 뻗은 가지

원줄기에서 난 잔가지

BEFORE
밑동의 땅가지를 비롯해 가지 수가 많아서 아름다운 다간형의 모습을 즐길 수 없다.

그림의 파란 선은 가지치기할 곳의 예, 오렌지색 점선은 이 책에서 소개하는 완성시킬 나무갓 모양의 예

AFTER
나무 전체의 아름다움을 고려하면서 가지 수를 줄여서 깔끔하게 다듬었다. 다간형 가지치기의 경우 밑동을 정리하는 것이 중요한 포인트 중 하나이다.

풍년화

- 조록나무과 조록나무속
- 학명 : *Hamamelis japonica* Siebold & Zucc.

노란색 리본 같은 꽃이 봄을 알린다

노란색 리본 같은 개성 있는 꽃이 잎보다 먼저 달린다(붉은색 꽃이 피는 품종도 있다). 꽃이 피는 시기는 초봄이며, '풍년화'라는 이름은 기후에 민감한 이 나무가 눈이 많이 내리고 따뜻한 해에는 물이 풍부하기 때문에 꽃은 활짝 피우는 모습이 풍년이 들 것을 알려준다는 데서 유래되었다고 한다.

비교적 추위에 강한 나무이지만 건조한 기후에는 약하다. 일본이 원산지로 우리나라는 중부 이남 지역에서 재배한다.

크 기	여러 줄기가 올라가는 모양, 3~5m	가지치기 모양	자연수형
꽃 색	노란색, 붉은색	내음성	보통
열 매 색	-	내한성	강함

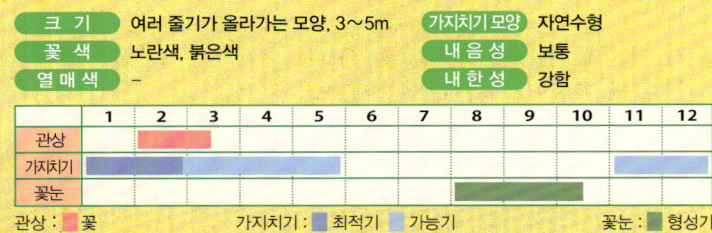

기본 가지치기(꽃이 진 후)

❶ 필요 없는 가지를 잘라낸다

촘촘한 가지나 땅가지, 안쪽으로 뻗은 가지 등 필요 없는 가지(p.12)는 잘라내어 깔끔하게 정리한다.

안쪽으로 뻗은 가지는 나무 모양을 흐트러뜨리므로 기본적으로 가지치기의 대상이 된다.

땅가지가 자라면 밑동에서 잘라낸다.

POINT

방치해도 나무 모양은 그다지 흐트러지지 않는다. 단, 옆으로 벌어지기 쉬운 품종이므로 공간에 제약이 있는 경우에는 나무갓 모양을 정리하는 가지치기가 필요하다.

다른 많은 나무와 달리 열매를 제거하지 않아도 이듬해 꽃달림에 그다지 영향을 받지 않는다.

판매되고 있는 것은 접목한 것이 많은데, 그럴 때는 대목에서 원종의 가지가 자라는 것도 있다. 대목에서 원종의 가지가 자라면 빨리 제거해야 한다.

나무의 전체 모양을 다시 만들고 싶은 경우에는 낙엽기에 가지치기한다.

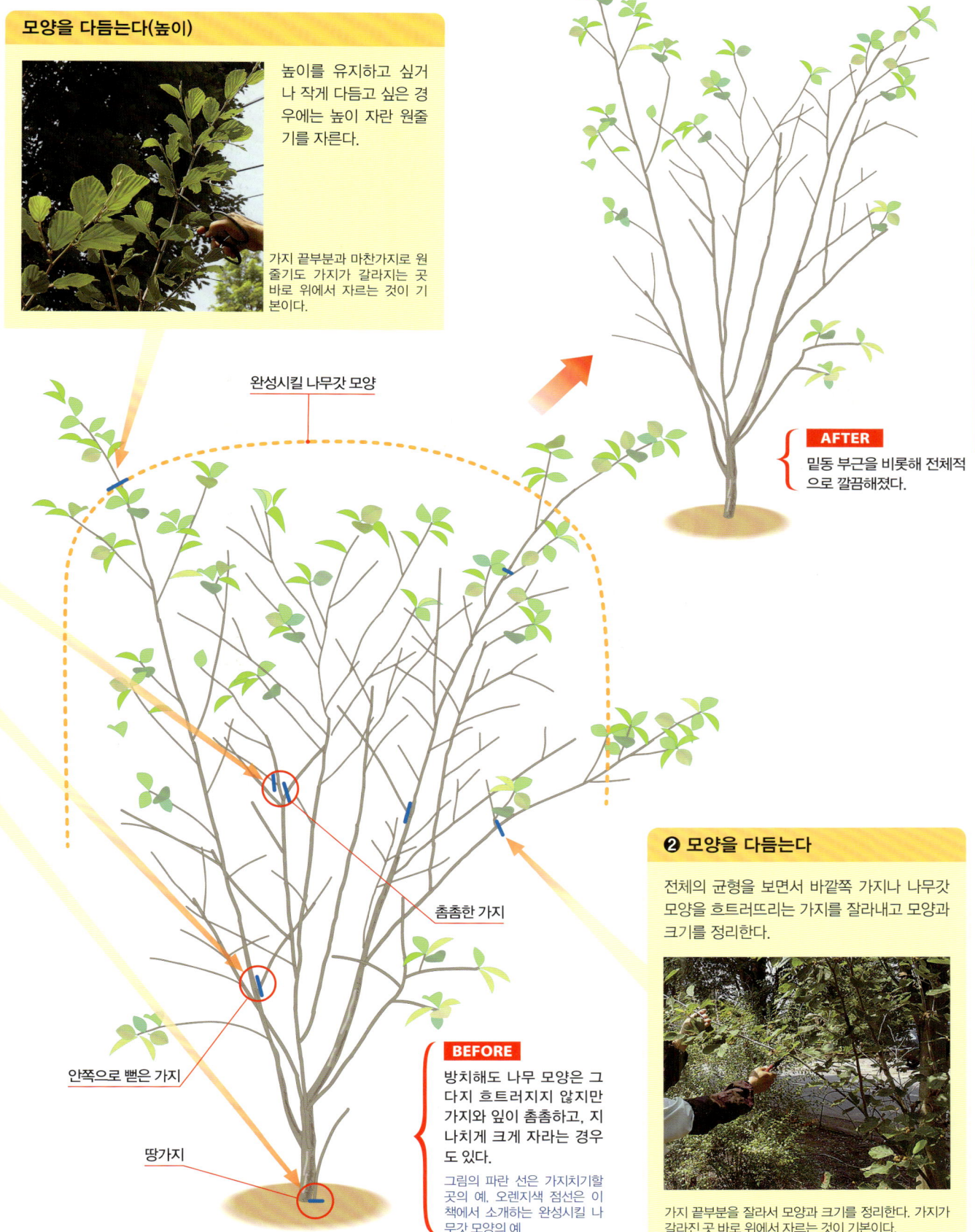

황매화

- 장미과 황매화속
- 별명 : 죽도화, 죽전화, 수중화, 금새화

선명한 노란색 꽃이 피며, 추위에 강하고 튼튼한 꽃나무

꽃은 매우 선명한 노란색이며, 꽃잎이 많은 것을 '겹황매화'라고 한다. 습기가 있는 곳에서 무성하게 자라고, 그늘에 약하지만 추위에 강하며, 매우 튼튼한 나무이다. 줄기는 가늘고 부드러운 것이 특징이며, 나무 높이는 2m 내외이므로 공간이 한정된 정원에서도 즐길 수 있다.

기본 가지치기(꽃이 진 후)

❶ 필요 없는 가지를 잘라낸다

촘촘한 부분은 가지를 잘라 정리한다. 줄기 수가 많아서 전체적으로 촘촘한 경우에는 밑동에서 잘라 수를 줄인다.

줄기 수를 줄일 때는 밑동에서 잘라낸다.

❷ 모양을 다듬는다

전체적인 균형을 생각하면서 바깥쪽 가지나 나무갓 모양을 흐트러뜨리는 가지를 잘라내고 모양과 크기를 다듬는다.

나무갓 모양에서 벗어난 굵은 가지는 완성시킬 나무갓 모양보다 몇 마디 안쪽에서 자른다.

그림의 파란 선은 가지치기할 곳의 예, 오렌지색 점선은 이 책에서 소개하는 완성시킬 나무갓 모양의 예

크 기	낮은 달걀형, 1~2m	가지치기 모양	여러 줄기가 올라가는 모양
꽃 색	노란색	내 음 성	보통
열 매 색	–	내 한 성	강함

	1	2	3	4	5	6	7	8	9	10	11	12
관상												
가지치기												
꽃눈												

관상 : 꽃　　가지치기 : 최적기　가능기　　꽃눈 : 형성기

완성시킬 나무갓 모양
촘촘한 가지
필요 없는 줄기

POINT

줄기가 많아지는 나무. 줄기 수를 줄일 때는 밑동에서 잘라서 정리한다.

튼튼한 나무이므로 가지를 많이 잘라내는 가지치기에도 잘 견딘다. 새 줄기로 갈이하고 싶은 경우에는 모든 줄기를 지면 가까이에서 잘라도 좋다.

나무의 전체 모양을 다시 만들고 싶을 때는 낙엽기에 가지치기한다.

늘푸른나무 가지치기

늘푸른나무란?

늘푸른나무(상록수)란 사계절 내내 가지에 잎이 붙어있는 나무를 말한다.

꽃을 즐기는 나무로는 치자나무, 애기동백나무, 만병초류 등이 있고, 가지 모양이나 나무 모양을 즐기는 나무로는 동청목과 가시나무 등이 있으며, 피라칸타처럼 아름다운 열매가 열리는 나무도 인기가 높다.

겨울에도 잎이 떨어지지 않기 때문에 홍가시나무처럼 산울타리로 이용하는 나무도 많다. 동백나무처럼 두껍고 광택이 있는 잎을 가진 나무는 잎만으로도 충분히 감상할 가치가 있다.

가지치기 포인트

가지나 잎이 너무 촘촘하면 아름다운 나무 모양을 즐길 수 없을 뿐만 아니라, 채광이나 통풍이 잘되지 않아 병충해의 원인이 되기도 한다. 특히 항상 잎이 붙어있는 늘푸른나무를 가지치기할 때는 가지나 잎이 촘촘하지 않게 만드는 것이 가장 중요하다.

늘푸른나무는 가지나 잎이 촘촘해지는 것을 특히 주의해야 한다. 촘촘한 경우에는 채광이나 통풍이 잘되도록 균일한 간격으로 솎아준다. 사진은 미켈리아(p.112).

가지치기 시기

일반적으로 늘푸른나무의 가지치기는 초봄~초여름(엄밀히는 싹이 트기 전 또는 제1차 신장 후)에 하는 것이 좋다고 알려져 있다. 반면에, 가지치기하면 안되는 시기는 가을~겨울이다. 이유는 대부분의 늘푸른나무(특히 늘푸른넓은잎나무)가 온난한 기후에서 자생하기 때문에 겨울에 가지치기를 하면 나무 전체에 한기가 들어서 봄에 싹이 트는 데 나쁜 영향을 주고, 경우에 따라서는 말라죽는 경우도 생길 수 있기 때문이다.

단, 꽃나무의 경우 봄에 꽃눈이 달리는 종류도 있으므로 다음번 개화기에 꽃이 많이 피길 바란다면 꽃이 진 후에 바로 가지치기를 해야 하는 나무도 있다.

따라서 꽃나무는 갈잎나무와 마찬가지로 해마다 가지치기를 하고 있고, 다음번 개화기에 꽃이 많이 달리기 바란다면 꽃이 진 후에 가지치기를 하고, 오랫동안 방치하여 나무 모양이 흐트러져 있는 경우나 전체적인 나무 모양을 다시 만들고 싶은 경우에는 초봄~초여름에 하는 것이 좋다. 단, 나무 종류에 따라 가지치기 시기가 다른 경우도 있으므로 나무 종류에 따른 가지치기 시기는 이 책에 있는 달력을 참조하기 바란다.

가지치기 시기는?

기본적인 시기 ➡ 나무에 피해를 주지 않고, 빨리 생장하여 깎은 자국이 눈에 띄지 않게 되는 초봄~초여름(2~6월경)에 가지치기한다.

꽃나무의 경우 ➡ 꽃달림을 유지하고 싶은 경우에는 꽃이 진 후에 바로 가지치기하고, 꽃자루도 제거한다.
➡ 흐트러진 나무 모양을 다듬는 경우에는 기본대로 초봄~초여름(2~6월경)에 가지치기한다. 또, 꽃이 진 후에 꽃자루 따기도 해야 한다.

어떤 가지를 자를까?

스텝 1 ➡ 촘촘한 가지나 위로 뻗은 가지 등 필요 없는 가지(p.12)를 자른다.

스텝 2 ➡ 나무갓 모양에 맞추어 바깥쪽 가지를 잘라서 모양과 크기를 정리한다. 가지나 잎이 가늘고 싹이 잘 트는 나무(꽝꽝나무, 홍가시나무 등)는 깎기 가지치기를 해도 된다.

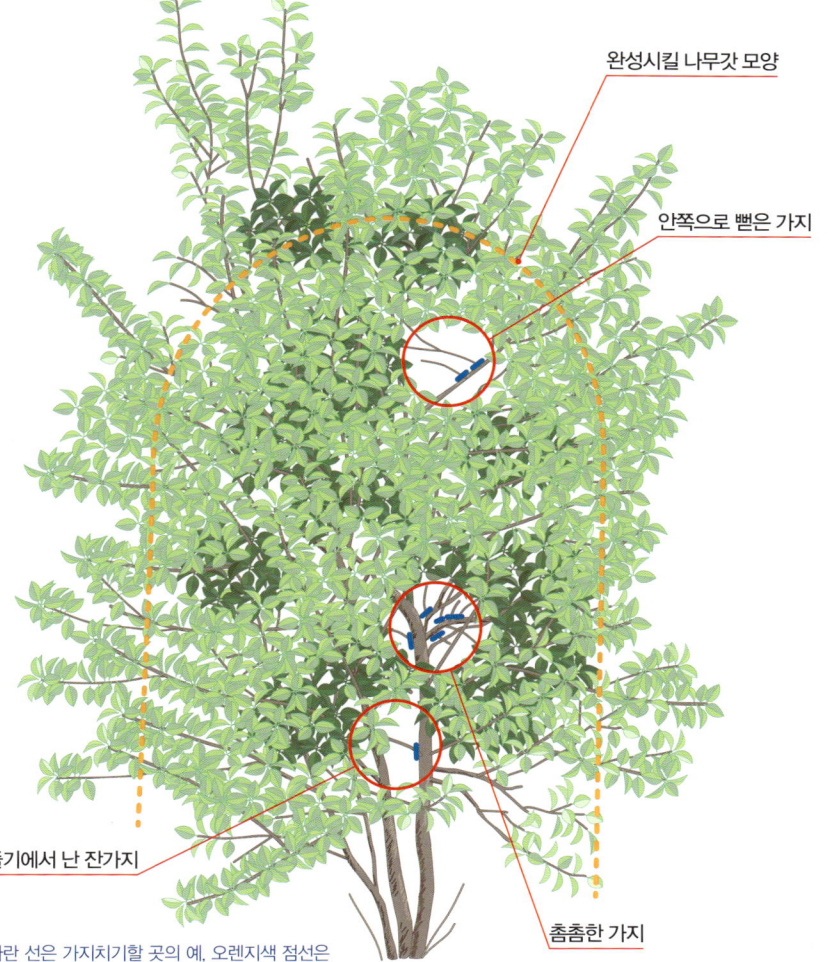

완성시킬 나무갓 모양
안쪽으로 뻗은 가지
원줄기에서 난 잔가지
촘촘한 가지

그림의 파란 선은 가지치기할 곳의 예. 오렌지색 점선은 이 책에서 소개하는 완성시킬 나무갓 모양의 예

양손가위를 사용한다
가지나 잎이 가늘고 싹이 잘 트는 나무의 나무 모양을 정리할 때 깎기 가지치기(p.18)를 하면 좀 더 쉽게 모양을 다듬을 수 있다.

꽃자루 따기
꽃나무는 꽃이 진 후에 꽃자루를 제거한다. 꽃자루를 제거하지 않으면 나무자람새가 약해질 수 있다.

감탕나무

- 감탕나무과 감탕나무속
- 별명 : 떡가지나무, 끈제기나무

짙은 녹색 잎과 붉은 열매를 즐기는 나무

반들반들한 녹색 잎이 아름답고, 늦가을부터 겨울에는 붉은색 열매를 즐길 수 있다. 암수딴그루이므로 열매를 즐기고 싶다면 암그루를 선택해야 한다.
한편, 껍질을 벗겨 절구로 찧으면 끈적거리는 점착물질을 얻을 수 있는데 예전에는 이것을 나뭇가지에 발라 새를 잡는 데 쓰기도 했다.
전남 완도군에는 약 300년 된 감탕나무가 천연기념물로 보호되고 있다.

크 기	긴 달걀형, 5~8m	가지치기 모양	자연수형 등
꽃 색	황녹색	내 음 성	강함
열 매 색	붉은색	내 한 성	보통

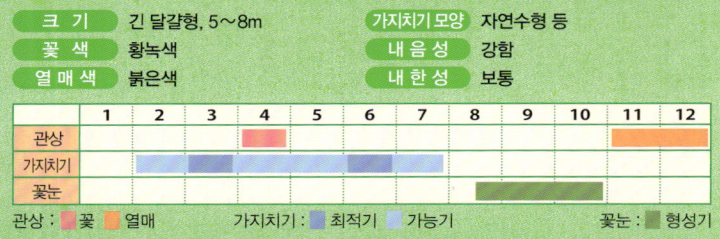

관상 : 꽃 / 열매   가지치기 : 최적기 / 가능기   꽃눈 : 형성기

기본 가지치기(봄)

❶ 필요 없는 가지를 잘라낸다

촘촘한 가지나 위로 뻗은 가지, 안쪽으로 뻗은 가지 등 필요 없는 가지(p.12)는 잘라내어 깔끔하게 정리한다.

위로 뻗은 가지가 자라기 쉬운 나무. 나무 모양을 흐트러뜨리는 가지는 가지치기의 대상이 된다.

❷ 모양을 다듬는다

전체의 균형을 생각하면서 바깥쪽 가지나 나무갓 모양을 흐트러뜨리는 가지를 잘라내고 모양과 크기를 정리한다. 높이를 유지하고 싶거나 작게 다듬고 싶은 경우에는 원줄기를 가지가 갈라지는 마디의 바로 위에서 자른다.

가지 끝부분을 잘라서 모양과 크기를 정리한다. 가지가 갈라지는 부분의 바로 위에서 자르는 것이 기본이다.

one point lesson ❶

복잡한 부분을 솎아준다

가지나 잎이 촘촘해지기 쉬운데, 과감하게 솎아주면 깔끔한 나무 모양을 즐길 수 있고, 병충해를 입는 일도 줄어든다. 기호에 따라 다르겠지만 과감하게 솎아주는 것도 염두에 두기 바란다.

가지치기 후의 모습. 가지와 잎이 많이 정리되었다.

완성시킬 나무갓 모양

위로 뻗은 가지

one point lesson ❷

양손가위를 사용한다

가지와 잎이 많은 나무이므로 모양을 다듬는 것이 목적이라면 양손가위를 사용해도 좋다. 양손가위를 사용하면 가지와 함께 잎도 구분 없이 자르게 되므로 상한 잎이 있으면 가지치기 후에 제거해야 한다.

양손가위를 사용하면 좀 더 쉽게 모양을 다듬을 수 있다.

촘촘한 가지

POINT

강한 가지치기나 깎기 가지치기에도 잘 견딘다. 원기둥형 등으로 다듬어도 좋다.

가지나 잎이 촘촘해지기 쉬운데, 과감하게 솎아주면 병이나 해충의 피해를 줄일 수 있다.

BEFORE

방치해도 나무 모양은 그다지 흐트러지지 않지만 가지와 잎이 촘촘한 부분이 눈에 띈다.

그림의 파란 선은 가지치기할 곳의 예. 오렌지색 점선은 이 책에서 소개하는 완성시킬 나무갓 모양의 예

AFTER

깔끔한 모양으로 다듬었다. 촘촘한 부분을 가지치기하여 나무 전체의 느낌도 균일하게 되었다.

개동청나무

- 감탕나무과 감탕나무속
- 학명 : *Ilex pedunculosa* Miq.

섬세한 물결 모양의 잎이 바람에 산들거린다

물결 모양의 잎과 나무 모양이 아름다운 늘푸른나무이다. 원산지는 일본이며, '사철나무'라고도 부르는 '동청목'과 닮아서 '개동청나무'라고 부른다. 개화기는 5~6월경이고, 가을에는 열매가 붉게 익는다. 암수딴그루이므로 열매를 즐기고 싶다면 암그루를 심어야 한다. 동양풍 또는 서양풍 정원에 모두 어울리고, 생장이 느려서 관리하기 쉬운 나무이다.

크 기	넓은 달걀형, 4~5m	가지치기 모양	자연수형, 여러 줄기가 올라가는 모양
꽃 색	흰색	내 음 성	강함
열매색	붉은색	내 한 성	다소 강함

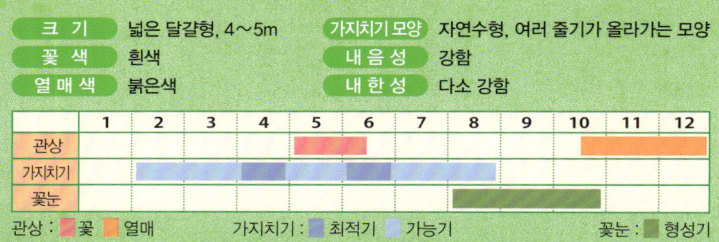

기본 가지치기(봄)

❶ 필요 없는 가지를 잘라낸다

촘촘한 가지나 교차한 가지, 안쪽으로 뻗은 가지 등 필요 없는 가지(p.12)는 잘라내어 깔끔하게 정리한다. 원줄기에서 난 가지의 간격이 좁으면 균형을 이룰 수 있도록 굵은 가지라도 잘라낸다.

촘촘한 가지는 잘라내어, 안쪽까지 채광과 통풍이 잘되게 한다.

원줄기에서 난 가지가 촘촘한 경우에는 필요 없는 가지를 연결 부분에서 잘라 정리한다.

one point lesson

가지치기 후에도 자연스럽게 보이도록 정리한다

가지의 흐름을 살리면서 마디 위에서 자르면 가지치기 후에도 위화감 없이 자연스럽게 마무리된다.

가지치기 후에도 자연스럽게 보이도록 정리하고 싶다면 가지의 흐름이 살도록 눈을 남긴다. 마디 사이를 자르면 가지치기한 느낌이 너무 두드러진다.

마디 중간에서 자르면 부자연스러워 보인다.

완성시킬 나무갓 모양

교차한 가지

촘촘한 가지

❷ 모양을 다듬는다

전체의 균형을 생각하면서 바깥쪽 가지나 나무갓 모양을 흐트러뜨리는 가지를 잘라내고 모양과 크기를 정리한다. 높이를 유지하고 싶거나 작게 다듬고 싶은 경우에는 원줄기를 가지가 갈라지는 마디의 바로 위에서 자른다.

가지 끝부분을 잘라서 모양과 크기를 정리한다. 가지가 갈라지는 곳 바로 위에서 자르는 것이 기본이다.

BEFORE

방치해도 나무 모양은 그다지 흐트러지지 않지만 가지 수가 많아져서 어수선한 분위기가 된다.

그림의 파란 선은 가지치기할 곳의 예, 오렌지색 점선은 이 책에서 소개하는 완성시킬 나무갓 모양의 예

AFTER

필요 없는 가지를 잘라내서 깔끔하게 정리하였다. 크기도 상황에 맞게 다듬었다.

POINT

방치해도 나무 모양은 그다지 흐트러지지 않으므로 가지치기는 필요 없는 가지를 정리하거나 크기를 다듬는 정도로 하면 된다.

여러 줄기가 올라가는 다간형의 경우에는 잎을 솎아서 줄기가 보이게 가지치기하면 보기 좋다.

금목서

- 물푸레나무과 목서속
- 별명 : 만리향, 단계목

오렌지색 작은 꽃에서 풍겨나는 달콤한 향기가 주위를 감싼다

가을에 꽃을 피우는 꽃나무로 인기가 높다. 9~10월경, 작고 귀여운 오렌지색 꽃이 많이 피는데 진하고 달콤한 향기가 난다. 원산지는 중국이고 우리나라의 경우 경남과 전남 지역에 분포한다. 암수딴그루이며, 내한성은 비교적 강하다.

크 기	긴 달걀형, 4~6m	가지치기 모양	자연수형, 원기둥형
꽃 색	오렌지색	내 음 성	보통
열매 색	–	내 한 성	다소 강함

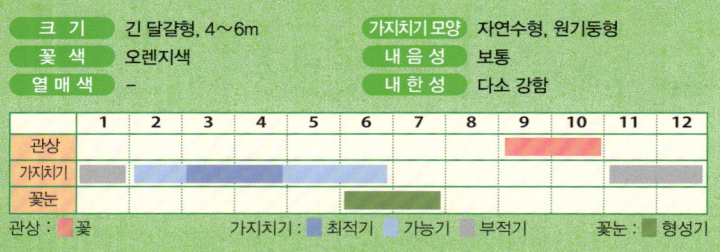

	1	2	3	4	5	6	7	8	9	10	11	12
관상									▨	▨		
가지치기		■	■	■	■						■	
꽃눈						■	■					

관상: ▨ 꽃   가지치기: ■ 최적기 ■ 가능기 ■ 부적기   꽃눈: ■ 형성기

깎기 가지치기(봄)

❶ 필요 없는 가지를 잘라낸다

먼저 촘촘한 가지나 안으로 뻗은 가지, 교차한 가지 등 필요 없는 가지(p.12)는 잘라내어 깔끔하게 정리한다. 전체적으로 가지와 잎이 고르게 분포하도록 정리하는 것이 이상적이다.

촘촘한 부분을 정리해서 가지와 잎이 고르게 분포하도록 정리한다.

❷ 모양을 다듬는다

필요 없는 가지의 정리가 끝나면 바깥쪽 가지나 나무갓 모양을 흐트러뜨리는 가지를 잘라서 모양과 크기를 정리한다. 가지가 많기 때문에 양손가위로 자르는 경우가 많다.

양손가위로 모양과 크기를 정리한다.

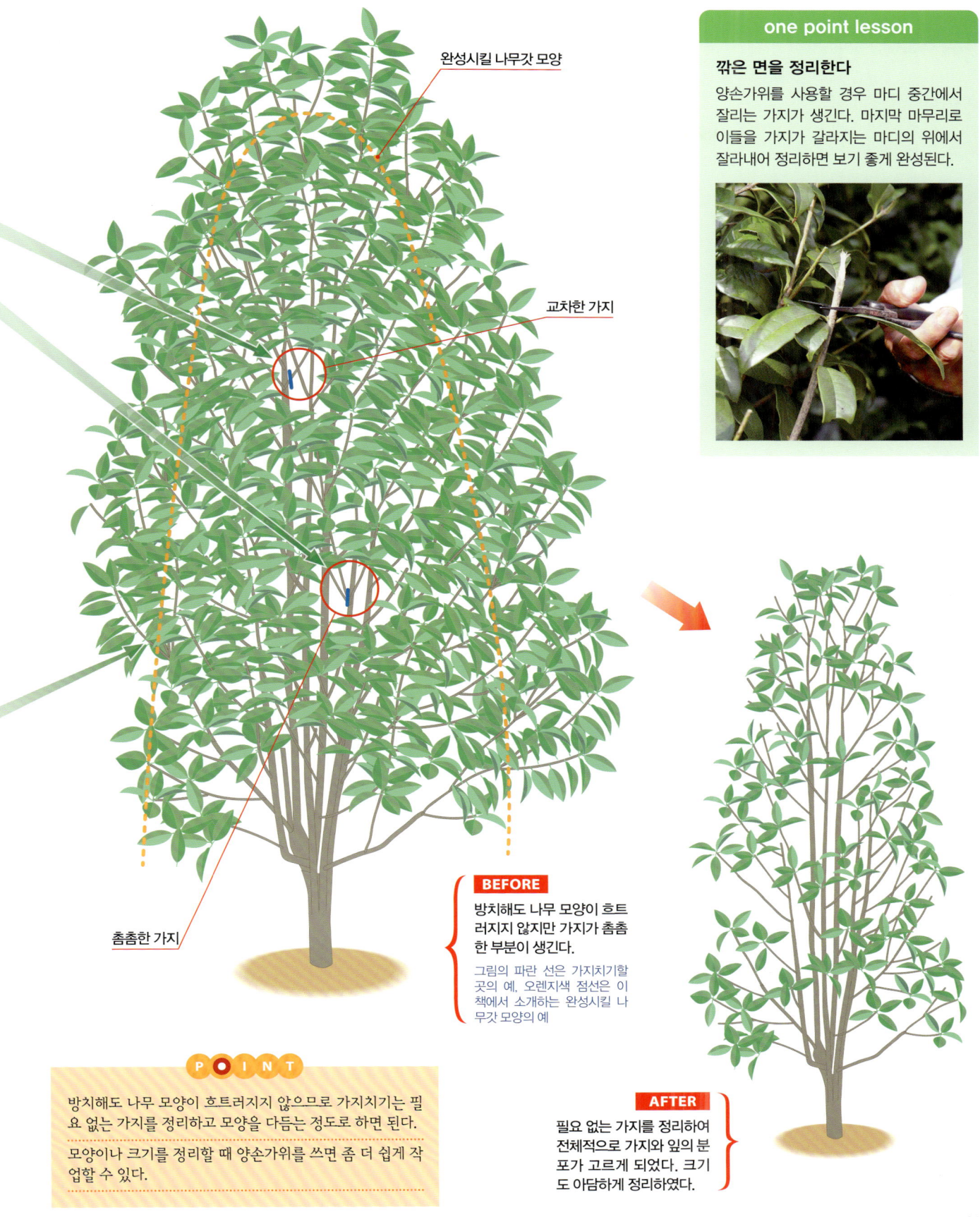

꽃댕강나무

- 인동과 아벨리아속
- 별명 : 아벨리아

꽃이 피는 기간이 길고
깎기 가지치기도 할 수 있다

'아벨리아'라고도 부르는데 아벨리아는 원래 인동과 아벨리아속에 속하는 식물을 통틀어 이르는 말이지만 일반적으로 중국산 댕강나무의 잡종인 꽃댕강나무를 가리킨다.
튼튼한 나무로 깎기 가지치기에도 강해서 공원의 산울타리로도 많이 이용한다. 봄부터 자라는 새싹에 차례대로 꽃눈이 달리고 꽃이 피기 때문에 꽃이 피는 기간이 길고, 봄~가을에 걸쳐 종모양의 작은 꽃이 많이 핀다.

크 기	낮은 반구형, 1.5~2m	가지치기 모양	자연수형, 산울타리형
꽃 색	흰색, 분홍색	내 음 성	보통
열 매 색	–	내 한 성	보통

기본 가지치기(봄)

❶ 필요 없는 가지를 잘라낸다

촘촘한 가지나 안쪽으로 뻗은 가지, 교차한 가지 등 필요 없는 가지(p.12)는 잘라내어 깔끔하게 정리한다.

↓

촘촘한 부분은 가지 수를 줄인다. 여기서는 좀 더 깔끔하게 정리하기 위해 굵은 가지 2개를 모두 잘랐다.

one point lesson

새 줄기로 갈이한다

싹이 잘 트는 나무로 강한 가지치기에도 잘 견딘다. 줄기가 오래되어 꽃이 잘 피지 않는다면 지면에서 30~50㎝ 정도 위에서 잘라서 새 줄기로 갈이한다.

완성시킬 나무갓 모양

❷ 모양을 다듬는다

전체의 균형을 생각하면서 바깥쪽 가지나 나무갓 모양을 흐트러뜨리는 가지를 잘라내고 모양이나 크기를 정리한다. 높이를 유지하고 싶거나 작게 다듬고 싶은 경우에는 원줄기를 가지가 갈라지는 마디의 바로 위에서 자른다.

가지 끝부분을 잘라서 모양이나 크기를 정리한다. 가지가 갈라지는 곳 바로 위에서 자르는 것이 기본이다.

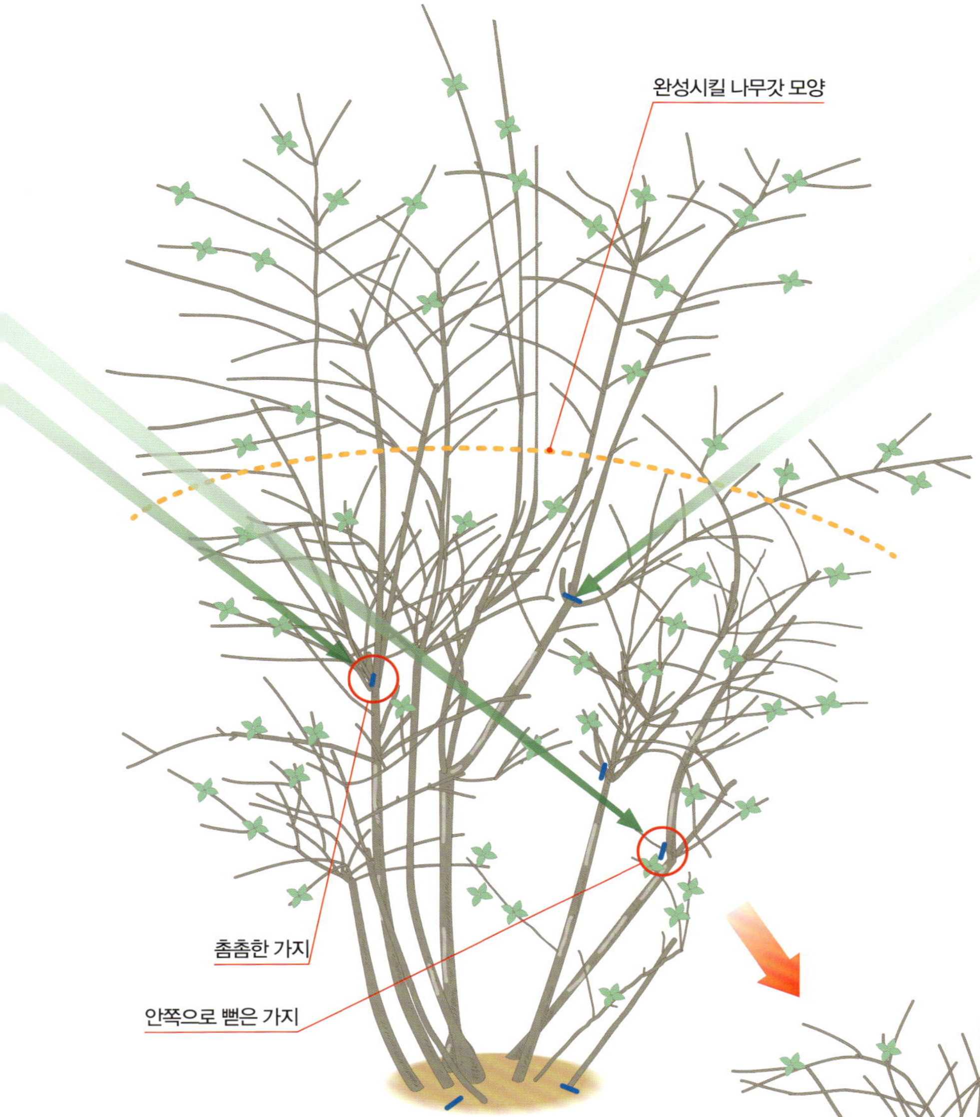

촘촘한 가지

안쪽으로 뻗은 가지

BEFORE
가지 수가 지나치게 많아져서 어수선한 느낌이 든다.

그림의 파란 선은 가지치기할 곳의 예. 오렌지색 점선은 이 책에서 소개하는 완성시킬 나무갓 모양의 예

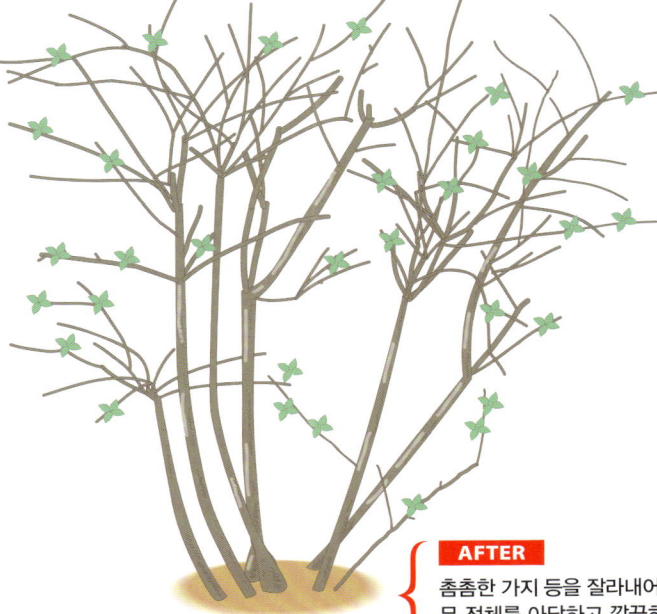

POINT
싹이 잘 트는 나무여서 깎기 가지치기에도 잘 견딘다.

생육이 왕성하기 때문에 나무 모양을 정리하려면 연 2~3회 가지치기를 하는 것이 좋다.

줄기가 오래되어 꽃이 잘 피지 않으면 지면에서 20~30㎝ 정도의 높이에서 잘라 줄기를 교체한다.

AFTER
촘촘한 가지 등을 잘라내어 나무 전체를 아담하고 깔끔하게 정리하였다.

꽝꽝나무

- 감탕나무과 감탕나무속
- 별명 : 큰꽝꽝나무, 둔치동청

깎기 가지치기(여름·구형)

모양을 다듬는다

양손가위로 모양과 크기를 다듬는다. 또한 깎기 전에 많이 돌출된 가지를 미리 잘라두면 원활하게 작업할 수 있다.

양손가위로 모양을 다듬는다. 먼저 윗부분부터 자르는 것이 좋다.

윗부분이 끝나면 계속해서 가운데 부분과 아랫부분도 자른다.

길게 남아있는 가지를 자른다

마무리로 굵은 가지를 잘라서 깎은 면을 다듬는다.

마무리로 굵은 가지를 식목가위 등으로 자른다.

반들반들하고 작은 잎이 특징이며 잎을 태우면 소리가 난다

감탕나무과에 속하는 나무로 잎이 두꺼워서 불에 태우면 '꽝꽝' 소리가 난다고 해서 '꽝꽝나무'라고 부른다. 중국, 대만, 일본 등에 분포하고, 우리나라의 경우 제주도와 경남, 전남, 전북 등지에 분포한다. 관상용으로 심고, 가구나 판자를 만드는 데 쓰기도 한다. 싹이 잘 트고 잎이 작아서 토피어리나 표준형 등 다양한 형태로 즐길 수 있다.

크 기	넓은 달걀형, 4~6m	가지치기 모양	산울타리형, 층층형 등
꽃 색	흰색	내 음 성	다소 강함
열 매 색	검은색	내 한 성	강함

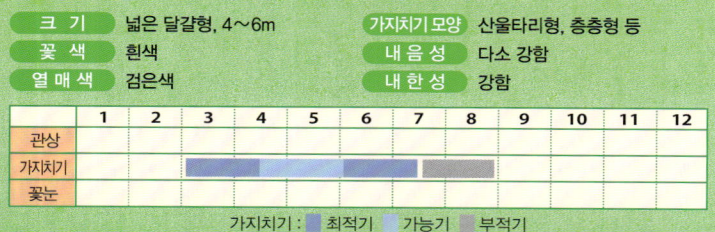

one point lesson

굵은 가지는 몇 마디 안쪽에서 자른다

마무리로 굵은 가지를 자를 때에는 깎은 면보다 몇 마디 안쪽에서 자른다. 그렇지 않으면 시간의 경과와 함께 깎은 면이 다시 울퉁불퉁해진다.

굵은 가지는 깎은 면보다 몇 마디 안쪽에서 자른다.

BEFORE

오래 방치하면 가지와 잎이 불규칙하게 자라서 찌그러진 모양이 되어 버린다.

사진의 오렌지색 점선은 이 책에서 소개하는 완성시킬 나무갓 모양의 예

POINT

- 싹이 잘 트고 잎이 작아서 깎기 가지치기에 적합하다.
- 모양을 바꾸거나 작게 다듬고 싶은 경우에는 강한 가지치기를 해도 된다.
- 깎기 가지치기는 많이 자란 후에 하는 것보다 1년에 몇 번씩 간단하게라도 하는 것이 깔끔하다.

AFTER

깎기 가지치기로 깨끗하게 정리하였다. 구형이나 원뿔형 등 모양은 비교적 자유롭게 만들 수 있다.

남천

- 매자나무과 남천속
- 별명 : 남천죽

붉은 단풍과 열매가 아름다운 나무

가을이면 붉게 물드는 단풍과 늦가을에 달리는 붉은 열매가 아름답고, 매우 튼튼해서 정원에 많이 심는 나무이다.
표면에 광택이 있는 진한 녹색 잎은 방부작용이 있어서 요리의 장식으로 이용하기도 하며, '남천실'이라고 부르는 성숙한 열매는 해수·천식·백일해·간기능 장애 등에 약제로 사용한다. 흰 열매가 열리는 노랑남천도 있다.

크 기	달걀형, 2~3m	가지치기 모양	여러 줄기가 올라가는 모양
꽃 색	흰색	내 음 성	다소 강함
열 매 색	흰색, 붉은색	내 한 성	다소 강함

기본 가지치기(봄)

크기를 다듬는다

남천은 가지치기가 그다지 필요하지 않은 나무이다. 가지치기가 필요한 경우는 주로 크기를 다듬고 싶을 때인데, 상황에 맞는 높이로 다듬으려면 원줄기를 가지가 갈라지는 마디의 바로 위에서 자른다.

위 사진에 표시된 점선이 가지치기할 나무갓의 높이이다. 가지가 갈라지는 곳 바로 위에서 잘라 크기를 다듬는다.

잎을 솎아준다

잎이 촘촘하게 나서 전체적으로 덥수룩한 느낌이 마음에 들지 않으면 잎 수를 줄여 깔끔하게 만든다.

잎을 정리할 때에는 잎자루와 가지의 연결 부분을 자른다.

다정큼나무

- 장미과 다정큼나무속

- 별명 : 차륜매, 쪽나무

매화를 닮은 꽃이 피고
가을이면 검은색 열매도 즐길 수 있다

꽃에서는 달콤한 향기가 나고, 타원 모양의 두꺼운 잎은 짙은 녹색으로 광택이 있다. 가을에는 검은색을 띤 둥근 열매도 즐길 수 있다. 튼튼하고 바닷물에도 강해서 해안 지역에서도 많이 재배된다. 우리나라 전남 지역과 제주도, 그리고 일본, 대만 등지에 주로 분포한다.

모양을 다듬는다

전체의 균형을 생각하면서 바깥쪽 가지나 나무갓 모양을 흐트러뜨리는 가지를 잘라내고 모양과 크기를 정리한다. 가지와 잎이 많아서 양손가위를 사용하는 경우가 많다.

양손가위로 모양과 크기를 정리한다.

그림의 오렌지색 점선은 이 책에서 소개하는 완성시킬 나무갓 모양의 예

깎기 가지치기(꽃이 진 후)

완성시킬 나무갓 모양

깎은 면을 다듬는다

양손가위를 사용한 경우 마디의 중간에서 잘린 곳은 마디 위에서 다시 잘라 깎은 면을 정리한다.

one point lesson

꽃자루를 제거한다

꽃이 진 후에 가지치기를 하는 경우에는 꽃자루를 제거하는 것이 기본이다. 꽃자루를 제거하지 않으면 그곳으로 양분을 빼앗겨 이듬해 꽃이 많이 달리지 않는다.

꽃자루가 남아 있으면 제거한다.

POINT

싹이 잘 트기 때문에 깎기 가지치기를 해도 된다.

나무 모양이 잘 흐트러지지 않으므로 가지치기는 모양이나 크기를 다듬는 정도로 하면 된다. 단, 이듬해 꽃이 많이 달리게 하려면 꽃자루를 제거해야 한다.

나무의 전체 모양을 다시 만들고 싶은 경우에는 봄에 가지치기를 한다.

크 기	반구형, 2~3m	가지치기 모양	자연수형, 산울타리형 등
꽃 색	흰색, 적자색	내 음 성	다소 강함
열 매 색	검은색	내 한 성	보통

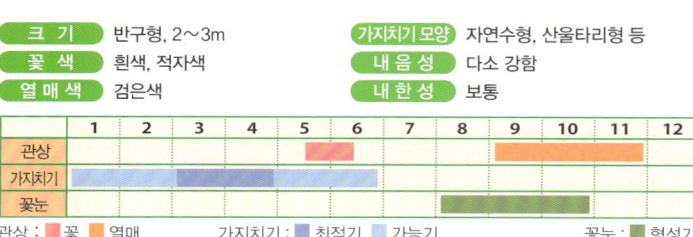

관상 : ■꽃 ■열매   가지치기 : ■최적기 ■가능기   꽃눈 : ■형성기

소귀나무

- 소귀나무과 소귀나무속

- 별명 : 속나무, 세귀낭, 속낭

광택 있는 잎이 아름답고 공원에도 많이 심는 과일나무

광택이 있는 녹색 잎이 아름답고, 공원 등에서도 많이 볼 수 있는 늘푸른큰키나무. 6월경에 붉은색 열매가 달리는데 열매는 생식하거나 잼이나 과실주 등으로 이용한다.
다양한 품종이 있는데 암수딴그루이므로 열매를 즐기고 싶은 경우에는 암그루를 선택한다.

기본 가지치기(봄)

❶ 필요 없는 가지를 잘라낸다

촘촘한 가지나 안쪽으로 뻗은 가지, 교차한 가지 등 필요 없는 가지(p.12)는 잘라내어 깔끔하게 정리한다.

❷ 모양을 다듬는다

전체의 균형을 생각하면서 바깥쪽 가지나 나무갓 모양을 흐트러뜨리는 가지를 잘라내고 모양과 크기를 정리한다. 높이를 유지하고 싶거나 작게 다듬고 싶은 경우에는 원줄기를 가지가 갈라지는 마디의 바로 위에서 자른다.

가지 끝부분을 잘라내서 크기를 다듬는다.

- 완성시킬 나무갓 모양
- 촘촘한 가지

one point lesson

가는 가지는 손으로 제거한다

소귀나무는 가는 가지가 잘 자라는 나무이다. 어린 가지(녹색 가지)는 손으로 꺾어서 쉽게 제거할 수 있다.

어린 가지는 손으로 간단하게 제거할 수 있다.

그림의 파란 선은 가지치기할 곳의 예, 오렌지색 점선은 이 책에서 소개하는 완성시킬 나무갓 모양의 예

크 기	넓은 달걀형, 3~10m	
꽃 색	분홍색	
열매색	붉은색	
가지치기 모양	자연수형, 원기둥형	
내음성	보통	
내한성	보통	

	1	2	3	4	5	6	7	8	9	10	11	12
관상												
가지치기												
꽃눈												

관상 : 꽃 열매 가지치기 : 최적기 가능기 부적기 꽃눈 : 형성기

POINT

싹이 잘 트기 때문에 강한 가지치기에도 잘 견딘다.

긴 가지에는 꽃눈이 달리기 어려우므로 짧게 잘라주면 좋다.

가는 가지가 자라기 쉬운데 나무 안쪽의 통풍이나 채광이 잘 되게 하려면 잔가지는 정리한다.

동백나무

- 차나무과 동백나무속
- 별명 : 뜰동백나무, 산다목

선명하고 윤기 있는 녹색 잎과 아름다운 꽃을 자랑하는 나무

겨울부터 봄에 피는 꽃은 매우 아름답고, 선명하고 윤기 있는 녹색 잎이 특징이다. 예전에는 동백나무 씨앗에서 짜낸 기름을 등잔기름이나 머릿기름으로 이용하였으나 지금은 거의 쓰지 않고 공업용으로 이용하거나 정제된 동백기름을 요리에 이용하기도 한다. 흰동백, 애기동백 등 다양한 품종이 있으며, 우리나라 남부지방과 중국, 일본 등지에 분포한다.

크 기	달걀형, 3~6m	가지치기모양	자연수형, 산울타리형 등
꽃 색	흰색, 분홍색, 붉은색	내 음 성	강함
열 매 색	갈색	내 한 성	다소 강함

기본 가지치기(봄)

❶ 필요 없는 가지를 잘라낸다

촘촘한 가지나 안쪽으로 뻗은 가지, 교차한 가지 등 필요 없는 가지(p.12)는 잘라내어 깔끔하게 정리한다.

촘촘한 가지를 정리해서 안쪽까지 채광과 통풍이 잘되게 한다.

❷ 모양을 다듬는다

전체의 균형을 생각하면서 바깥쪽 가지나 나무갓 모양을 흐트러뜨리는 가지를 잘라내고 모양과 크기를 정리한다. 높이를 유지하고 싶거나 작게 다듬고 싶은 경우에는 원줄기를 자른다.

완성시킬 나무갓 모양에서 벗어난 굵은 가지는 나무갓 모양보다 몇 마디 안쪽에서 자른다.

one point lesson ❶

가지와 잎이 고르게 분포하도록 정리한다

가지와 잎이 복잡해진 경우에는 속아주는 것이 기본이며, 전체적으로 가지와 잎이 고르게 분포하도록 속아주면 깔끔하게 정리된다.

가지치기 후의 모습. 안쪽까지 햇빛이 잘 통하도록 고르게 가지치기하는 것이 포인트이다.

마취목

- 진달래과 마취목속
- 학명 : *Pieris japonica* D. Don

선명한 초록빛 새싹과
귀여운 단지 모양의 꽃을 즐긴다

한자로는 '馬醉木'이라고 쓰며, 가지와 잎에 들어있는 유독성분(Asebotin) 때문에 말이 마취목 잎을 먹으면 중독을 일으켜 취한 것처럼 보인다는 데서 유래된 이름이다. 마취목 잎은 삶아서 농작물에 발생하는 해충이나 파리를 구제하는 데 사용하기도 한다. 3~4월경에 단지 모양의 작은 꽃이 가지 가득 피고, 선명한 색상의 새싹도 보기 좋다. 원산지는 일본으로 산지에 자생한다.

크 기	넓은 달걀형, 2~3m	가지치기 모양	자연수형
꽃 색	흰색, 분홍색	내 음 성	다소 약함
열매색	–	내 한 성	보통

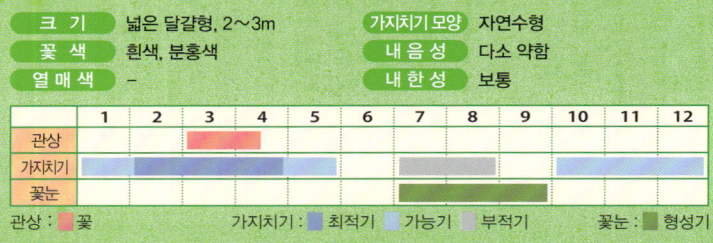

관상 : 꽃　　가지치기 : 최적기 / 가능기 / 부적기　　꽃눈 : 형성기

기본 가지치기(꽃이 진 후)

❶ 필요 없는 가지를 잘라낸다

나무 안쪽에 마른 가지가 생기기 쉬운 나무. 마른 가지가 생기는 것을 막으려면 가지를 솎아서 통풍이나 채광이 잘되게 한다. 단, 여름에는 강한 햇빛을 받으면 잎이 타서 나무 자람새가 약해지므로 한여름에는 가지치기를 하지 않는다.

가지가 뭉쳐서 나오기 때문에 촘촘한 부분의 가지 수를 줄인다.

나무 사이로 햇빛이 들어올 수 있도록 솎아준다.

❷ 모양을 다듬는다

전체의 균형을 고려해서 바깥쪽 가지나 나무갓 모양을 흐트러뜨리는 가지를 자르고 모양과 크기를 정리한다.

가지가 갈라지는 마디의 바로 위에서 잘라 모양이나 크기를 정리한다.

POINT

이듬해 꽃이 많이 피게 하려면 꽃이 진 후에 꽃자루 따기를 해야 한다.

나무 안쪽에 마른 가지가 생기기 쉬우므로 가지의 수를 줄여 햇빛이 잘 들고 바람이 잘 통하게 한다.

싹이 잘 트는 나무이지만 잎을 남기지 않고 자르면 그 가지가 말라버리는 경우도 있다.

BEFORE
성장이 느려서 나무 모양은 그다지 흐트러지지 않지만 방치하면 가지나 잎이 촘촘해진다. 그렇게 되면 나무 안쪽의 마른 가지도 늘어난다.

오렌지색 점선은 이 책에서 소개하는 완성시킬 나무갓 모양의 예

one point lesson

꽃자루를 제거한다

꽃자루는 가능한 빨리 제거한다. 꽃자루를 남긴 채로 두면 그쪽으로 양분을 빼앗겨 이듬해 꽃이 적게 달릴 수도 있다.

꽃자루는 가능한 빠른 시기에 잘라낸다.

AFTER
가지치기로 높이가 낮아졌다. 나무 안쪽도 솎아냈다.

만병초류

- 진달래과 진달래속
- 별명 : 석남화

꽃이 가지 끝에 뭉쳐서 피는 진달래과의 늘푸른나무

만병초류란 진달래과 진달래속에 속하는 낮은키나무의 총칭으로 흔히 보는 것은 원예종인 서양만병초(로도덴드론)이다. 다른 진달래 종류보다 잎이 크고 딱딱하며, 큰 꽃이 가지 끝에 다수 뭉쳐서 피는 것이 특징이다. 품종이 다양하고, 꽃색도 풍부하다.

크 기	반구형, 1~3m	가지치기 모양	자연수형
꽃 색	흰색, 분홍색, 붉은색, 보라색	내음성	보통
열매색	-	내한성	강함

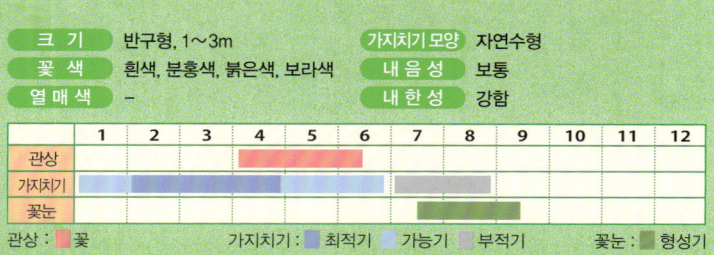

	1	2	3	4	5	6	7	8	9	10	11	12
관상				■	■	■						
가지치기	■	■	■	■	■	■	■	■	■			
꽃눈							■	■	■			

관상: ■꽃　가지치기: ■최적기 ■가능기 ■부적기　꽃눈: ■형성기

기본 가지치기(봄)

모양을 다듬는다

전체의 균형을 생각하면서 바깥쪽 가지나 나무갓 모양을 흐트러뜨리는 가지를 잘라내고 모양이나 크기를 정리한다. 높이를 유지하고 싶거나 작게 다듬고 싶은 경우에는 원줄기를 자른다.

완성시킬 나무갓 모양에서 벗어난 굵은 가지는 나무갓 모양보다 몇 마디 안쪽에서 자른다.

꽃자루를 제거한다

꽃이 진 후에 가지치기할 경우에는 꽃자루를 제거해야 한다. 이렇게 하지 않으면 양분을 빼앗겨 이듬해 꽃이 잘 달리지 않게 된다. 꽃이 진 직후의 꽃자루는 가위를 사용하지 않아도 손으로 간단하게 제거할 수 있다. 한꺼번에 하지 않고, 눈에 보일 때마다 적절히 제거해도 좋다.

남아있는 꽃자루는 가능한 빨리 제거한다.

꽃이 진 직후에는 손으로 간단하게 꽃자루를 제거할 수 있다.

POINT

방치해도 나무 모양은 그다지 흐트러지지 않지만 꽃이 진 후에 바로 꽃자루를 제거하지 않으면 이듬해 꽃이 적게 핀다.

싹이 잘 트는 나무이므로 꽃달림을 생각하지 않는다면 강한 가지치기도 괜찮다. 크기를 아담하게 만들고 싶은 경우에는 과감하게 가지치기해도 된다.

만병초류 늘푸른나무 가지치기

BEFORE

방치해도 나무 모양은 그다지 흐트러지지 않으므로 크기를 정리하는 정도로만 가지치기해도 된다. 단, 이듬해 꽃이 많이 달리게 하려면 꽃이 진 후에 꽃자루를 제거한다.

오렌지색 점선은 이 책에서 소개하는 완성시킬 나무갓 모양의 예

one point lesson

가지 수를 늘리려면 마디 중간을 자른다

다른 나무도 마찬가지이지만 마디와 마디 사이에서 가지를 자르면 자란 후에 그 부분의 가지 수가 늘어나게 된다. 그 공간에 가지가 많이 자라게 하고 싶은 경우에 이용하면 좋은 방법이다.

생장 후에 가지 수를 늘리려면 마디 사이를 자른다.

AFTER

상황에 맞게 아담한 크기로 가지치기하였다.

105

먼나무

- 감탕나무과 감탕나무속
- 별명 : 좀감탕나무

검은빛을 띤 아름다운 어린 가지와
가을이면 붉은 열매도 즐길 수 있다

잎대와 어린 가지가 검은빛을 띠고 있는 것이 특징이며, 암수딴그루로 암그루에는 가을에 붉은색을 띤 작고 동그란 열매가 가지가 휘어지게 달린다. 또, 타원 모양 잎은 아름다운 광택이 있고, 늘푸른나무이므로 1년 내내 그 모습을 즐길 수 있다.
우리나라 남해안 섬에서 많이 자라며 제주도에도 서식한다.

크 기	달걀형, 5~8m	가지치기 모양	자연수형, 층층형 등
꽃 색	–	내 음 성	다소 강함
열 매 색	붉은색	내 한 성	보통

	1	2	3	4	5	6	7	8	9	10	11	12
관상					■					■	■	■
가지치기		■	■	■	■							
꽃눈								■	■			

관상: ■꽃 ■열매 가지치기: ■최적기 ■가능기 꽃눈: ■형성기

기본 가지치기(봄)

❶ 필요 없는 가지를 잘라낸다

촘촘한 가지나 원줄기에서 난 가지, 안쪽으로 뻗은 가지 등 필요 없는 가지(p.12)는 잘라내어 깔끔하게 정리한다. 원줄기에서 난 가지의 간격이 좁으면 균형을 이루도록 굵은 가지라도 잘라낸다.

원줄기에서 난 가지가 촘촘한 경우에는 연결 부분에서 자른다.

안쪽으로 뻗은 가지는 나무 모양을 흐트러뜨리므로 줄기 또는 가지와 연결된 부분에서 자른다.

one point lesson

양손가위를 사용한다

먼저 모양을 다듬기 위해서 양손가위를 사용하는 방법도 있다. 양손가위를 사용하면 쉽게 다듬을 수 있지만 잎을 잘라서 가위자국이 눈에 띄게 되므로 눈에 잘 보이는 곳은 가지치기 가위로 정리하여 마무리한다.

양손가위를 사용하면 쉽게 다듬을 수 있다.

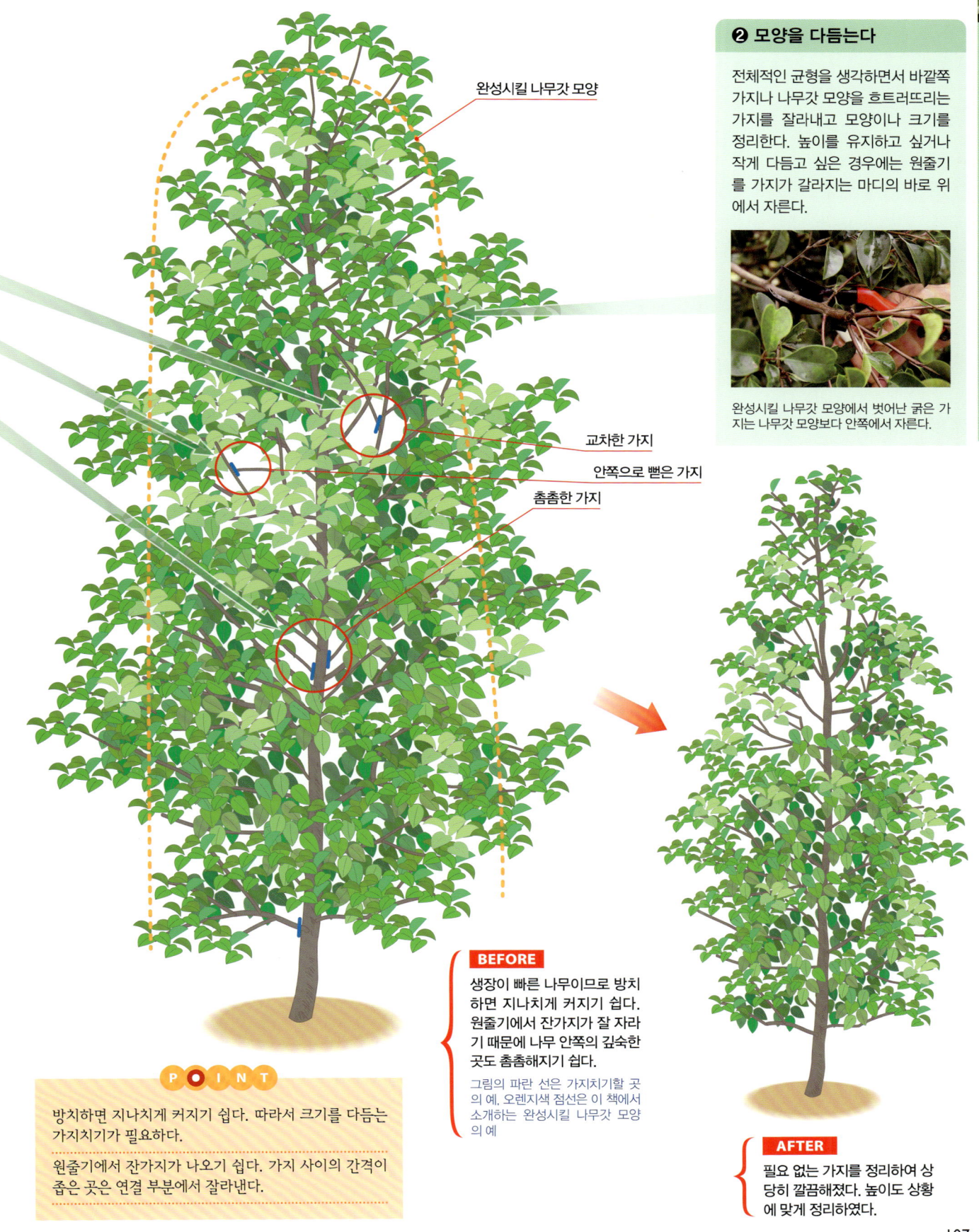

물푸레나무 (늘푸른 나무)

- 물푸레나무과 물푸레나무속
- 학명 : *Fraxinus griffithii*

밝은 초록색 잎이 시원한 느낌을 연출한다

보통 물푸레나무 종류는 갈잎나무에 속하는데, 이 나무는 사계절 잎을 즐길 수 있는 늘푸른나무에 속하는 물푸레나무 종류이다. 잎은 밝은 녹색으로 시원한 느낌을 주고, 초여름에는 흰색의 작은 꽃이 피며, 여름이 끝날 무렵부터 가을에 걸쳐서 작은 열매가 달린다. 작은 것은 실내에서 잎을 즐기기 위해 키우기도 한다. 원래 아열대 지방의 식물이므로 추위에는 그다지 강하지 않다.

크 기	거꾸로 달걀형, 5~8m	가지치기 모양	자연수형, 여러 줄기가 올라가는 모양
꽃 색	흰색	내 음 성	보통
열매색	녹색, 흰색	내 한 성	약함

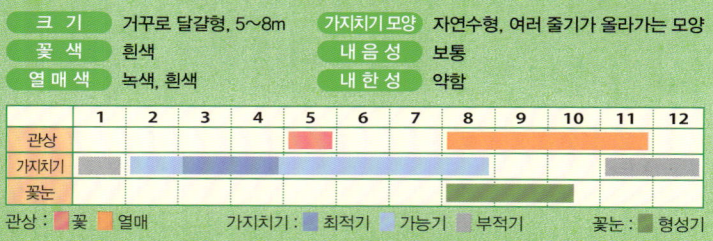

기본 가지치기(꽃이 진 후)

❶ 필요 없는 가지를 잘라낸다

촘촘한 가지나 안쪽으로 뻗은 가지, 교차한 가지 등 필요 없는 가지(p.12)는 잘라내어 깔끔하게 정리한다.

안쪽으로 뻗은 가지는 나무 모양을 흐트러뜨리므로 가지치기한다.

❷ 모양을 다듬는다

전체의 균형을 생각하면서 바깥쪽 가지나 나무갓 모양을 흐트러뜨리는 가지를 잘라내고 모양이나 크기를 정리한다.

가지 끝부분을 잘라서 모양이나 크기를 정리한다. 가지가 갈라지는 마디의 바로 위에서 자르는 것이 기본이다.

one point lesson

세로 눈을 남긴다

잎이 크기 때문에 가지가 복잡하면 잎이 빽빽해진다. 시원한 느낌을 강조하고 싶다면 과감하게 솎아주어도 상관없다. 또, 잎이 달리는 방식은 마주보기인데 가능하면 가로 눈(가로 눈에서 자란 가지)이 아니라 세로 눈(세로 눈에서 자란 가지)을 남기고 자른다.

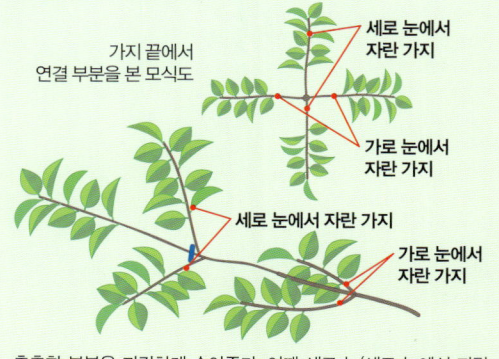

촘촘한 부분은 과감하게 솎아준다. 이때 세로 눈(세로 눈에서 자란 가지)을 남기면 아름다운 모양이 된다.

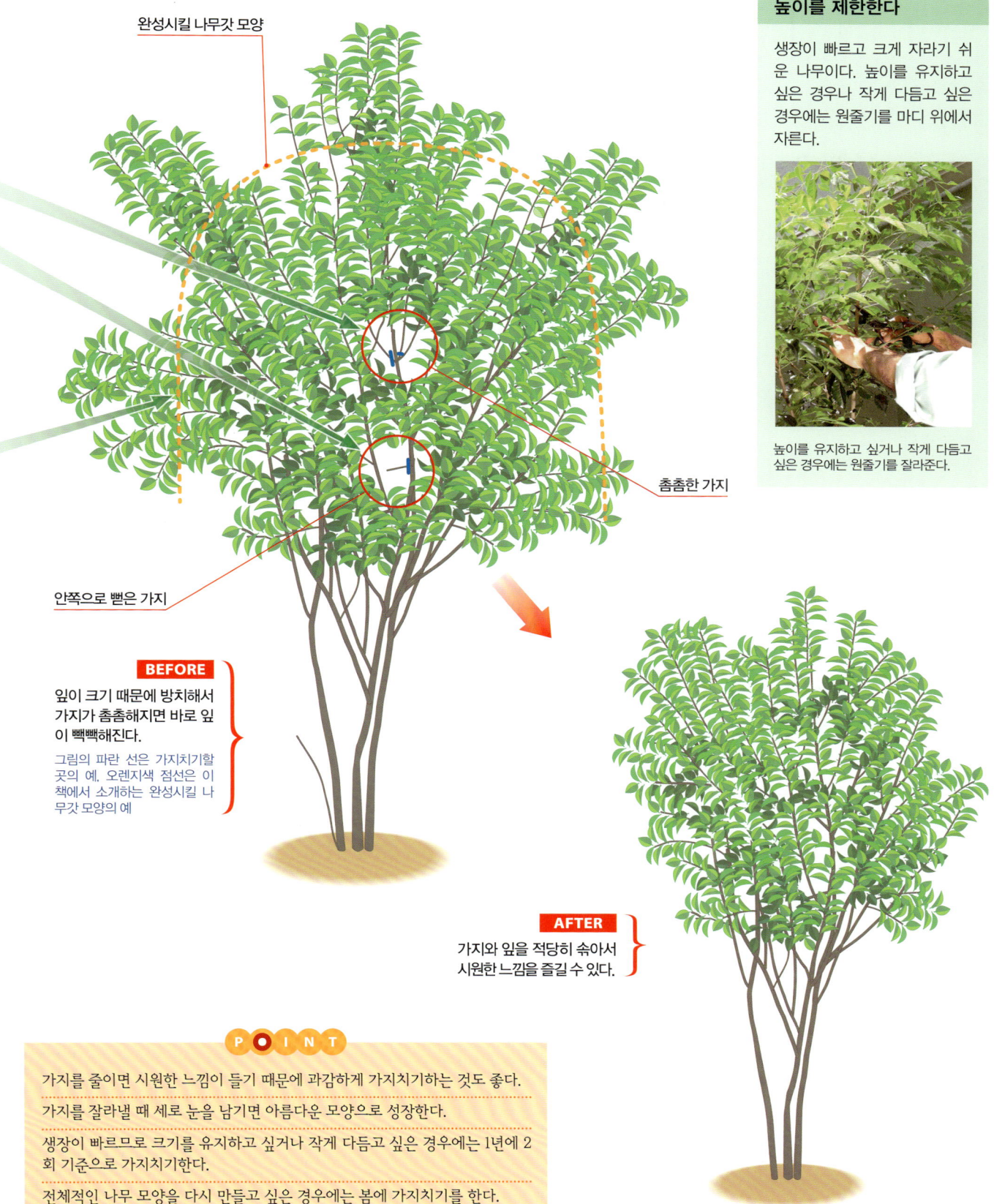

미국호랑가시나무

■ 감탕나무과 감탕나무속

■ 학명 : *Ilex opaca* Ait.

톱날 모양의 잎을 가지고 있고 산울타리로도 많이 이용한다

잎 모양이 독특한 나무로 잎 가장자리가 뾰족한 톱날 모양이다. 암수딴그루로 암그루에는 겨울에 빨간 열매가 달려서 크리스마스 장식으로도 이용한다.
비슷한 종류로 호랑가시나무와, 양호랑가시나무가 있는데 잎모양이 다르다. 그러나 모두 늘푸른나무 종류이므로 기본적인 가지치기 방법은 같다.

크 기	긴 달걀형, 4~6m	가지치기 모양	산울타리형, 자연수형 등
꽃 색	흰색	내 음 성	다소 강함
열 매 색	붉은색	내 한 성	다소 강함

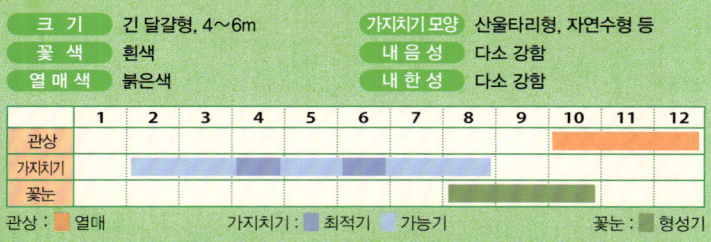

기본 가지치기(봄)

❶ 필요 없는 가지를 잘라낸다

촘촘한 가지나 안쪽으로 뻗은 가지, 교차한 가지 등 필요 없는 가지(p.12)는 잘라내어 깔끔하게 정리한다.

하나의 마디에서 많은 가지가 나와 있는 경우에는 가지를 잘라서 정리한다.

가지치기 후의 모습. 나무 안쪽에도 통풍과 채광이 잘되도록 가지와 잎을 많이 정리했다.

one point lesson

밑동 부근을 정리한다

밑동 부근을 깔끔하게 하는 것이 보기 좋다. 잔가지가 자라면 연결 부분에서 잘라 정리한다.

뿌리 근처의 잔가지는 연결 부분에서 잘라 정리한다.

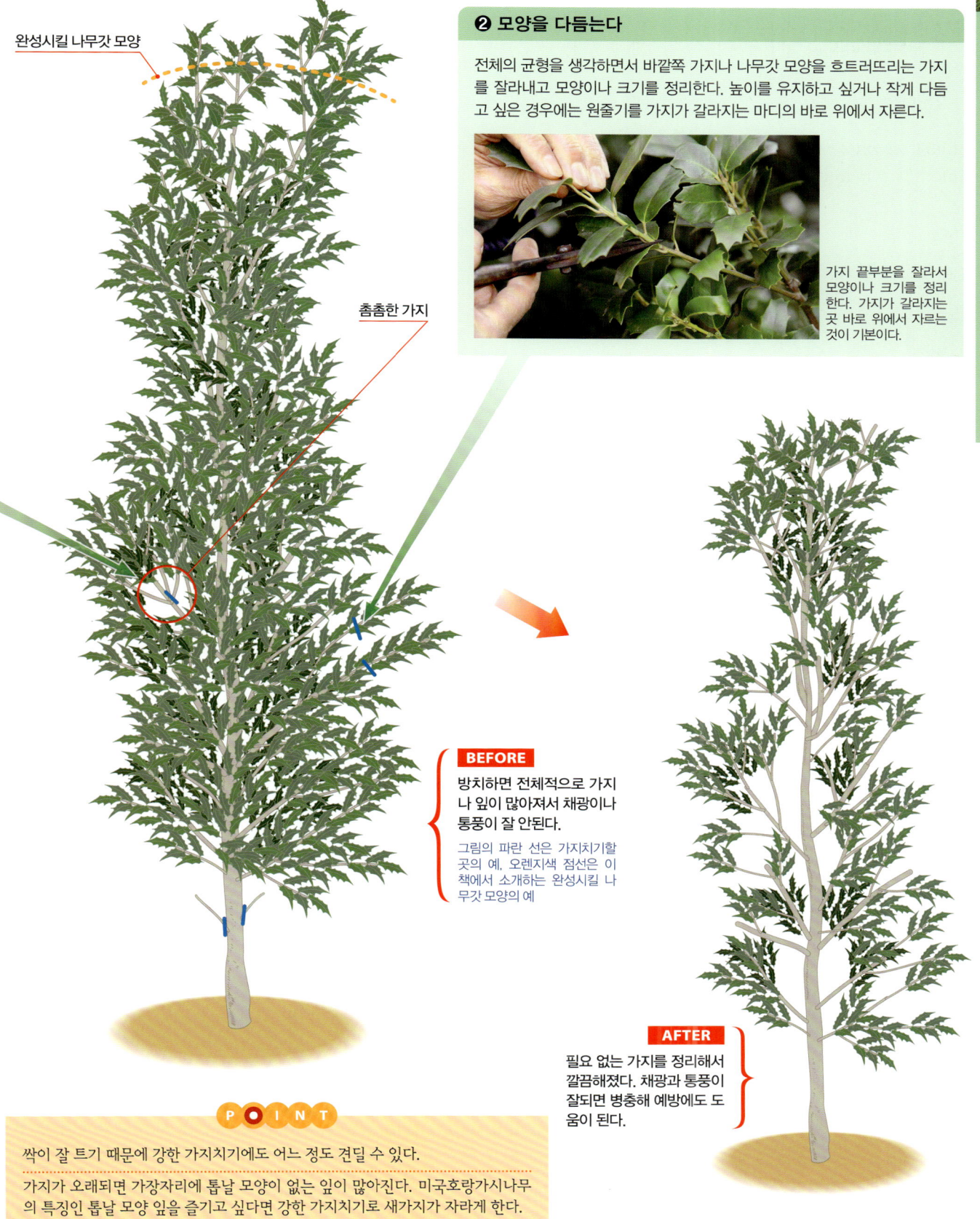

미켈리아

- 목련과 초령목속
- 별명 : 함소화, 함수화, 촛대초령목

광택이 있는 밝은 녹색 잎을
사계절 내내 즐길 수 있다

원산지는 중국으로 4~5월경에 바나나와 사과를 섞은 듯한 향기가 나는 꽃을 피워 '바나나 나무'라고 부르기도 한다.
잎은 약간 노란색을 띤 녹색으로 광택이 있으며, 1년 내내 잎을 볼 수 있어 정원수로 인기가 많은 나무 중 하나이다.

크 기	넓은 달걀형, 5m	가지치기모양	자연수형
꽃 색	노란색, 붉은색	내음성	보통
열매색	흑자색	내한성	보통

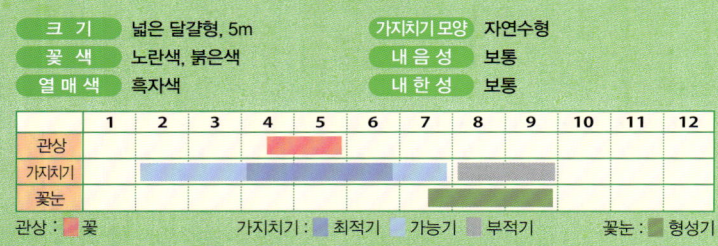

기본 가지치기(꽃이 진 후)

❶ 필요 없는 가지를 잘라낸다

촘촘한 가지나 원줄기에서 난 잔가지, 안쪽으로 뻗은 가지 등 필요 없는 가지(p.12)는 잘라내어 깔끔하게 정리한다. 원줄기에서 난 가지의 간격이 좁으면 고르게 분포하도록 굵은 가지라도 잘라준다.

안쪽으로 뻗은 가지가 자랄 경우에는 가지의 연결 부분에서 잘라 낸다.

one point lesson

나무 안쪽까지 햇빛이 잘 들게 정리한다

가지나 잎의 수를 줄여서 채광이나 통풍이 잘되게 하면 나무 안쪽에도 꽃이 필 수 있다. 이는 다른 늘푸른 꽃나무도 마찬가지이다. 또, 속아줄 경우에는 가지와 잎이 골고루 분포하도록 마무리하는 것이 포인트이다.

↓

나무 안쪽까지 햇빛이 닿을 수 있도록 가지와 잎의 수를 줄인다.

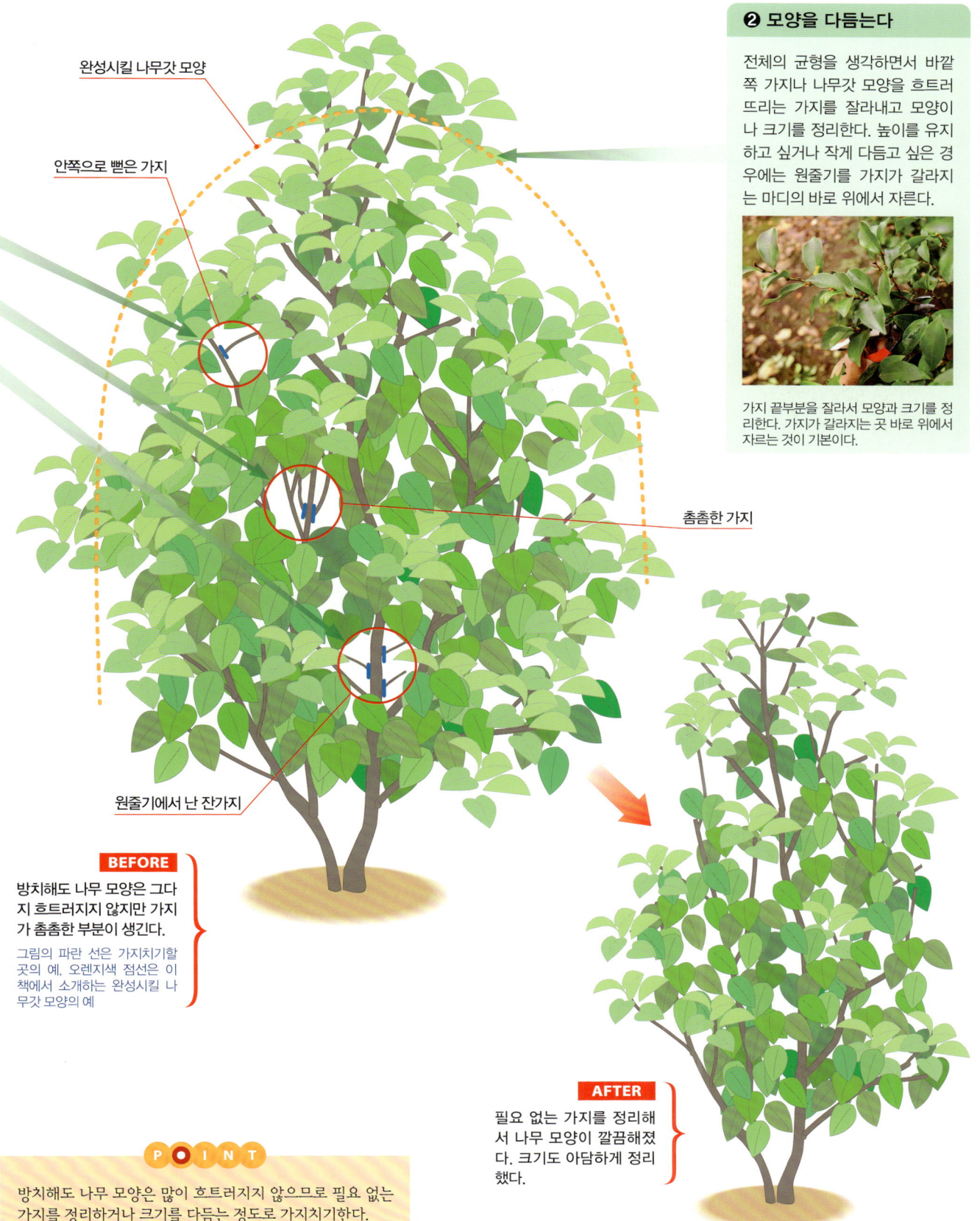

병솔나무

- 도금양과 병솔나무속
- 별명 : 레드레몬

솔 모양의 꽃이 인상적인 늘푸른나무

호주가 원산지인 늘푸른나무. 5~6월경, 가지 끝에 병을 닦는 솔처럼 생긴 독특한 모양의 꽃(실제로는 수술)이 핀다. 붉은 꽃이 일반적이지만 흰 꽃도 있고, 다양한 원예품종이 있다. 잎은 나한송(p.154)과 비슷해서 가늘고 길다.
우리나라의 경우 제주도와 남부 해안 지역에 분포한다.

크 기	달걀형, 3~5m	가지치기 모양	자연수형
꽃 색	붉은색, 흰색, 노란색	내 음 성	보통
열 매 색	–	내 한 성	보통

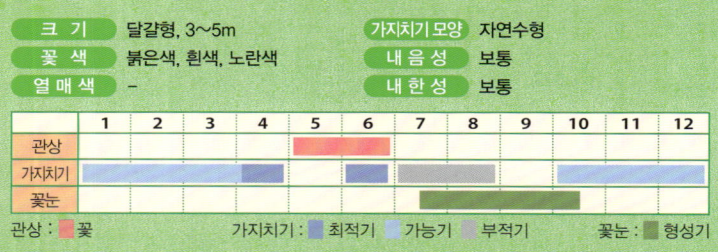

관상: 꽃 가지치기: 최적기 / 가능기 / 부적기 꽃눈: 형성기

기본 가지치기(꽃이 진 후)

❶ 필요 없는 가지를 잘라낸다

촘촘한 가지나 안쪽으로 뻗은 가지 등 필요 없는 가지(p.12)는 잘라내어 깔끔하게 정리한다.

나무 모양을 흐트러뜨리는 위로 뻗은 가지는 가지와 연결된 부분에서 자른다.

one point lesson ❶

밑동 부근을 정리한다

밑동 부근은 가지를 자르고 가능한 깔끔하게 정리한다. 여러 줄기가 올라가는 다간형의 경우에는 줄기 수를 어느 정도 제한하는 것도 좋다. 줄기 수를 줄일 경우에는 구부러졌거나 얽혀 있는 가지 등을 우선적으로 밑동에서 자른다.

밑동 부근의 잔가지를 정리할 경우에는 가지가 붙어있는 연결 부분에서 자른다.

one point lesson ❷

씨앗을 제거한다

씨앗은 꽃이 진 후에 2년에 걸쳐 성숙한다. 방치하면 나무자람새가 약해지므로 가능하면 제거한다. 꽃이 진 후라면 꽃자루보다 2마디 아래에서 자른다.

잘라서 나무 모양이 흐트러지지 않는다면 씨앗이 달린 가지는 정리한다.

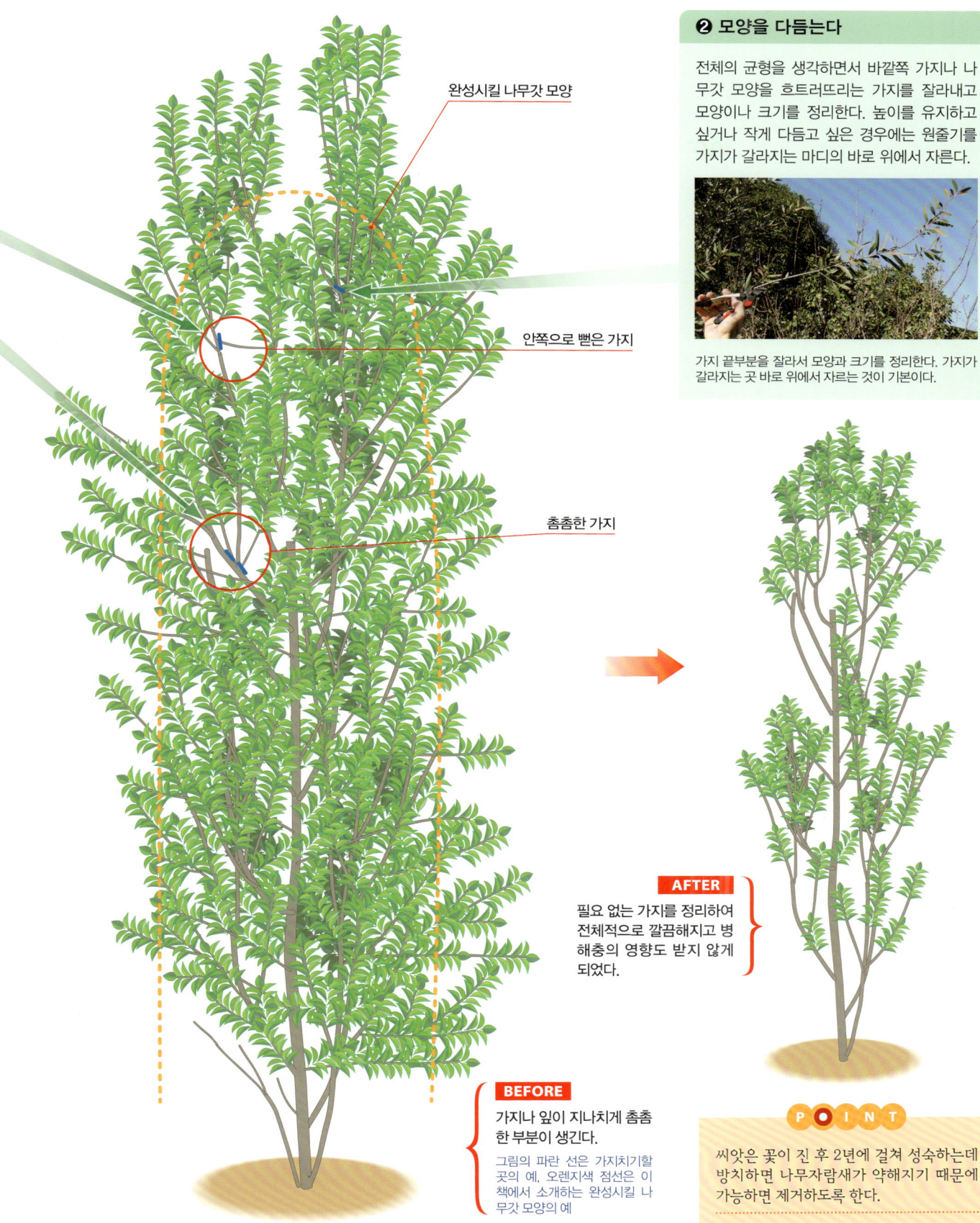

❷ 모양을 다듬는다

전체의 균형을 생각하면서 바깥쪽 가지나 나무갓 모양을 흐트러뜨리는 가지를 잘라내고 모양이나 크기를 정리한다. 높이를 유지하고 싶거나 작게 다듬고 싶은 경우에는 원줄기를 가지가 갈라지는 마디의 바로 위에서 자른다.

가지 끝부분을 잘라서 모양과 크기를 정리한다. 가지가 갈라지는 곳 바로 위에서 자르는 것이 기본이다.

완성시킬 나무갓 모양

안쪽으로 뻗은 가지

촘촘한 가지

BEFORE
가지나 잎이 지나치게 촘촘한 부분이 생긴다.

그림의 파란 선은 가지치기할 곳의 예. 오렌지색 점선은 이 책에서 소개하는 완성시킬 나무갓 모양의 예

AFTER
필요 없는 가지를 정리하여 전체적으로 깔끔해지고 병해충의 영향도 받지 않게 되었다.

POINT
씨앗은 꽃이 진 후 2년에 걸쳐 성숙하는데 방치하면 나무자람새가 약해지기 때문에 가능하면 제거하도록 한다.

뿔남천

- 매자나무과 뿔남천속
- 별명 : 대만남천죽, 개남천

노란색 작은 꽃이 이삭 모양으로 피고 보라색 열매와 단풍도 즐길 수 있다

가장자리에 뾰족한 톱니가 있는 잎을 가지고 있고, 남천과 비슷한 작은 열매가 달리는 늘푸른나무이다. 열매색은 남천이 붉은색인 데 반해 뿔남천은 보라색을 띤다.
봄에는 노란색 작은 꽃이 이삭 모양으로 피고, 추워지면 잎이 붉게 변색하므로 겨울에는 단풍도 즐길 수 있다. 겨울에 꽃이 피는 종류나 잎이 가는 종류 등 다양한 품종이 있다

크 기	여러 줄기가 올라가는 모양, 1~1.5m	가지치기 모양	자연수형
꽃 색	노란색	내 음 성	다소 강함
열 매 색	보라색	내 한 성	보통

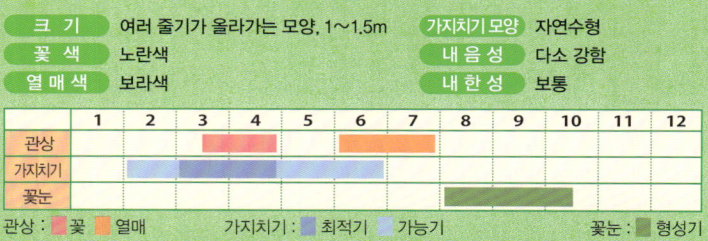

기본 가지치기(봄)

❶ 필요 없는 가지(잎)를 잘라낸다

촘촘한 부분을 솎아주면 아름다운 줄기의 모습을 즐길 수 있다.

촘촘한 부분이 있으면 잎 수를 줄인다.

one point lesson

지저분한 잎을 정리한다

뿔남천은 톱니 모양의 잎이 매력이다. 상처 난 잎이나 지저분한 잎은 가능한 잘라준다.

상처 난 잎이 있을 경우에는 잎자루째 자르는 것도 방법이다.

완성시킬 나무갓 모양

촘촘한 가지

BEFORE
방치해도 나무 모양은 그다지 흐트러지지 않지만 가지가 촘촘한 부분이 생긴다.

그림의 파란 선은 가지치기할 곳의 예, 오렌지색 점선은 이 책에서 소개하는 완성시킬 나무갓 모양의 예

AFTER
필요 없는 잎을 정리하여 잎이 고르게 분포하고 깔끔한 나무 모양이 되었다. 크기도 아담하게 정리하였다.

❷ 모양을 다듬는다

전체적인 균형을 생각하면서 바깥쪽 가지나 나무갓 모양을 흐트러뜨리는 가지를 잘라내고 모양이나 크기를 정리한다. 높이를 유지하고 싶거나 작게 다듬고 싶은 경우에는 원줄기를 가지가 갈라지는 마디의 바로 위에서 자른다.

나무갓에서 벗어난 줄기는 완성시킬 나무갓 모양보다 안쪽에서 자른다.

POINT

촘촘한 부분(특히 아랫부분)을 솎아주면 아름다운 줄기 모양을 즐길 수 있다.

지저분한 잎을 잘라내고 보기 좋게 정리한다.

사스레피나무

- 차나무과 사스레피나무속
- 별명 : 무치러기나무, 세푸랑나무, 가새목

앞은 진녹색, 뒤는 황록색을 띤 잎과 겨울이면 검은색 열매도 볼 수 있다

비쭈기나무의 근연종으로 매우 닮았지만 비쭈기나무보다 잎이 작고, 뾰족하다(가지치기 방법은 기본적으로 비쭈기나무와 같다). 튼튼하고 싹이 잘 트기 때문에 산울타리에도 적합하다.
우리나라 남부지방과 중국, 일본 등지에 분포하며 잎에 톱니가 없는 것을 '섬사스레피', 잎이 넓고 두꺼우며 암술대가 떨어져 있고, 마르면 노란색으로 변하는 것을 '떡사스레피'라고 한다.

크 기	넓은 원뿔형, 4~7m	가지치기 모양	자연수형, 산울타리형 등
꽃 색	-	내 음 성	강함
열매 색	검은색	내 한 성	보통

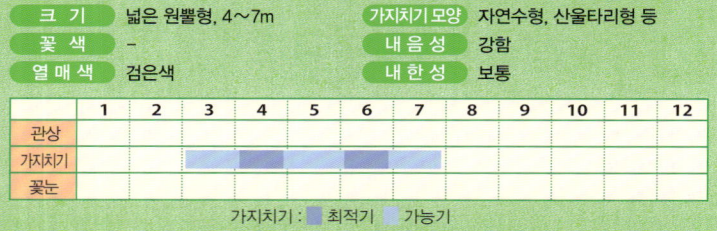

가지치기 : ■ 최적기 ■ 가능기

기본 가지치기(봄)

❶ 필요 없는 가지를 잘라낸다

촘촘한 가지나 원줄기에서 난 잔가지, 안쪽으로 뻗은 가지 등 필요 없는 가지(p.12)는 잘라내어 정리한다. 원줄기에서 난 가지의 간격이 좁은 경우에는 굵은 가지라도 잘라낸다.

원줄기에서 난 가지가 복잡해진 경우에는 필요 없는 가지를 연결 부분에서 잘라 정리한다.

❷ 모양을 다듬는다

전체의 균형을 생각하면서 바깥쪽 가지나 나무갓 모양을 흐트러뜨리는 가지를 잘라내고 모양이나 크기를 정리한다. 높이를 유지하고 싶거나 작게 다듬고 싶은 경우에는 원줄기를 가지가 갈라지는 마디의 바로 위에서 자른다.

가지 끝부분을 잘라서 모양이나 크기를 정리한다. 가지가 갈라져 있는 곳 바로 위에서 자르는 것이 기본이다.

one point lesson ❶

잎이 빽빽한 부분을 솎아준다

사스레피나무는 가지나 잎이 많기 때문에 잎이나 가지가 빽빽한 부분을 정리하면 좀 더 보기 좋게 만들 수 있다.

가지치기 후의 모습. 촘촘한 부분을 솎아서 잎이 고르게 분포하도록 가지치기하면 보기 좋다.

완성시킬 나무갓 모양

촘촘한 가지

원줄기에서 난 잔가지

one point lesson ❷

양손가위를 사용한다

잎 수가 많으므로 시간을 아끼기 위해 양손가위를 사용해도 좋다. 양손가위를 사용하면 다른 나무와 마찬가지로 깎은 후에 눈에 띄는 가위자국을 식목가위로 정리하는 것을 잊지 말기 바란다.

양손가위를 사용하면 쉽게 정리할 수 있다.

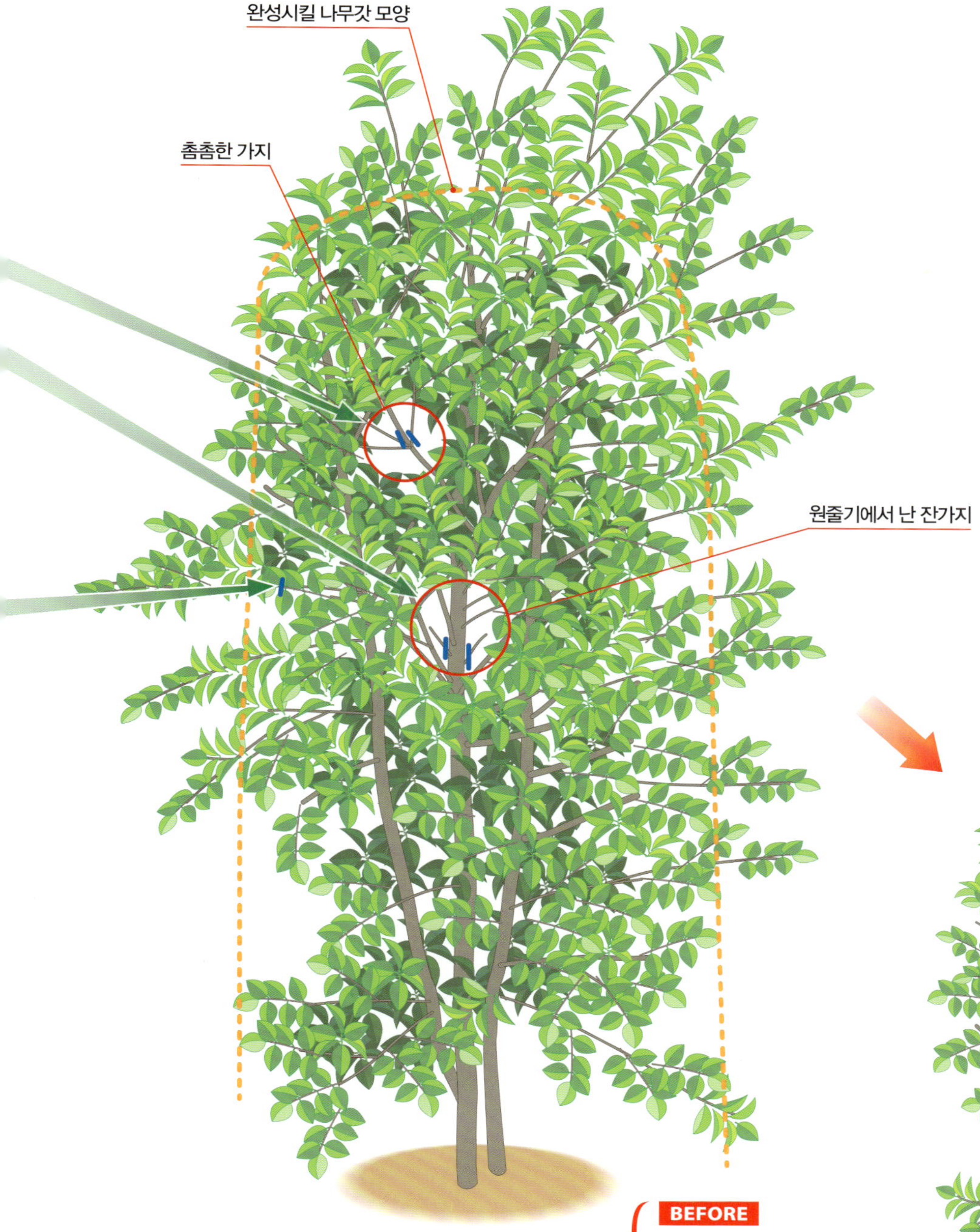

BEFORE

방치해도 크게 흐트러지지 않지만 가지와 잎이 촘촘해진 부분이 눈에 띈다.

그림의 파란 선은 가지치기할 곳의 예. 오렌지색 점선은 이 책에서 소개하는 완성시킬 나무갓 모양의 예

POINT

비쭈기나무와 사스레피나무의 가지치기 방법은 기본적으로 같다.

나무 전체의 가지와 잎이 고르게 분포하도록 솎아주면 보기 좋게 마무리할 수 있다.

싹이 잘 트기 때문에 깎기 가지치기에도 적합하다.

AFTER

가지와 잎이 고르게 분포하도록 정리하였다. 크기도 좀 작아졌다.

상록풍년화

- 조록나무과 *Loropetalum*속
- 학명 : *Loropetalum chinense*

깎기 가지치기에도 잘 견뎌서 산울타리로 인기 있는 나무

원산지는 중국이며, 따뜻한 지역의 산과 들에서 자라는 나무이다. 풍년화와 닮은 꽃을 피우지만 갈잎나무인 풍년화와 달리 사계절 잎을 볼 수 있는 늘푸른나무이다. 원래 흰색 꽃이 피는데 붉은색 꽃이 피는 원예품종도 있다. 잎이 적자색을 띠는 것도 있으며, 꽃을 즐길 수 있는 산울타리로 많이 이용한다.

크 기	넓은 달걀형, 3~6m	가지치기 모양	자연수형, 산울타리형 등
꽃 색	흰색, 붉은색, 분홍색	내 음 성	다소 강함
열 매 색	녹색	내 한 성	보통

깎기 가지치기(봄)

굵은 가지를 잘라낸다

굵은 가지는 양손가위로 깎기 어렵기 때문에 먼저 생각해둔 모양에서 벗어난 가지가 있으면 그것을 잘라낸다. 완성시킬 모양보다 몇 마디 안쪽에서 자르는 것이 포인트이다.

깎기 전에 굵은 가지를 정리하여 깎기 쉽게 한다.

양손가위로 깎는다

굵은 가지의 정리가 끝나면 양손가위를 사용하여 모양과 크기를 정리한다. 어림잡아 깎은 다음 조금 떨어진 곳에서 전체를 보고 울퉁불퉁한 곳을 다듬어 마무리한다.

옆면과 윗면 모두 양손가위를 사용해서 모양을 정리한다.

{ **BEFORE** }
길게 삐져나온 가지가 많고, 많이 흐트러져 있다

사진의 오렌지색 점선은 이 책에서 소개하는 완성시킬 나무갓 모양의 예

one point lesson

줄을 치고 깎는다

익숙해질 때까지는 수평면과 수직면을 깔끔하게 마무리하기 어려우므로 기준선이 되는 줄을 치고 작업하는 것이 좋다.

기준선이 되는 줄을 치고 자르면 깨끗하게 다듬을 수 있다.

{ **AFTER** }
윗면과 옆면을 깨끗하게 정리해서 깔끔한 산울타리가 되었다.

POINT

싹이 잘 트고 가지와 잎도 많기 때문에 깎기 가지치기에 알맞다.

위로 뻗은 가지가 나오기 쉬운데 나무 모양을 흐트러뜨리는 가지부터 정리한다.

식나무

- 층층나무과 식나무속
- 별명 : 청목, 넓적나무

잎은 푸른색이 선명하고 그늘진 곳에서도 잘 자라는 나무

광택이 있는 푸른 잎이 아름답고, 품종에 따라서 다양한 반점이 있다. 늦가을부터 겨울에는 붉은 열매도 즐길 수 있어서(암수딴 그루이므로 열매를 맺는 것은 암그루이다) 산울타리나 화분 등으로 폭넓게 이용된다. 내음성이 강하고 튼튼해서 그늘에서도 잘 자란다.

기본 가지치기(봄)

모양을 다듬는다

전체의 균형을 생각하면서 바깥쪽 가지나 나무갓 모양을 흐트러뜨리는 가지를 잘라내고 모양과 크기를 정리한다.

나무갓 모양에서 벗어난 가지를 잘라낸다

그림의 오렌지색 점선은 이 책에서 소개하는 완성시킬 나무갓 모양의 예

완성시킬 나무갓 모양

one point lesson

강한 가지는 안쪽에서 자른다

강한 가지는 그곳으로 양분이 집중되므로 더 강해지기 쉽다. 생장 후를 생각하여 완성시킬 나무갓 모양에서 벗어난 가지를 자를 때에는 나무갓 모양보다 몇 마디 안쪽에서 자른다.

강한 가지

강한 가지는 나무갓 모양보다 안쪽에서 잘라낸다

크 기	낮은 달걀형, 1~3m	가지치기 모양	자연수형
꽃 색	보라색	내 음 성	강함
열 매 색	붉은색	내 한 성	강함

	1	2	3	4	5	6	7	8	9	10	11	12
관상												
가지치기												
꽃눈												

관상 : 꽃 열매　　가지치기 : 최적기 가능기　　꽃눈 : 형성기

POINT

방치해도 나무 모양은 어느 정도 유지된다. 단, 생장이 빠르므로 지나치게 커지지 않도록 주의한다.

싹이 잘 트기 때문에 어디에서 잘라도 눈이 잘 나온다.

올리브나무

■ 물푸레나무과 올리브나무속

■ 학명 : *Olea europaea* L.

잎 색깔이 아름답고 열매는 식용한다

식용할 수 있는 열매로 잘 알려져 있지만 은빛을 띤 녹색잎도 아름답다. 원산지는 지중해 지방으로 오랜 옛날부터 재배한 식물이다. 많은 열매를 수확하기 위해서는 올리브나무를 2그루 이상 가까이 심는 편이 좋다. 우리나라의 경우 제주도에서만 생육이 가능한 것으로 알려져 있다.

기본 가지치기(봄)

❶ 필요 없는 가지를 잘라낸다

촘촘한 가지나 위로 뻗은 가지, 안쪽으로 뻗은 가지 등 필요 없는 가지(p.12)는 잘라내어 깔끔하게 정리한다.

위로 뻗은 가지는 나무 모양을 흐트러뜨리므로 자르는 것이 기본이다.

❷ 모양을 다듬는다

전체의 균형을 생각하면서 바깥쪽 가지나 나무갓 모양을 흐트러뜨리는 가지를 잘라내고 모양과 크기를 정리한다. 높이를 유지하고 싶거나 작게 다듬고 싶은 경우에는 원줄기를 가지가 갈라지는 마디의 바로 위에서 자른다.

가지 끝부분을 잘라서 모양이나 크기를 정리한다.

크 기	반구형, 3~5m
꽃 색	흰색
열매 색	검은색

가지치기 모양	자연수형
내음성	보통
내한성	보통

	1	2	3	4	5	6	7	8	9	10	11	12
관상					꽃					열매	열매	
가지치기	부적기	최적기	최적기	최적기	가능기	가능기						부적기
꽃눈							형성기	형성기	형성기			

관상 : ■꽃 ■열매   가지치기 : ■최적기 ■가능기 ■부적기   꽃눈 : ■형성기

완성시킬 나무갓 모양

위로 뻗은 가지

촘촘한 가지

그림의 파란 선은 가지치기할 곳의 예. 오렌지색 점선은 이 책에서 소개하는 완성시킬 나무갓 모양의 예

POINT

튼튼하고 싹이 잘 트기 때문에 깎기 가지치기에도 잘 견딘다. 가는 가지가 자라기 쉬운데, 신경이 쓰이면 필요 없는 가지를 자주 잘라준다.

애기동백나무

- 차나무과 동백나무속
- 별명 : 차매

동백보다 잎이 작고 가늘며
겨울에 꽃을 피운다

추위로 꽃을 보기 힘든 늦가을부터 겨울에 걸쳐 꽃을 피우는 정원수이다.
같은 속의 동백나무와 비슷하지만 동백보다 잎이 작고 가는 것이 특징이다. 또, 꽃이 지는 방식은 동백나무가 꽃 전체가 떨어지는 것과 다르게 애기동백나무는 꽃잎이 1장씩 따로따로 덧없이 진다. 원산지는 일본이며 주로 관상용으로 재배한다.

크 기	긴 달걀형, 2~6m	가지치기 모양	자연수형, 산울타리형 등
꽃 색	흰색, 분홍색, 붉은색	내 음 성	다소 강함
열매 색	갈색	내 한 성	보통

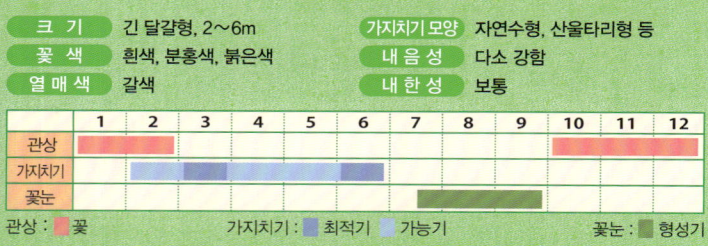

	1	2	3	4	5	6	7	8	9	10	11	12
관상	■	■								■	■	■
가지치기		■	■	■	■	■						
꽃눈							■	■	■			

관상 : ■ 꽃   가지치기 : ■ 최적기 ■ 가능기   꽃눈 : ■ 형성기

기본 가지치기(꽃이 진 후)

❶ 필요 없는 가지를 잘라낸다

촘촘한 가지나 원줄기에서 난 잔가지, 안쪽으로 뻗은 가지 등 필요 없는 가지(p.12)는 잘라내어 깔끔하게 정리한다.

하나의 마디에서 여러 개의 가지가 나와 있는 경우에는 1~2개만 남긴다.

❷ 모양을 다듬는다

전체의 균형을 생각하면서 바깥쪽 가지나 나무갓 모양을 흐트러뜨리는 가지를 잘라내고 모양이나 크기를 정리한다. 높이를 유지하고 싶거나 작게 다듬고 싶은 경우에는 원줄기를 가지가 갈라지는 마디의 바로 위에서 자른다.

가지 끝부분을 잘라서 모양과 크기를 정리한다.

one point lesson ❶

과감하게 가지치기해도 된다

싹이 잘 트기 때문에 강한 가지치기에도 잘 견딘다. 그래서 과감하게 솎아내도 괜찮고, 공간에 제한이 있는 경우에는 아주 작게 잘라도 된다.

가지치기 후의 모습. 나무 안쪽까지 통풍과 채광이 잘 되도록 가지와 잎을 많이 정리했다.

완성시킬 나무갓 모양

촘촘한 가지

원줄기에서 난 잔가지

one point lesson ❷

차독나방에 주의한다

애기동백나무에는 차독나방이 발생하기 쉽다. 차독나방은 성충, 유충 그리고 알에도 독이 있고, 독침이 닿으면 2~3시간 후에 닿은 곳이 붉게 부어오르고 아프다. 벌레 먹은 곳을 발견하면 살충제(차독나방에 사용할 수 있는 것)를 사용하여 구제한 후에 작업한다.

벌레 먹은 흔적

벌레 먹은 흔적이 있으면 먼저 벌레를 없앤 뒤에 작업을 계속한다.

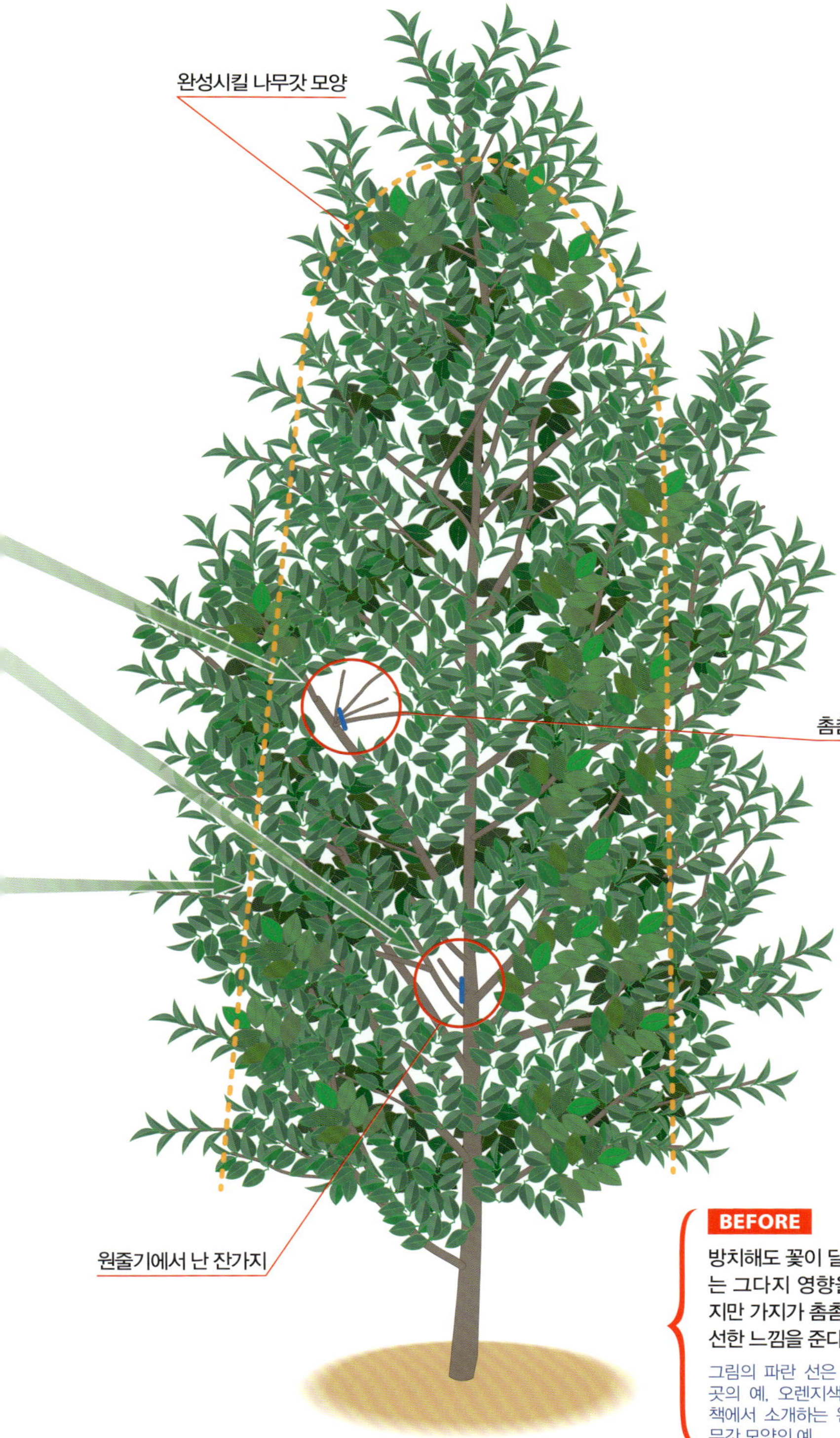

BEFORE
방치해도 꽃이 달리는 데에는 그다지 영향을 주지 않지만 가지가 촘촘해서 어수선한 느낌을 준다.

그림의 파란 선은 가지치기할 곳의 예, 오렌지색 점선은 이 책에서 소개하는 완성시킬 나무갓 모양의 예

AFTER
필요 없는 가지를 정리하여 전체적으로 깔끔해졌다. 크기도 아담하게 마무리하였다.

POINT

방치하는 편이 꽃이 더 많이 달리기도 한다. 가지치기를 자주 하지 않는 것도 방법이다.

독이 있는 차독나방이 발생하기 쉬우므로 잎에 벌레 먹은 흔적이 있으면 작업을 중지하는 것이 좋다.

싹이 잘 트고, 강한 가지치기에도 잘 견디며, 깎기 가지치기도 가능하다. 시기는 꽃이 진 후 3월경이 가장 좋다.

영산홍

- 진달래과 진달래속
- 별명 : 양철쭉, 왜철쭉, 일본철쭉

정원 둘레를 장식하는 꽃나무

'진달래'는 600종 이상 되는 진달래속 식물의 총칭으로 낙엽성 종류도 많이 있다. 모아심기를 할 때나 정원 둘레를 장식하기 위해 많이 이용한다. 영산홍도 그 중 하나로 다른 진달래속 식물과의 차이는 개화시기이다. 다른 진달래속 식물은 4~5월에 꽃이 피지만 영산홍은 그보다 조금 늦은 5~6월경에 핀다. 기본적인 가지치기 방법은 다른 진달래속 식물과 같다.

크 기	반구형, 0.5~1.5m	가지치기 모양	자연수형, 낮은 반구형 등
꽃 색	흰색, 분홍색, 붉은색	내 음 성	보통
열매색	-	내 한 성	보통

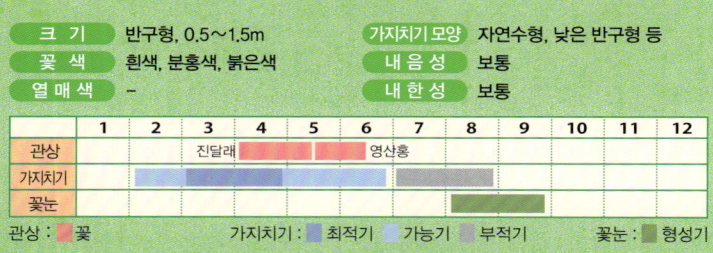

깎기 가지치기(영산홍·봄)

모양을 다듬는다

싹이 잘 트고 가지와 잎이 가는 영산홍이나 진달래속 식물은 깎기 가지치기에 적합하다. 양손가위를 사용하여 크기와 모양을 정리한다.

양손가위를 사용하여 상황에 맞는 모양이나 크기로 다듬는다.

자른 가지나 잎을 제거한다

양손가위를 사용하여 대략적으로 크기나 모양을 정리하고 나면, 자른 가지나 잎을 손으로 제거하고, 조금 떨어진 위치에서 전체적인 균형을 본다.

대략적으로 자른 후 자른 가지나 잎을 제거한다.

one point lesson

마무리로 식목가위를 사용한다

마무리로 식목가위를 사용해서 특히 촘촘한 곳을 정리하면 좀 더 깔끔하게 정리된다. 굵은 가지는 세력이 좋은 가지를 자라게 하므로 나무갓보다 안쪽에서 자른다.

굵은 가지는 가위를 집어넣어 완성시킬 나무갓 모양보다 몇 마디 안쪽에서 자른다.

깎은 면을 매끄럽게 다듬는다

조금 떨어진 곳에서 살펴보고 울퉁불퉁한 부분이 있으면 다시 깎아서 정리한다.

2번 깎아주면 좀 더 보기 좋게 완성할 수 있다.

BEFORE
방치하면 원래의 완성된 나무갓 모양에서 벗어나는 가지가 많아지고 지저분해진다.

사진의 오렌지색 점선은 이 책에서 소개하는 완성시킬 나무갓 모양의 예

AFTER
깎기 가지치기를 하여 깔끔하게 다듬었다.

POINT

자연수형도 아름다우며, 방치해도 나무 모양은 어느 정도 유지된다.

영산홍이나 진달래속 식물은 싹이 잘 트고, 가지와 잎도 작아서 깎기 가지치기에 적합하다.

월계수

- 녹나무과 월계수속
- 별명 : 감람수, 계수나무

아름다운 나무 모양을 즐기고
향이 나는 잎은 요리에 이용한다

짙은 녹색의 윤기나는 잎과 나무 모양이 매우 아름다운 나무로 봄이면 옅은 노란색 꽃이 핀다
월계수잎은 말리면 단맛과 함께 향긋한 향이 나기 때문에 생선이나 고기 요리 등에 이용한다. 또, 고대 그리스 시대에 월계수잎으로 만든 월계관을 경기의 승리자에게 씌워줬던 것에서 지금도 여러 가지 경기나 학문에서의 업적을 기리는 상장이나 상패 등에 명예의 의미로 월계관 문양을 넣기도 한다.

크 기	긴 달걀형, 6~10m	가지치기 모양	자연수형, 원기둥형 등
꽃 색	노란색	내 음 성	다소 강함
열 매 색	검은색	내 한 성	보통

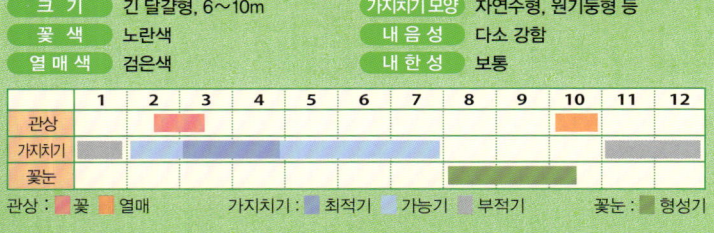

기본 가지치기(봄)

❶ 필요 없는 가지를 잘라낸다

촘촘한 가지나 원줄기에서 난 잔가지, 안쪽으로 뻗은 가지 등 필요 없는 가지(p.12)는 잘라내어 깔끔하게 정리한다. 원줄기에서 자란 가지의 간격이 좁을 때는 균형을 이루도록 굵은 가지라도 잘라낸다.

하나의 마디에서 많은 가지가 나온 경우에는 가지를 잘라서 정리한다.

나무 안쪽의 가지를 정리해서 통풍이나 채광이 잘되게 한다.

one point lesson

새싹을 잘라서 생장을 억제한다

새싹이 나온 뒤에 새싹의 끝을 잘라두면 생장을 멈추게 할 수 있다. 그러면 나무 모양이 많이 흐트러지지 않는다.

새싹의 끝을 자르면 생장을 멈출 수 있다.

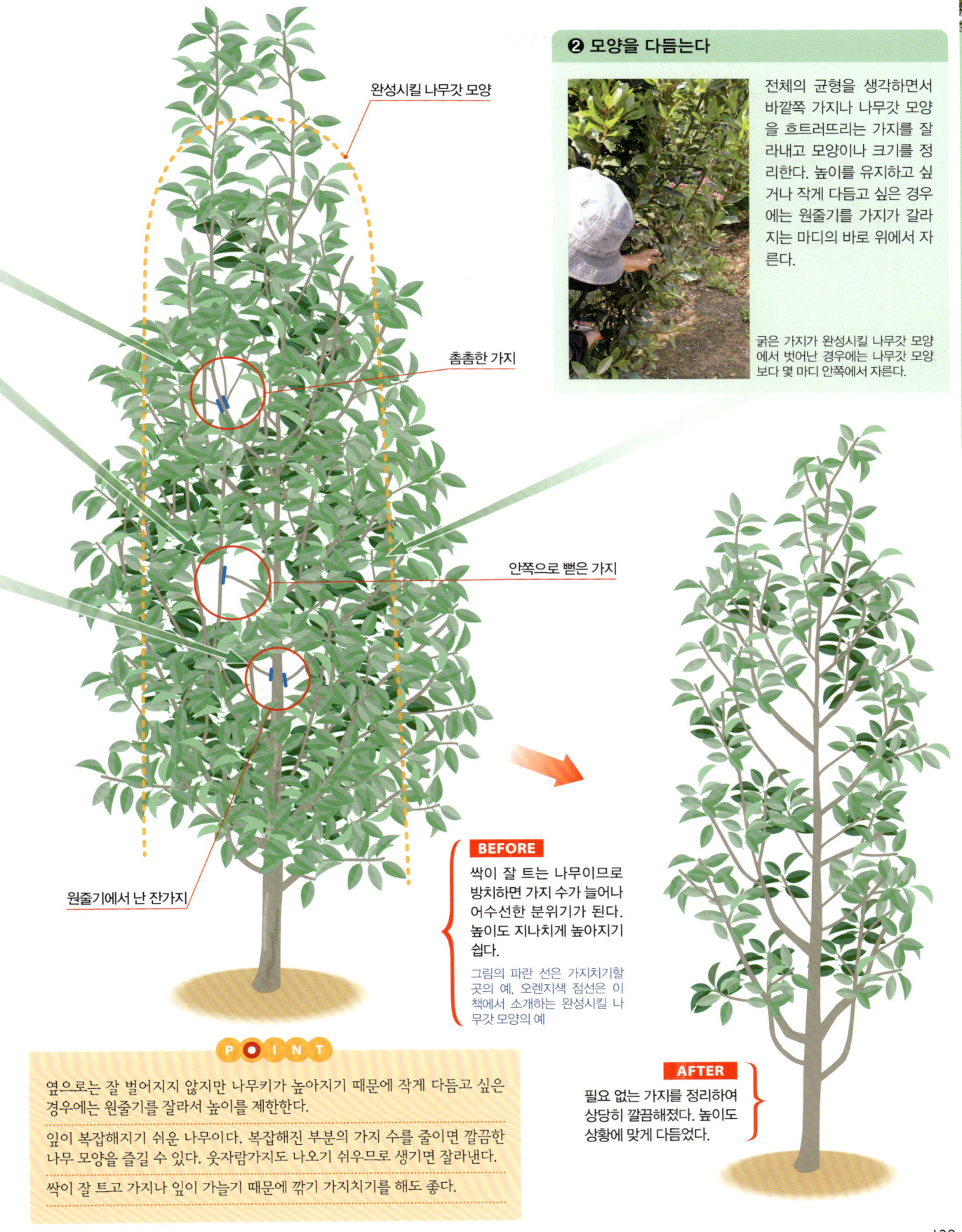

일본황칠나무

- 두릅나무과 황칠나무속
- 학명 : *Dendropanax trifidus* (Thunb.) Makino

잎 모양에 운치가 있는
일본 원산의 늘푸른나무

우리나라와 대만, 일본에 분포하는 늘푸른나무. 잎 모양이 특이해서 어린 나무의 잎은 3~5갈래로, 단풍잎처럼 깊게 갈라져 있다. 어릴수록 잎이 깊게 갈라지고, 자랄수록 갈라짐이 없어진다. 우리나라 토종 황칠나무의 경우 진액을 채취하여 가구나 금속, 가죽을 가공하는 도료로 사용하였는데 이를 '황칠'이라고 한 데서 '황칠나무'라는 이름이 유래되었다.

크 기	달걀형, 3~5m	가지치기 모양	자연수형
꽃 색	녹색	내 음 성	강함
열매색	검은색	내 한 성	보통

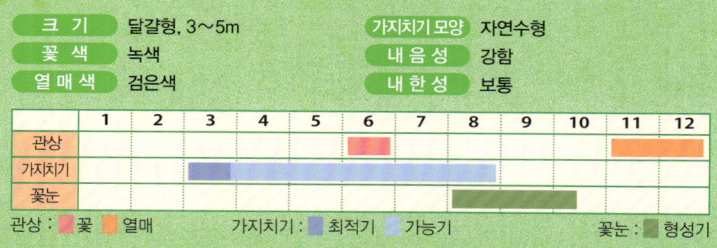

관상 : 꽃 / 열매   가지치기 : 최적기 / 가능기   꽃눈 : 형성기

기본 가지치기(봄)

❶ 필요 없는 가지를 잘라낸다

촘촘한 가지나 안쪽으로 뻗은 가지, 교차한 가지 등 필요 없는 가지(p.12)는 잘라내어 깔끔하게 정리한다.

촘촘한 가지는 잘라내어 채광이나 통풍이 잘되게 한다.

one point lesson ❶

가지 수를 줄인다

가지가 많이 생기는 나무이지만 가지 수가 너무 많으면 지저분한 느낌이 든다. 하나의 마디에서 3개 이상의 가지가 자랐다면 2개 정도만 남기고 자르는 것이 좋다.

하나의 마디에 가지는 2개 정도 있는 것이 적당하다.

POINT

방치해도 나무 모양은 그다지 흐트러지지 않는다. 특히 나무가 어릴 때에는 옆으로 벌어지지 않으므로 잔가지를 솎아주는 정도면 된다.

크기를 일정하게 유지하고 싶은 경우에는 그 해에 자란 가지의 잎을 몇 장 남기고, 새가지를 자른다.

완성시킬 나무갓 모양

교차한 가지

안쪽으로 뻗은 가지

촘촘한 가지

❷ 모양을 다듬는다

전체의 균형을 생각하면서 바깥쪽 가지나 나무갓을 흐트러뜨리는 가지를 잘라내고 모양이나 크기를 정리한다.

모양을 다듬기 위해 굵은 가지를 자를 경우에는 나무갓 모양보다 몇 마디 안쪽에서 자른다.

BEFORE
방치해도 나무 모양은 그다지 흐트러지지 않지만 너무 크게 자란 경우에는 가지치기하여 모양과 크기를 다듬는다.

그림의 파란 선은 가지치기할 곳의 예. 오렌지색 점선은 이 책에서 소개하는 완성시킬 나무갓 모양의 예

one point lesson ❷

마디를 남기고 자른다

앞으로 가지나 잎이 달리기 바라는 부위를 자를 경우에는 한 마디를 남기고 자른다. 그렇게 하면 그곳에서 새로운 가지가 자라고 잎도 나오게 된다.

연결 부분에서 자른 예

1마디를 남긴 예

앞으로 가지나 잎이 나와야 되는 곳은 왼쪽 사진과 같이 가지를 조금 남기고 자른다.

AFTER
가지 수를 줄여서 전체적으로 깔끔해졌고 나무 모양이 정리되었다.

종가시나무

- 참나무과 참나무속
- 별명 : 석소리, 가시나무

톱니가 있는 잎을 갖고 있으며 가을에는 도토리가 달린다

히말라야, 일본, 대만 등지에 분포하며, 우리나라의 경우 제주도 지역에서 자생한다. 잎은 타원 모양으로 딱딱하고, 가운데 부분부터 끝쪽으로 거친 톱니가 있는 것이 특징인데, 한겨울에도 푸른빛을 잃지 않아 계절을 잊게 해주는 나무이다. 가을에는 둥근 모양의 도토리가 달린다.
잎 뒷면이 청백색인 것을 흰민종가시라고 한다.

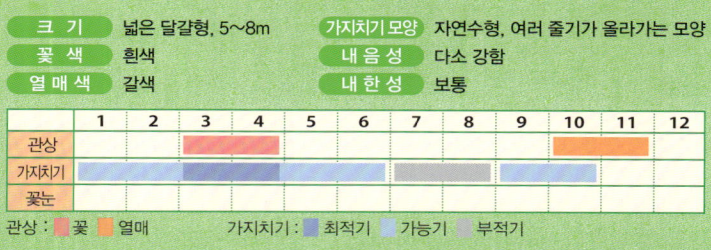

크 기	넓은 달걀형, 5~8m	가지치기 모양	자연수형, 여러 줄기가 올라가는 모양
꽃 색	흰색	내음성	다소 강함
열매색	갈색	내한성	보통

기본 가지치기(꽃이 진 후)

❶ 필요 없는 가지를 잘라낸다

촘촘한 가지나 교차한 가지, 안쪽으로 뻗은 가지 등 필요 없는 가지(p.12)는 잘라내어 깔끔하게 정리한다.

하나의 마디에서 많은 가지가 나온 경우에는 가지 수를 줄인다.

원줄기에서 가지가 복잡하게 난 경우에는 연결 부분에서 잘라내어 가지 사이의 간격을 넓힌다.

one point lesson

밑동 부근을 정리한다

밑동 부근을 깔끔하게 정리하는 것이 보기 좋다. 땅가지는 물론, 밑동 부근에 잔가지가 있으면 연결 부분에서 잘라내고 정리한다.

밑동 부근의 가지는 연결 부분에서 잘라낸다.

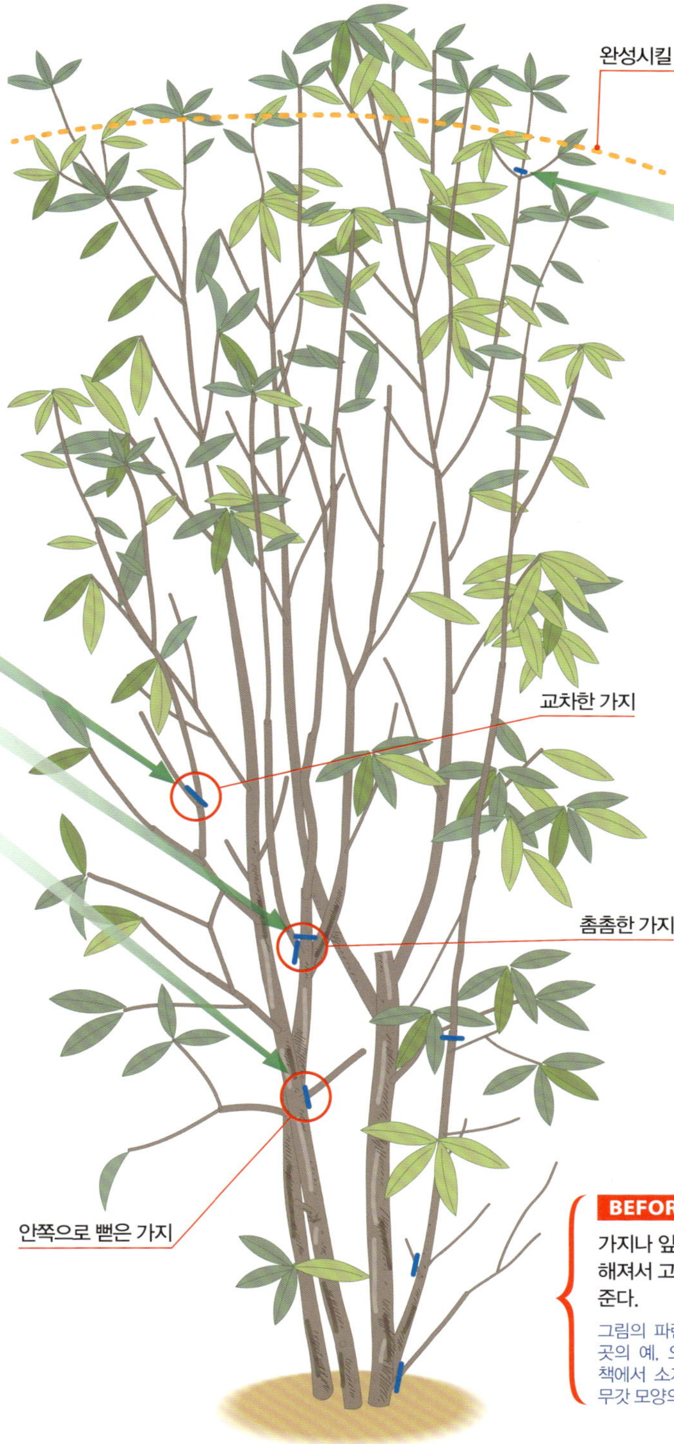

완성시킬 나무갓 모양

❷ 모양을 다듬는다

전체의 균형을 생각하면서 바깥쪽 가지나 나무갓 모양을 흐트러뜨리는 가지를 잘라내서 모양과 크기를 정리한다. 높이를 일정하게 유지하고 싶은 경우에는 원줄기나 원가지를 중심으로 잘라내고 잔가지를 남긴다. 잔가지는 모여서 자라므로 2~3개 정도로 정리하면 좋다.

높이를 유지하고 싶으면 원줄기나 원가지를 중심으로 자른다.

교차한 가지

촘촘한 가지

안쪽으로 뻗은 가지

BEFORE
가지나 잎이 지나치게 무성해져서 고르지 못한 인상을 준다.

그림의 파란 선은 가지치기할 곳의 예. 오렌지색 점선은 이 책에서 소개하는 완성시킬 나무갓 모양의 예

AFTER
필요 없는 가지를 정리해서 전체적으로 깔끔해졌다. 이렇게 해야 여러 줄기가 올라가는 다간형의 아름다움을 즐길 수 있다.

POINT
생육이 왕성한 나무. 여러 줄기가 올라가는 다간형의 높이를 제한하고 싶으면 키가 큰 줄기를 밑동에서 잘라 새 줄기로 갈이한다.

다간형의 가지나 잎을 솎아주면 깔끔한 나무 모양을 즐길 수 있다.

싹이 잘 트기 때문에 깎기 가지치기에도 잘 견딘다.

치자나무

- 꼭두서니과 치자나무속
- 별명 : 좀치자

초여름에 순백의 꽃을 피우는
달콤한 향기의 대명사

초여름에 아름다운 순백의 꽃을 피운다. 홑겹인 것과 겹꽃인 것이 있는데 겹꽃 치자나무는 꽃이 피는 시기가 늦고 열매가 달리지 않으며 달콤한 향기가 특징이다. 홑겹 치자나무의 열매는 오렌지색이고, 약이나 염료로 이용하기도 한다.
우리나라 중부 이남 지역과 중국, 일본 등지에 분포한다.

크 기	달걀형, 2~3m	가지치기 모양	자연수형, 산울타리형
꽃 색	흰색	내 음 성	보통
열 매 색	오렌지색	내 한 성	보통

관상: 꽃 열매 가지치기: 최적기 가능기 부적기 꽃눈: 형성기

기본가지치기(꽃이 진 후)

❶ 필요 없는 가지를 잘라낸다

촘촘한 가지나 땅가지, 교차한 가지 등 필요 없는 가지(p.12)는 잘라내어 깔끔하게 정리한다.

잔가지가 많이 자라서 촘촘한 부분은 정리한다.

땅가지가 있으면 연결 부분에서 자른다.

one point lesson

꽃자루를 제거한다

열매를 즐기려는 것이 아니라면 꽃자루를 빨리 제거해야 한다. 남겨두면 그쪽으로 양분을 빼앗겨서 이듬해 꽃이 피는 데 나쁜 영향을 주기도 한다.

열매를 즐기려는 것이 아니라면 가능한 빨리 꽃자루를 제거한다.

❷ 모양을 다듬는다

전체의 균형을 생각하면서 바깥쪽 가지나 나무갓 모양을 흐트러뜨리는 가지를 잘라내고 모양이나 크기를 정리한다.

가지 끝부분을 잘라서 모양이나 크기를 정리한다. 가지가 갈라지는 마디의 바로 위에서 자른다.

완성시킬 나무갓 모양

촘촘한 가지

BEFORE
방치해도 나무 모양은 그다지 흐트러지지 않지만 가지가 촘촘해진다.

그림의 파란 선은 가지치기할 곳의 예, 오렌지색 점선은 이 책에서 소개하는 완성시킬 나무갓 모양의 예

AFTER
필요 없는 가지를 정리하여 가지나 잎이 고르게 분포하도록 만들었다. 크기도 아담하게 정리하였다.

POINT
방치해도 나무 모양은 그다지 흐트러지지 않으므로 필요 없는 가지를 정리하고 모양을 다듬는 정도로 가지치기하면 된다.

싹이 잘 트기 때문에 깎기 가지치기에도 잘 견딘다.

이듬해 꽃이 많이 피게 하려면 꽃자루는 제거한다.

전체적인 나무 모양을 다시 만들고 싶은 경우에는 봄에 가지치기를 한다.

피라칸타

- 장미과 피라칸타속
- 별명 : 앙구스티폴리아

붉고 노란 작은 열매가 많이 달려서 분재로도 인기가 많다

피라칸타는 장미과 피라칸타속에 속하는 식물의 총칭으로 우리나라에서는 중국 서남부산인 앙구스티폴리아를 흔히 심으며 이것이 속명인 피라칸타로 통하고 있다.
초여름에 흰색의 작은 꽃이 많이 피고, 가을부터 겨울에는 들새들이 좋아하는 붉은색이나 노란색의 작은 열매가 많이 달린다. 분재로 키우는 경우도 많다.

크 기	반구형, 2~5m	가지치기 모양	자연수형, 층층형 등
꽃 색	흰색	내 음 성	보통
열 매 색	붉은색, 노란색, 오렌지색	내 한 성	다소 강함

	1	2	3	4	5	6	7	8	9	10	11	12
관상												
가지치기												
꽃눈												

관상 : ■꽃 ■열매   가지치기 : ■최적기 ■가능기   꽃눈 : ■형성기

기본 가지치기(봄)

❶ 필요 없는 가지를 잘라낸다

촘촘한 가지나 안쪽으로 뻗은 가지, 교차한 가지 등 필요 없는 가지(p.12)는 잘라내어 깔끔하게 정리한다.

안쪽으로 뻗은 가지는 나무 모양을 흐트러뜨리므로 기본적으로 가지치기의 대상이 된다.

❷ 모양을 다듬는다

전체의 균형을 생각하면서 바깥쪽 가지나 나뭇갓 모양을 흐트러뜨리는 가지를 잘라내고 모양이나 크기를 정리한다. 높이를 유지하고 싶거나 작게 다듬고 싶은 경우에는 원줄기를 가지가 갈라지는 마디의 바로 위에서 자른다.

가지 끝부분을 잘라서 모양이나 크기를 정리한다.

one point lesson ❶

꽃을 즐기려면 짧은 가지를 남긴다

꽃이나 열매는 짧은 가지에 달리므로 이듬해 꽃과 열매를 즐기고 싶다면 되도록 짧은 가지는 남기도록 한다.

짧은 가지

꽃이나 열매를 생각한다면 짧은 가지는 되도록 남겨둔다.

one point lesson ❷

가시에 주의한다

장미과 나무인 피라칸타는 가지에 가시가 있다. 이 가시는 머지않아 짧은 가지가 되고, 꽃(열매)이 달리게 되지만 가지치기할 때는 상처를 입지 않도록 주의해야 한다.

가지치기할 때에는 가시 때문에 상처를 입지 않도록 주의한다.

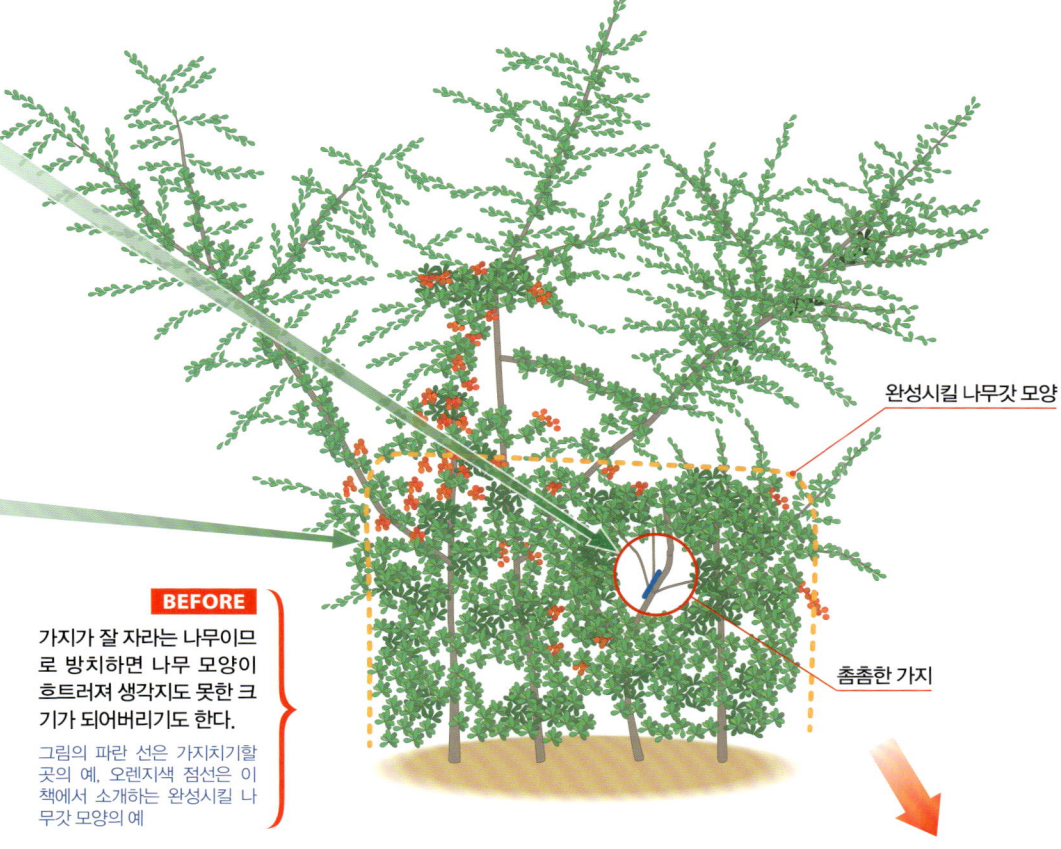

완성시킬 나무갓 모양

촘촘한 가지

BEFORE
가지가 잘 자라는 나무이므로 방치하면 나무 모양이 흐트러져 생각지도 못한 크기가 되어버리기도 한다.

그림의 파란 선은 가지치기할 곳의 예, 오렌지색 점선은 이 책에서 소개하는 완성시킬 나무갓 모양의 예

AFTER
크기를 다듬고, 필요 없는 가지를 정리하여 전체적으로 깔끔해졌다.

POINT

가지가 잘 자라는 나무이므로 크기를 다듬는 가지치기가 필요하다. 양손가위를 사용해도 좋다.

꽃(열매)은 짧은 가지에 달리므로 꽃(열매)를 즐기고 싶다면 긴 가지를 잘라서 짧은 가지가 많아지게 한다.

장미과로 가지에 가시가 있기 때문에 가지치기할 때에는 상처를 입지 않도록 주의한다.

홍가시나무

- 장미과 홍가시나무속
- 별명 : 붉은순나무

선명한 붉은색을 띤 새잎이 아름다워서 산울타리로 많이 쓰는 나무

잎이 새로 나올 때와 단풍이 들 때 선명한 붉은색을 띠기 때문에 '홍가시나무'라고 부른다. 잎이 빽빽하게 자라고 깎기 가지치기에도 잘 견디기 때문에 산울타리로 많이 심는다. 그 중에서도 새잎의 붉은색이 좀 더 선명한 '레드로빈' 품종이 가장 인기가 많다. 초여름에 달콤한 향이 나는 흰색 꽃을 피운다.

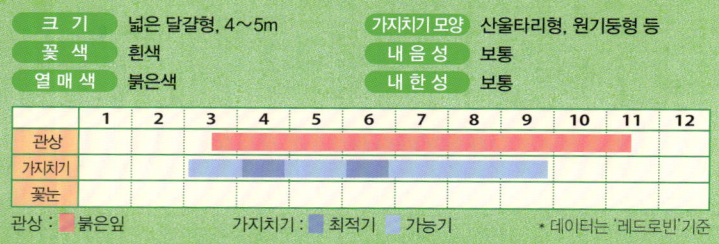

크 기	넓은 달걀형, 4~5m	가지치기 모양	산울타리형, 원기둥형 등
꽃 색	흰색	내 음 성	보통
열매 색	붉은색	내 한 성	보통

	1	2	3	4	5	6	7	8	9	10	11	12
관상												
가지치기												
꽃눈												

관상 : ■붉은잎   가지치기 : ■최적기 ■가능기   *데이터는 '레드로빈' 기준

깎기 가지치기(레드로빈·봄)

굵은 가지를 잘라낸다

깎기 가지치기를 쉽게 할 수 있도록 원하는 모양에서 크게 벗어난 가지가 있으면 미리 잘라낸다. 깎을 면보다 안쪽에서 자르는 것이 포인트이다.

가지치기를 하기 전에 원하는 모양에서 크게 벗어난 굵은 가지는 미리 잘라낸다.

양손가위로 자른다

굵은 가지의 정리가 끝나면 양손가위로 모양과 크기를 다듬는다. 다 깎은 후 멀리 떨어져서 전체적인 모양을 살펴보고, 울퉁불퉁한 부분을 다시 깎으면 깔끔하게 마무리된다.

양손가위로 모양을 다듬는다. 먼저, 옆면을 깎고 계속해서 윗면을 깎으면 쉽게 깎을 수 있다.

one point lesson

줄을 치고 깎는다

산울타리형으로 가지치기할 때는 똑바로 자르기 위해 기준으로 삼을 줄을 치고 깎는 방법이 있다. 사용하는 줄이나 그 줄을 고정하는 도구는 무엇이든 상관없다.

가지치기하기 전에 줄을 수평으로 쳐두면 줄을 기준으로 반듯하게 수평으로 깎을 수 있다.

절단면을 다듬는다

가지치기가 끝나면 절단면이 잘 보이거나 길게 남아있는 부분을 잘라내서 마무리한다.

눈에 띄는 절단면을 정리하면 좀 더 보기 좋게 마무리할 수 있다. 깎은 면보다 몇 마디 안쪽에서 자르는 것이 포인트이다.

BEFORE

주로 산울타리로 사용되는 나무. 싹이 잘 트고 생장도 빨라서 방치하면 모양이 흐트러진다.

사진의 오렌지색 점선은 이 책에서 소개하는 완성시킬 나무갓 모양의 예

AFTER

불규칙하게 자랐던 가지를 정리해서 깔끔한 산울타리가 완성됐다.

POINT

싹이 잘 트고 가지나 잎도 작으므로 깎기 가지치기에 적합하다.

생장이 빠르므로 자주(1년에 2~3회) 가지치기해야 깔끔한 나무 모양을 사계절 내내 즐길 수 있다.

깎기 가지치기를 할 경우, 깎기 전에 먼저 굵은 가지를 잘라낸다. 가지치기 후에는 눈에 잘 보이는 절단면을 정리한다.

황금아카시아

- 콩과 아카시아속
- 별명 : 황금미모사나무

은색 잎과 노란색 꽃이
아름다운 대비를 이루는 나무

아카시아 종류는 세계적으로 600종 이상이 있는데 황금아카시아는 그 중 한 종류로 원산지인 호주와 뉴질랜드 등지에서 조경용으로 많이 심는다.
초봄에 노란색의 사랑스러운 작은 꽃이 이삭 모양으로 피면 은색 잎과의 멋진 대비를 즐길 수 있다. 이런 아름다운 꽃과 잎 덕분에 꽃꽂이용으로도 많이 이용된다.

크 기	반구형, 5~8m	가지치기 모양	자연수형
꽃 색	노란색	내 음 성	햇빛에서 자라는 나무(양수)
열 매 색	갈색	내 한 성	다소 약함

기본 가지치기(꽃이 진 후)

❶ 필요 없는 가지를 잘라낸다

촘촘한 가지나 원줄기에서 난 잔가지, 안쪽으로 뻗은 가지 등 필요 없는 가지(p.12)는 잘라내어 깔끔하게 정리한다. 원줄기에서 난 가지의 간격이 좁으면 굵은 가지라도 잘라낸다. 또, 굵은 가지를 잘랐을 경우에는 자른 가지의 절단면에 도포제(자른 가지의 절단면을 보호해 잡균 등의 침입을 막는 약)를 바른다.

나무 모양을 흐트러뜨리는 안쪽으로 뻗은 가지는 잘라낸다.

나무 모양을 깔끔하게 정리하기 위해서는 굵은 가지라도 가지치기한다. 굵은 가지를 자르는 방법은 p.17 참조.

one point lesson

싹을 제거한다

아카시아는 싹이 잘 나오는 나무이다. 방치하면 그대로 크게 자라 나무 모양을 흐트러뜨리게 되므로 가능한 빨리 제거한다.

막 나오기 시작한 싹이라면 손으로도 제거할 수 있다.

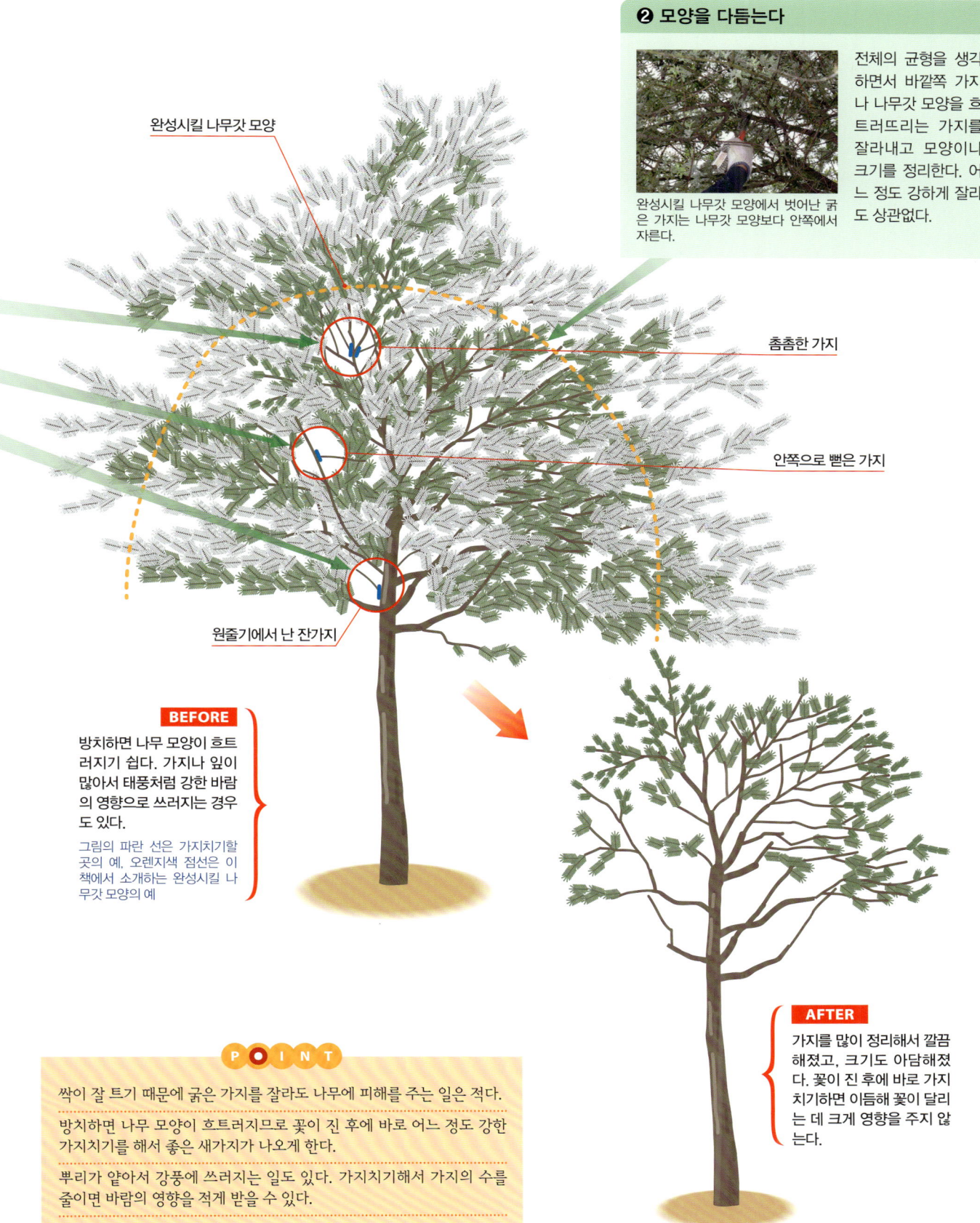

후피향나무

- 층층나무과 후피향나무속
- 학명 : *Ternstroemia gymnanthera* (Wright et Arn.) Sprague

두꺼운 잎과 기품 있는 가지를 가진 정원수

광택이 있는 두꺼운 잎과 왕처럼 기품이 느껴지는 가지 모양이 특징인 나무.
새잎은 붉은빛을 띠고, 반점이 있는 종류도 있다. 원래 해안가에 자생하기 때문에 해풍이나 강한 햇빛에도 강하다. 단, 추위에는 그다지 강하지 않기 때문에 가능한 차가운 바람이 닿지 않는 장소에 심는 것이 좋다. 전남과 경남 지역의 해변과 제주도 산간 지역에 자생하며 우리나라 외에 일본과 타이완에도 분포한다.

크 기	달걀형, 5~8m	가지치기 모양	자연수형, 층층형 등
꽃 색	흰색	내 음 성	다소 강함
열 매 색	붉은색	내 한 성	보통

기본 가지치기(봄)

❶ 필요 없는 가지를 잘라낸다

촘촘한 가지나 위로 뻗은 가지, 안쪽으로 뻗은 가지 등 필요 없는 가지(p.12)는 잘라내어 깔끔하게 정리한다.

위로 뻗은 가지 등을 솎아서 나무 안쪽에도 통풍과 채광이 잘되게 한다.

one point lesson

양손가위를 사용한다

가지나 잎이 많은 나무이므로 모양만 다듬고 싶다면 양손가위를 써도 좋다. 양손가위를 쓰면 가지와 함께 잎도 구별 없이 자르게 되므로 상처 난 잎이 있으면 가지치기 후에 제거하는 것을 잊지 말아야 한다.

양손가위를 쓰면 좀 더 쉽게 모양을 다듬을 수 있다.

깎기 가지치기 후에 마디 중간에서 잘린 부분이 있으면 잘라내어 정리한다.

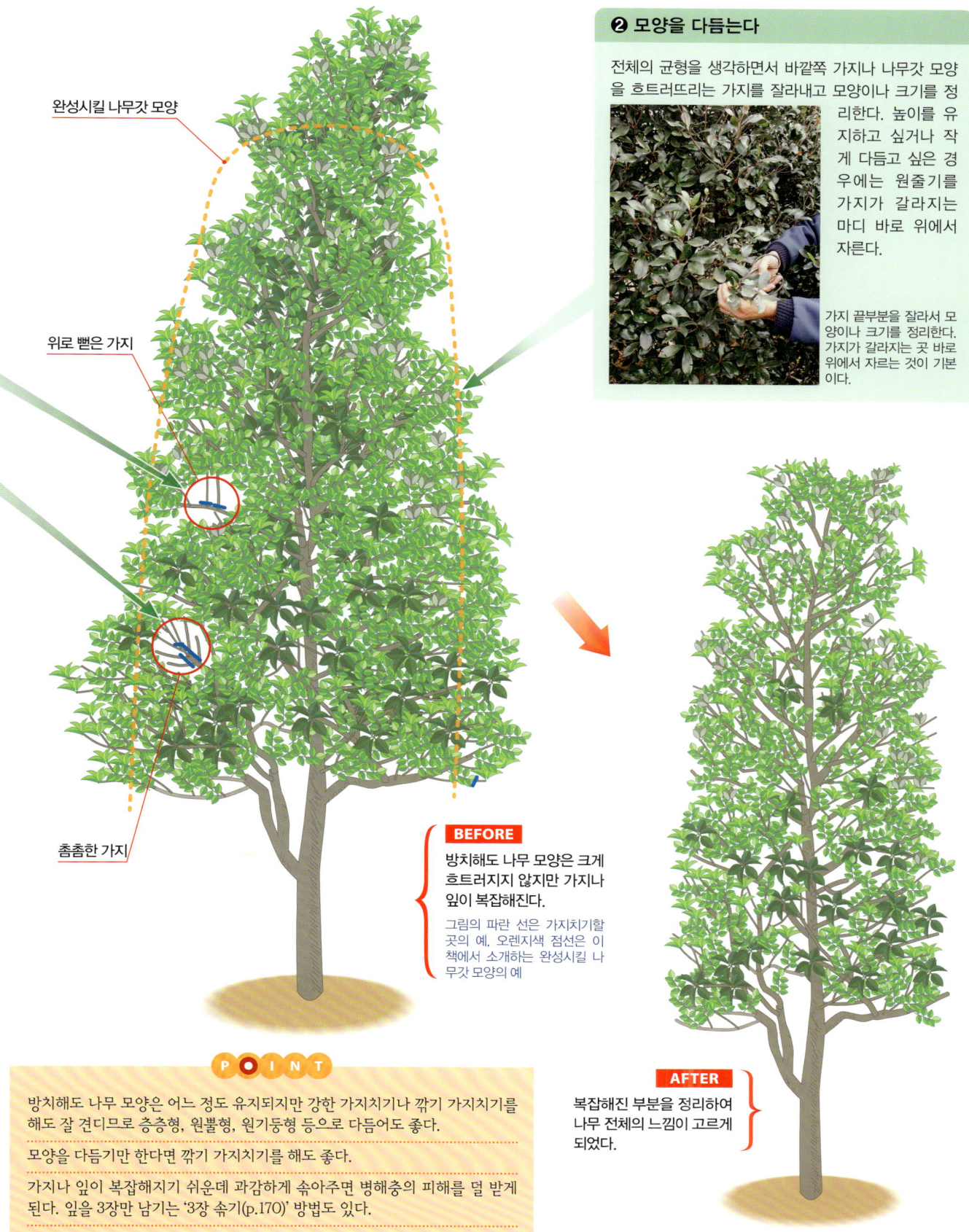

❷ 모양을 다듬는다

전체의 균형을 생각하면서 바깥쪽 가지나 나무갓 모양을 흐트러뜨리는 가지를 잘라내고 모양이나 크기를 정리한다. 높이를 유지하고 싶거나 작게 다듬고 싶은 경우에는 원줄기를 가지가 갈라지는 마디 바로 위에서 자른다.

가지 끝부분을 잘라서 모양이나 크기를 정리한다. 가지가 갈라지는 곳 바로 위에서 자르는 것이 기본이다.

완성시킬 나무갓 모양

위로 뻗은 가지

촘촘한 가지

BEFORE
방치해도 나무 모양은 크게 흐트러지지 않지만 가지나 잎이 복잡해진다.

그림의 파란 선은 가지치기할 곳의 예. 오렌지색 점선은 이 책에서 소개하는 완성시킬 나무갓 모양의 예

AFTER
복잡해진 부분을 정리하여 나무 전체의 느낌이 고르게 되었다.

POINT

방치해도 나무 모양은 어느 정도 유지되지만 강한 가지치기나 깎기 가지치기를 해도 잘 견디므로 층층형, 원뿔형, 원기둥형 등으로 다듬어도 좋다.

모양을 다듬기만 한다면 깎기 가지치기를 해도 좋다.

가지나 잎이 복잡해지기 쉬운데 과감하게 솎아주면 병해충의 피해를 덜 받게 된다. 잎을 3장만 남기는 '3장 솎기(p.170)' 방법도 있다.

팔손이

- 두릅나무과 팔손이속
- 별명 : 팔각금반

손바닥을 닮은 잎을 가지고 그늘에서도 잘 자라는 튼튼한 나무

손바닥 모양의 큰 잎이 특징이다. 우리나라 남해도, 거제도와 일본 등에 자생하며, 정원수로도 많이 심는다(얼룩 무늬 품종도 있다). 튼튼해서 그늘에서도 잘 자라므로 햇빛이 들지 않는 장소에서 가림막으로도 이용할 수 있다. 가을에 작고 흰 꽃이 공 모양으로 피고, 봄에는 검은색 열매를 즐길 수 있다.

기본 가지치기(봄)

높이를 제한한다

높이를 제한하고 싶은 경우에는 원줄기를 자른다. 가지가 갈라지는 마디의 바로 위에서 자르면 그 마디에서 싹이 나와 생장 후에 자연스러운 나무 모양이 된다.

높이를 제한하고 싶은 경우에는 원줄기를 자른다.

그림의 파란 선은 가지치기할 곳의 예

POINT

방치해도 나무 모양은 그다지 흐트러지지 않으므로 가지치기는 크기를 다듬는 정도로 해도 된다.

가지와 잎이 전체적으로 고르게 분포하도록 만들려면 가지치기 후에 겹쳐있는 잎을 잘라내는 것이 좋다.

one point lesson

오래된 잎을 잘라낸다

가지치기가 그다지 필요하지 않은 나무이지만 크고 오래된 잎을 정리하면 깔끔한 나무 모양을 즐길 수 있다.

오래된 잎을 정리하는 경우에는 연결 부분에서 잘라낸다.

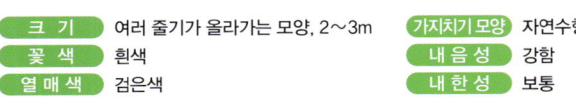

	크 기	여러 줄기가 올라가는 모양, 2~3m	가지치기 모양	자연수형
	꽃 색	흰색	내음성	강함
	열매색	검은색	내한성	보통

내 손으로 직접하는 나무 가지치기

바늘잎나무 가지치기

바늘잎나무 가지치기

바늘잎나무란?

바늘잎나무(침엽수)란 이름 그대로 바늘처럼 끝이 뾰족하고 가는 잎이 달린 나무이다. 대표적인 바늘잎 나무로 삼나무와 나한백 종류가 있다.

가이즈카향나무처럼 방치해도 자연스러운 원기둥형이나 원뿔형으로 나무 모양이 유지되는 종류가 많은 것도 특징이다. 겨울에도 잎이 떨어지지 않고, 1년 내내 아름다운 잎과 나무 모양을 즐길 수 있다.

가지치기 포인트

대부분의 바늘잎나무는 나무 안쪽에 햇빛이 들지 않으면 가지가 마르기 쉽다. 마른 가지는 가지치기할 때 제거한다. 또, 가지와 잎이 많으므로 가지치기할 때는 양손가위로 하는 것이 편리하다. 단, 강한 가지치기는 가지가 마르는 원인이 되기도 하고, 잎이 없는 부분만 남기고 가지치기하면 눈이 나오지 않는 경우도 있으므로 주의한다.

나무 안쪽의 마른 가지는 가지치기할 때 제거한다. 간단하게 손으로 제거할 수 있는 종류도 많다. 사진은 실화백(p.166).

가지치기 시기

일반적으로 바늘잎나무의 가지치기는 겨울~초여름, 그 중에서도 초봄에 하는 것이 좋다고 알려져 있다. 이유는 가지치기, 특히 깎기 가지치기를 할 경우에 겨울~초여름에 실시하면 바로 생장해서 가지치기한 흔적이 눈에 잘 띄지 않게 되기 때문이다.

한편, 깎은 면에 강한 햇빛이 비치면 잎이 타서 피해를 입는 경우도 있으므로 한여름의 가지치기는 피하는 것이 좋다. 단, 나무 종류에 따라서 가지치기 시기가 다른 것도 있으므로 나무 종류에 따른 가지치기 시기는 이 책에 실려 있는 달력을 참조하기 바란다.

대나무, 조릿대류의 가지치기

이 장에서는 대나무(p.160)나 조릿대류(p.153)의 가지치기 방법도 소개하고 있다. 대부분의 대나무나 조릿대류의 가지치기에 적합한 시기는 봄이다. 대나무를 가지치기할 때 1~3마디 정도 남기고 과감하게 자르면 깔끔한 나무 모양을 즐길 수 있다. 한편, 조릿대류는 심(가지의 중심 축)을 손으로 뽑는 것이 요령이다.

가지치기 시기는?

겨울~초여름(11월~6월경)이 기본이다. 특히, 나무에 피해를 주지 않고, 빠르게 생장하여 깎은 흔적이 눈에 띄지 않게 되는 초봄(2월~3월경)이 가장 좋다.

어떤 가지를 자를까?

스텝 1 ➡ 마른 가지를 중심으로 필요 없는 가지(p.12)를 정리한다.

스텝 2 ➡ 나무갓 모양에 맞춰서 바깥쪽 가지를 잘라서 모양과 크기를 다듬는다. 깎기 가지치기(p.18)를 하는 경우가 많다.

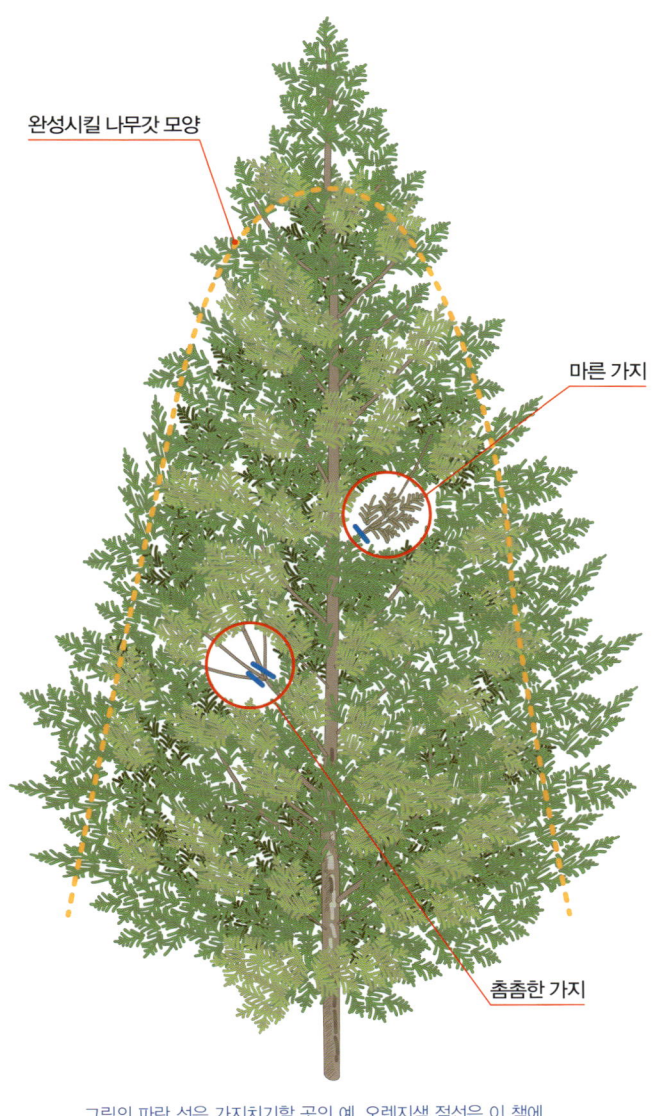

그림의 파란 선은 가지치기할 곳의 예. 오렌지색 점선은 이 책에서 소개하는 완성시킬 나무갓 모양의 예

- 완성시킬 나무갓 모양
- 마른 가지
- 촘촘한 가지

양손가위를 사용한다

바늘잎나무는 가지와 잎이 가는 종류가 많으므로 깎기 가지치기(p.18)를 하면 좀 더 쉽게 나무 모양을 다듬을 수 있다.

손으로 눈을 딴다

나무 모양이 많이 흐트러지지 않는 종류의 경우, 나무의 크기를 그대로 유지하고 싶다면 잎 끝부분을 손으로 따는 방법이 있다. 시간은 걸리지만 절단면이 눈에 띄지 않는 것이 장점이다.

가문비나무류

■ 소나무과 가문비나무속

■ 학명 : *Picea*

크리스마스트리로 친숙한 바늘잎나무

소나무과 가문비나무속에 속하는 늘푸른바늘잎나무를 말한다. 우리나라에는 가문비나무와 독일가문비 등 4종류의 가문비나무속 식물이 지리산, 덕유산, 설악산 등지와 북부지방에서 자란다.
크리스마스트리로 많이 이용하며 전나무류와 생김새는 비슷하지만 솔방울이 아래로 처지는 등의 차이(전나무는 가지 위에 생긴다)가 있다.

기본 가지치기(봄)

모양을 다듬는다

전체의 균형을 생각하면서 바깥쪽 가지나 나무갓 모양을 흐트러뜨리는 가지를 잘라내고 모양이나 크기를 정리한다.

나무갓 모양에서 벗어난 굵은 가지는 몇 마디 안쪽에서 자른다.

갈라진 가지의 끝부분을 자를 때는 가운데 가지가 갈라진 곳 바로 위에서 자르면 깔끔하게 정리된다

높이를 다듬는다

높이를 유지하고 싶거나 작게 다듬고 싶은 경우에는 원줄기를 가지가 갈라지는 마디의 바로 위에서 자른다. 그에 맞게 폭도 좁혀서 원뿔형으로 다시 다듬는다.

사진의 파란 선은 가지치기할 곳의 예

POINT

방치해도 아름다운 원뿔형으로 나무 모양이 유지되므로 가지치기는 크기를 정리하는 정도로 한다.

자라기 시작할 때는 위로 뻗거나 수평으로 자라던 가지가 생장하면서 점점 아래로 늘어지는 것이 특징이다. 공간의 여유가 있다면 어느 정도 옆으로 넓혀서 가지 모양을 즐기기 바란다.

크 기	원뿔형, 5~10m	
꽃 색	–	
열매 색	–	
가지치기 모양	자연수형	
내 음 성	강함	
내 한 성	강함	

	1	2	3	4	5	6	7	8	9	10	11	12
관상												
가지치기												
꽃눈												

가지치기 : 최적기 가능기

구과식물류

- 측백나무과, 소나무과, 주목과 등

- 학명 : Conifer

잎의 색깔이나 나무 모양이 다양하여 기호에 맞게 선택할 수 있다

구과식물이란 겉씨식물의 구과목에서 소철류와 은행나무류를 제외한 종류를 말한다. 잎은 대부분 바늘 모양이고, 열매는 솔방울처럼 나무재질의 비늘 조각이 여러 겹으로 포개어져 둥근 모양이나 원뿔 모양을 이룬다. 독특한 향이 있는 '율마'와 선명한 녹색 잎을 가진 '황금측백' 등 종류가 다양하다.

기본 가지치기(봄)

모양을 다듬는다

바깥쪽 가지나 나무갓 모양을 흐트러뜨리는 가지를 잘라내고 모양이나 크기를 정리한다. 높이를 제한하고 싶으면 상황에 맞게 원줄기를 가지가 갈라지는 마디의 바로 위에서 자른다. 전체의 균형을 생각하면서 작업을 진행해야 한다.

가지를 잘라 나무 모양을 다듬는다.

그림의 파란 선은 가지치기할 곳의 예

one point lesson

양손가위를 사용한다

다른 바늘잎나무와 마찬가지로 양손가위를 사용하면 좀 더 쉽게 모양과 크기를 정리할 수 있다. 가지치기 시기는 초봄이 가장 좋은데 그 이유는 가지치기 후에 바로 싹이 자라서 깎은 면이 눈에 띄지 않게 되기 때문이다.

양손가위를 사용하면 좀 더 쉽게 가지치기할 수 있다.

POINT

방치해도 나무 모양은 그다지 흐트러지지 않는다. 가지치기도 자연수형을 고려하면서 하는 것이 좋다.

강한 가지치기를 하면 잎이 적갈색으로 변하기도 한다.

가지치기의 최적기는 초봄. 바로 새싹이 나와서 깎은 면이 가려지기 때문에 양손가위를 사용할 수 있다.

크 기	원뿔형, 1~10m	
꽃 색	–	
열 매 색	–	
가지치기 모양	원기둥형, 원뿔형 등	
내 음 성	다소 약함	
내 한 성	강함	

	1	2	3	4	5	6	7	8	9	10	11	12
관상												
가지치기		■	■	■				▓	▓	▓	■	
꽃눈												

가지치기 : ■ 최적기 ■ 가능기 ▓ 부적기

가이즈까향나무

- 측백나무과 향나무속
- 학명 : *Juniperus chinensis* 'Kaizuka'

불꽃처럼 말려 올라가는
독특한 나무 모양으로 인기 있는 나무

따뜻한 지역의 해안 부근에 자생하는 향나무의 원예품종. 그다지 크게 자라지 않으므로 산울타리로도 많이 이용한다. 잎은 밝은 녹색이고 가지는 말려 올라가듯이 자란다.
배나무 근처에 있으면 붉은별무늬병의 중간 숙주가 되기 때문에 배나무와 가까운 곳에서 재배하는 것은 피하는 것이 좋다.

크 기	반구형, 4~6m	가지치기 모양	산울타리형, 원뿔형 등
꽃 색	-	내 음 성	보통
열매색	-	내 한 성	강함

	1	2	3	4	5	6	7	8	9	10	11	12
관상												
가지치기		■	■	■	■	■						
꽃눈												

가지치기 : ■ 최적기 □ 가능기

기본 가지치기(봄)

모양을 다듬는다

바깥쪽 가지나 나무갓 모양을 흐트러뜨리는 가지를 잘라내고 모양이나 크기를 정리한다. 높이를 유지하고 싶거나 작게 다듬고 싶은 경우에는 원줄기를 가지가 갈라지는 마디의 바로 위에서 자른다. 나무 안쪽의 마른 가지를 비롯한 필요 없는 가지(p.12)의 정리는 가능한 범위에서만 하면 된다.

가지 끝부분을 잘라서 모양을 다듬는다. 마디 위에서 자르는 것이 기본이다.

one point lesson ❶

가위를 집어넣는다

나무갓 모양에서 크게 벗어난 가지를 자를 때에는 가위를 나무갓 안쪽으로 집어넣고 잘라야 한다. 그렇게 하지 않으면 가위로 자른 자국이 겉으로 보여서 완성된 모습이 지저분하다.

나무갓 모양에 맞춰서 자르면 안된다.

one point lesson ❷

가지와 잎을 손으로 뜯는다

가지 끝이나 잎 끝을 가위로 자르면 어쩔 수 없이 절단면이 눈에 띈다. 절단면이 보이지 않게 하려면 손으로 뜯는 방법도 있다.

가지 끝을 손으로 뜯으면 절단면이 보이지 않는다.

완성시킬 나무갓 모양

one point lesson ❸

격세유전한 가지나 잎은 정리한다

편백 종류는 강한 가지치기를 하면 격세유전(p.27)한 잎이 나오기 쉽다. 격세유전한 가지나 잎은 보기에 좋지 않으므로 가지치기한다.

격세유전한 가지

격세유전한 가지나 잎은 보기에 안 좋다.

BEFORE

생육이 왕성하여 1년을 방치하면 가지의 강약이 눈에 띄게 된다. 독특한 자연수형을 즐기기 위해서는 그대로 두어도 좋지만 흐트러진 느낌이 든다.

그림의 오렌지색 점선은 이 책에서 소개하는 완성시킬 나무갓 모양의 예

AFTER

길게 자란 가지를 정리하여 나무 모양이 깔끔해졌다. 높이를 아담하게 다듬어도 좋다.

POINT

가지가 비스듬히 위로 말려 올라가듯이 자라는 것이 특징이다. 너무 강하게 가지치기를 하면 독특한 나무 모양을 즐기지 못하게 될 수도 있다.

좀 더 쉽게 가지치기하려면 깎기 가지치기로 모양을 다듬으면 된다.

금송

- 낙우송과 금송속

- 학명 : *Sciadopitys verticillata* (Thunb.) Siebold & Zucc.

가늘고 긴 잎을 가진 늘푸른나무

일본 특산종인 늘푸른바늘잎나무. 아름다운 나무 모양과 가늘고 긴 잎이 인기를 모아 남양삼목, 개잎갈나무와 함께 세계 3대 미목으로 일컬어진다. 품격 있는 모습 때문에 정원수로도 많이 심고, 습기에 강해서 예로부터 가구나 건축의 재료로 이용되어 왔다. 우리나라의 경우 대전 이남 지역에 분포한다.

기본 가지치기(봄)

모양을 다듬는다

전체의 균형을 생각하면서 바깥쪽 가지나 나무갓 모양을 흐트러뜨리는 가지를 잘라내고 모양과 크기를 정리한다. 높이를 유지하고 싶거나 작게 다듬고 싶은 경우에는 원줄기를 가지가 갈라지는 마디의 바로 위에서 자른다. 필요 없는 가지(p.12)의 정리는 가능한 범위에서만 하면 된다.

나무갓 모양에서 벗어난 가지는 가지가 갈라지는 곳 바로 위에서 자른다

사진의 파란 선은 가지치기할 곳의 예

one point lesson

양손가위를 사용한다

양손가위로 깎으면 절단면이 잘 보이지만 좀 더 쉽게 나무 모양을 다듬을 수 있다. 봄의 생장기 전이라면 바로 싹이 자라서 절단면이 보이지 않게 되므로 양손가위를 사용해도 좋다.

깎기 가지치기를 하면 좀 더 쉽게 정리할 수 있다. 가지치기 후에는 절단면이 보이지 않게 정리한다.

크 기	넓은 원뿔형, 4~7m	가지치기 모양	자연수형, 원기둥형 등
꽃 색	–	내음성	강함
열매색	–	내한성	다소 강함

	1	2	3	4	5	6	7	8	9	10	11	12
관상												
가지치기		■	■	■			■	■				
꽃눈												

가지치기 : ■ 최적기 ■ 가능기 ■ 부적기

POINT

자연수형이 아름답고, 방치해도 나무 모양은 그다지 흐트러지지 않으므로 가지치기는 크기를 정리하는 정도로 한다.

양손가위를 사용하면 보다 쉽게 나무 모양을 다듬을 수 있다. 깎기 가지치기를 하면 절단면이 잘 보이지만 초봄의 생장기 전이라면 바로 싹이 자라서 눈에 띄지 않게 된다.

조릿대류

- 벼과
- 학명 : Sasa

햇빛이 없어도 잘 자라고 바닥을 장식하는 지피식물로도 좋다

키가 큰 것부터 반점이 있는 것 등 다양한 품종이 있다. 채광이 좋지 않은 장소에서도 잘 자라고, 정원 바닥을 덮는 지피식물로도 이용된다. 대나무와의 차이는 생장과 함께 나무 껍질이 벗겨지는 것이 대나무이고, 계속 붙어있는 것이 조릿대류이다.

기본 가지치기(봄)

돌출된 가지를 잘라낸다

나무갓 모양에서 벗어난 가지가 있으면 연결 부분에서 자른다.

긴 가지는 연결 부분에서 자른다.

모양을 다듬는다

전체의 균형을 생각하면서 심(가지의 중심 축)을 손으로 뽑아서 모양이나 크기를 정리한다. 가위를 사용해도 좋지만 절단면이 눈에 띈다.

심을 뽑아주면 크기를 다듬을 수 있다.

완성시킬 나무갓 모양

그림의 오렌지색 점선은 이 책에서 소개하는 완성시킬 나무갓 모양의 예

one point lesson

새 줄기로 갈이한다
줄기 밑동 부분을 10~20㎝ 정도 남기고 자르면 새 줄기로 갈이할 수 있다.

POINT

높이를 제한하려면 6월경에 심(가지의 중심축)을 뽑는다.
줄기 밑동 부분을 자르면 새 줄기로 갈이할 수 있다. 단, 한여름에 실시하면 새로운 줄기가 자라지 않을 가능성이 있으므로 주의한다.

크 기	대나무형, 0.5~1m	가지치기 모양	자연수형, 산울타리형 등
꽃 색	흰색	내 음 성	강함
열 매 색	–	내 한 성	강함

	1	2	3	4	5	6	7	8	9	10	11	12
관상												
가지치기												
꽃눈												

가지치기 : ■ 최적기 ■ 가능기

나한송

- 나한송과 나한송속
- 별명 : 토송

폭이 넓은 잎을 가진 바늘잎나무

바늘잎나무 중에서는 잎의 폭이 넓고 긴 것이 특징이다. 싹이 잘 트고, 깎기 가지치기에도 잘 견디기 때문에 산울타리형이나 층층형 등 다양한 형태로 즐길 수 있다.
기본적으로는 나무 모양이나 잎을 즐기기 위한 정원수이지만 봄에는 작고 흰 꽃이 피고, 가을에는 녹색 열매가 달린다.

크 기	넓은 달걀형, 3~6m	가지치기 모양	산울타리형, 층층형 등
꽃 색	흰색	내 음 성	강함
열 매 색	녹색~보라색	내 한 성	약함

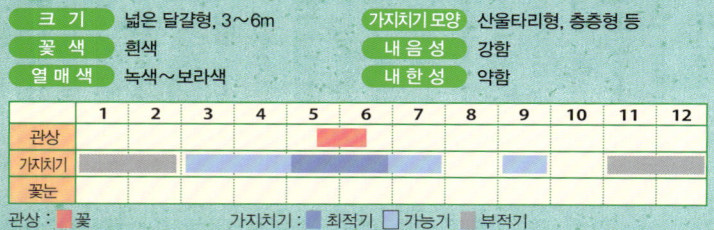

관상 : 꽃   가지치기 : 최적기 ■ 가능기 ■ 부적기 ■

깎기 가지치기(층층형·초여름)

원줄기 부근을 다듬는다

원줄기에서 난 새가지는 기본적으로 필요 없는 가지이다. 새가지가 있으면 연결 부분에서 잘라낸다.

원줄기에서 난 새가지는 연결 부분에서 자른다.

나무갓 모양에서 벗어난 가지를 잘라낸다

양손가위를 사용하기 전에 나무갓 모양에서 많이 벗어난 굵은 가지가 있으면 먼저 잘라낸다. 완성시킬 나무갓 모양보다 몇 마디 안쪽에서 자르는 것이 포인트이다.

완성시킬 나무갓 모양에서 벗어난 가지를 정리할 때는 나무갓 모양보다 안쪽에서 자른다.

양손가위로 깎는다

튀어나온 가지의 정리가 끝난 후, 양손가위로 모양과 크기를 다듬는다. 어림잡아 깎은 후 조금 떨어진 곳에서 살펴보고 울퉁불퉁한 부분을 다시 깎으면 깔끔하게 완성된다.

기본 모양이 만들어져 있는 것은 그 모양에 맞게 깎는다.

one point lesson

아랫부분을 정리한다

층층형으로 보기 좋게 다듬기 위해서는 타원모양의 아랫부분도 깔끔하게 깎아주는 것이 중요하다.

보기 좋게 완성하기 위해서는 하단부를 깎는 것이 중요하다.

완성시킬 나무갓 모양

BEFORE
기본 모양이 만들어져 있으면 그다지 많이 흐트러지지 않지만 가지와 잎이 자라서 지저분하다.

그림의 오렌지색 점선은 이 책에서 소개하는 완성시킬 나무갓 모양의 예

AFTER
필요 없는 가지를 정리하여 깔끔해졌다. 본래의 아름다움이 한층 두드러진다.

 POINT

싹이 잘 트고 깎기 가지치기에도 잘 견디므로 산울타리형이나 층층형 등 다양한 방법으로 가지치기가 가능하다.

기본적인 모양이 만들어져 있는 것은 마른 가지나 잎을 제거하고, 기본 모양을 따라 가지와 잎을 자른다.

초여름의 성장기에 가지치기하면 새가지가 바로 자라므로 절단면이 잘 보이지 않는다.

낮은키편백

- 측백나무과 편백속
- 학명 : *Chamacyparis obtusa* cv. Breviramea

가지와 잎이 짧게 모여서 자라는 정원수

큰키나무인 편백과는 달리 편백나무의 원예 품종으로 낮은키나무에 속한다. 편백속의 다른 나무와 비교해 가지나 잎이 짧고 빽빽하게 자란다. 싹이 잘 트기 때문에 다양한 모양으로 즐길 수 있다. 반점이 있는 품종도 있고, 동양풍 정원은 물론 서양풍 정원에서도 정원수로 많이 이용된다.

크 기	원기둥형, 3~6m	가지치기 모양	원기둥형, 층층형 등
꽃 색	–	내음성	강함
열매색	–	내한성	강함

	1	2	3	4	5	6	7	8	9	10	11	12
관상												
가지치기												
꽃눈												

가지치기 : ■ 최적기 □ 가능기 ■ 부적기

기본 가지치기(봄)

❶ 필요 없는 가지를 잘라낸다

나무 안쪽의 마른 가지를 비롯하여 필요 없는 가지(p.12)를 정리한다. 마른 가지는 가위로 자르는 방법 이외에 손이나 빗자루로 간단하게 털어낼 수 있다.

먼저 나무 안쪽의 마른 가지를 정리한다.

❷ 모양을 다듬는다

전체의 균형을 생각하면서 바깥쪽 가지나 나무갓 모양을 흐트러뜨리는 가지를 잘라서 모양과 크기를 정리한다.

가지 끝부분을 잘라서 모양이나 크기를 다듬는다. 가지가 갈라진 곳 바로 위에서 자르는 것이 기본이다.

one point lesson

가지나 잎을 손으로 뜯는다

가지 끝을 가위로 자르면 아무래도 절단면이 눈에 잘 보인다. 절단면이 보이지 않도록 손으로 뜯는 방법도 있다.

가지 끝부분을 손으로 뜯으면 절단면이 눈에 띄지 않는다.

완성시킬 나무갓 모양

모양을 다듬는다(높이)

높이를 유지하고 싶거나 작게 다듬고 싶은 경우에는 높이 자란 원줄기를 자른다.

가지 끝부분과 마찬가지로 원줄기도 가지가 갈라지는 곳 바로 위에서 자르는 것이 기본이다.

마른 가지

BEFORE

방치하면 길게 자란 가지가 나무갓 모양에서 벗어난다. 또, 나무 안쪽에는 마른 가지가 눈에 띈다.

그림의 파란 선은 가지치기할 곳의 예, 오렌지색 점선은 이 책에서 소개하는 완성시킬 나무갓 모양의 예

AFTER

나무갓을 정리하여 깔끔한 원기둥형으로 마무리하였다. 원뿔형으로 가지치기하는 경우도 많다.

POINT

싹이 잘 트기 때문에 깎기 가지치기에도 잘 견디고, 층층형 등 다양한 모양을 즐길 수 있다.

절단면을 보기 좋게 만들기 위해서 가지 끝이나 잎 끝을 손으로 뜯는 방법도 있다.

방치해도 나무 모양은 그다지 흐트러지지 않으므로 가지치기는 마른 가지를 솎아주고 가지 끝부분을 자르는 정도로 하면 된다.

157

눈주목

- 주목과 주목속
- 학명 : *Taxus cuspidata* var. *nana*

바늘 모양의 가는 잎이 아름답고 다양한 모양으로 즐길 수 있다

정원수로 많이 심는 '주목'의 변종으로 주목보다 생장속도가 느리고 옆으로 퍼진다. 일본 원산으로 우리나라의 경우 전라남도와 강원도 지역에 분포한다. 바늘 모양의 가는 잎이 아름답고, 산울타리를 비롯해 다양한 모양으로 즐길 수 있으며, 새싹이 황금색인 품종도 많이 심는다.

크 기	반구형, 2~5m	가지치기 모양	산울타리형, 반구형 등
꽃 색	–	내 음 성	강함
열 매 색	붉은색	내 한 성	강함

	1	2	3	4	5	6	7	8	9	10	11	12
관상												
가지치기												
꽃눈												

가지치기 : ■ 최적기 □ 가능기 ■ 부적기

깎기 가지치기(봄)

굵은 가지를 잘라낸다

깎기 가지치기를 쉽게 하기 위해 먼저 나무갓 모양에서 벗어난 굵은 가지를 잘라낸다. 생각하고 있는 깎을 면보다 몇 마디 안쪽에서 자르는 것이 포인트이다.

깎기 전에 먼저 나무갓 모양에서 벗어난 굵은 가지를 정리한다.

양손가위로 깎는다

굵은 가지를 정리한 다음 양손가위로 모양이나 크기를 다듬는다.

양손가위로 크기를 다듬는다.

완성시킬 나무갓 모양

BEFORE
길게 자란 가지가 눈에 띄어서 정리된 느낌이 들지 않는다

그림의 파란 선은 가지치기할 곳의 예, 오렌지색 점선은 이 책에서 소개하는 완성시킬 나무갓 모양의 예

AFTER
긴 가지를 정리해서 깔끔한 반구형이 되었다.

절단면 등을 다듬는다

깎기 가지치기가 끝나면 절단면이 눈에 띄는 곳이나 길게 남은 가지를 가지가 갈라지는 마디의 바로 위에서 자르고 마무리한다.

절단면이 눈에 띄는 곳을 한 번 더 잘라주면 좀 더 보기 좋게 완성할 수 있다.

POINT

싹이 잘 트고 깎기 가지치기에도 잘 견디므로 다양한 모양을 즐길 수 있다. 가지를 구부려서 유인하기 쉬우므로 원하는 모양을 만드는 것도 가능하다.

생육은 비교적 느린 편이어서 나무 모양을 만들기 위해서는 어느 정도 시간이 필요하다.

대나무

- 대나무아과
- 별명 : 대, 죽

변함없이 아름다운 줄기와 잎이
지조와 절개를 상징하는 나무

대나무아과에 속하는 상록성 식물을 통틀어 대나무라고 한다. 예로부터 매화·난초·국화와 함께 사군자(四君子)로 일컬어져 왔고, 특히 사철 푸르고 곧게 자라는 성질이 있어서 지조와 절개의 상징으로 인식되었다.
대나무 줄기는 건축이나 공예품의 소재로 이용되고, 어린 줄기는 죽순으로 먹는 등 우리 생활과 관계가 깊은 나무이다.

크 기	대나무형, 2~10m	가지치기 모양	자연수형, 산울타리형 등
꽃 색	-	내 음 성	보통
열 매 색	-	내 한 성	다소 강함

	1	2	3	4	5	6	7	8	9	10	11	12
관상												
가지치기												
꽃눈												

가지치기 : ■ 최적기 □ 가능기

기본 가지치기(등죽·봄)

가지 수를 줄인다

오랜 기간 방치하면 하나의 마디에서 가지가 많이 나와 복잡해진다. 줄기와 연결된 부분에서 잘라내어 가지 수를 줄이면 깔끔해진다.

가지가 복잡한 부분은 가지 수를 줄인다.

가지를 정리한다

대나무 특유의 깔끔한 나무 모양을 즐기기 위해서 가지를 1마디(상황에 따라서는 2~3마디도 좋다) 정도 남기고 잘라낸다. 1개월 정도 지나면 가지가 다시 자라서 보기 좋은 나무 모양이 된다.

↓

1~3마디를 남기고 가지를 자른다. 한꺼번에 자르는 것이 편하다.

one point lesson

품종에 따른 가지치기 방법의 차이

대나무는 종류가 많지만 가지치기 방법은 기본적으로 같다. 단, 오죽이나 한죽은 등죽보다 눈의 수가 적고 빽빽하게 자라지 않기 때문에 가지를 정리할 때 약간 길게 (1마디가 아니고 2~3마디)남기면 좀 더 보기 좋게 완성할 수 있다.

높이를 조절한다

높이를 유지하고 싶거나 작게 다듬고 싶은 경우에는 높이 자란 원줄기를 자른다.

가지가 갈라지는 마디의 바로 위에서 잘라 높이를 조절한다.

대나무 바늘잎나무 가지치기

BEFORE

가지가 자라서 잎이 지나치게 무성해졌기 때문에 대나무가 가진 청량감이나 줄기의 아름다움을 느낄 수 없다.

그림의 파란 선은 가지치기할 곳의 예

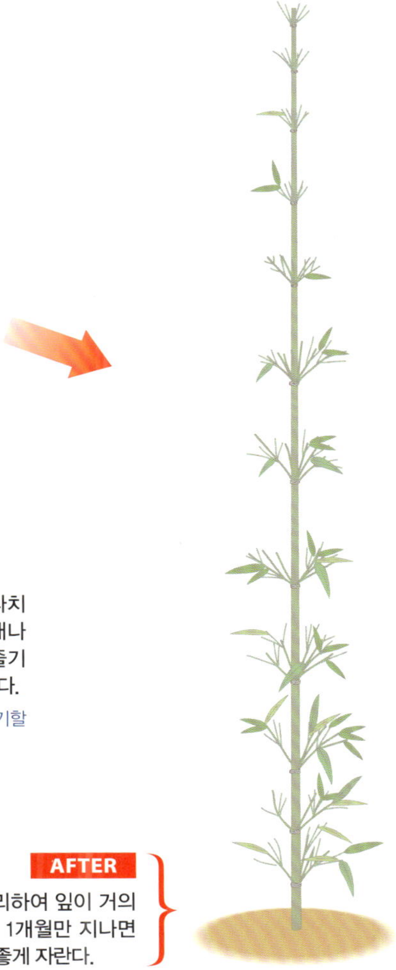

AFTER

가지를 정리하여 잎이 거의 없는 상태. 1개월만 지나면 잎이 보기 좋게 자란다.

POINT

아름다운 줄기를 즐기고 싶다면 가지를 1~3마디 남기고 정리한다.

오래된 줄기는 지면 가까이에서 자르면 새 줄기로 갈이할 수 있다.

소나무

- 소나무과 소나무속
- 별명 : 솔, 솔나무, 소오리나무

예로부터 많은 사랑을 받아온 한국을 대표하는 나무

선비의 절개를 상징하는 나무로 사랑을 받아온, 우리나라를 대표하는 나무이다. 소나무는 목재로 이용하는 것은 물론, 어려운 시절에는 구황식물이었고, 차와 술을 만들거나 화분으로 다식을 만들어 먹는 등 다양하게 쓰인다.

소나무속에는 100여 종 이상의 나무가 있는데 우리나라에는 소나무, 잣나무 곰솔 등이 자생한다. 햇빛이 잘 들고 건조한 곳을 좋아하며, 아름다움을 유지하려면 부지런히, 꼼꼼하게 손질해야 한다.

크 기	흐트러진 넓은 달걀형, 6~10m	가지치기 모양	자연수형, 층층형 등
꽃 색	-	내 음 성	약함
열매색	-	내 한 성	강함

	1	2	3	4	5	6	7	8	9	10	11	12
관상												
가지치기		■	■		■	■					■	■
꽃눈												

가지치기: ■ 최적기 □ 가능기

기본 가지치기+잎따기(겨울)

모양을 다듬는다

원가지에서 자란 가지를 잘라서 모양을 다듬는다. 전체의 균형을 생각하면서 각각의 가지를 상황에 맞는 길이로 다듬고, 촘촘한 가지는 연결 부분에서 잘라낸다.

균형이 맞지 않으면 연결 부분에서 잘라낸다.

마른 가지를 제거한다

방치해서 가지가 빽빽해지면 나무 안쪽의 가지나 잎이 말라버린다. 마른 가지나 마른 잎이 보이면 제거한다.

마른 잎은 손으로 제거할 수 있다.

가지 수를 정리한다

하나의 마디에서 가지가 뭉쳐서 나오므로 1마디당 2~3개만 남기고 가지를 정리한다(잔가지를 남긴다).

하나의 마디에 2~3개의 가지만 남기고 정리한다.

'잎따기'를 한다

마지막 마무리로 가지 끝에 5~6쌍의 잎만 남기고 아래쪽에 붙어있는 잎을 손으로 딴다(잎따기/p.164).

가지 중간에 있는 잎을 딴다.

가지치기 전의 모식도

BEFORE
가지와 잎이 자라서 전체적으로 잎이 빽빽하게 모여 있다. 이 상태로는 본래의 아름다운 나무 모양을 즐길 수 없다.

가지치기 후의 모식도

AFTER
잎을 솎아서 깔끔해졌고, 채광과 통풍이 잘되서 병충해 걱정도 줄었다.

POINT

너무 강한 가지치기를 하면 나무에 피해를 주기도 한다. 나무 모양을 다시 만들고 싶은 경우에는 전문가와 상담하는 것도 방법이다.

11~2월경에는 가지 끝에만 잎을 남기고, 아래쪽에 붙어있는 잎을 손으로 딴다(잎따기/p.164).

5~6월경에는 잎이 자라기 전에 새싹을 따는 '눈따기(p.165)'를 한다.

7월경에 새가지를 정리하면 겨울에는 '잎따기'를 자주 하지 않아도 된다.

소나무 가지치기

11~2월에는 '잎따기'
5~6월에는 '눈따기'

손질한 소나무의 나무 모양에는 독특한 아름다움이 있다. 단, 그 모습을 즐기기 위해서는 약간의 노력이 필요하기 때문에 전문적인 정원사도 '소나무 손질이 가능하면 훌륭한 정원사'라고 말할 정도이다.

소나무는 마른 가지를 제거하고 촘촘한 가지를 솎아주는 기본 가지치기와 함께 '잎따기'와 '눈따기'라는 소나무만을 위한 가지치기가 필요하다.

오랜 기간 방치하면 나무 모양이 흐트러지는 것은 물론, 가지와 잎이 촘촘해져서 병해충이 발생하기 쉽다. '소나무 가지치기'라고 하면 어렵다는 느낌이 강하고, 실제로 나무 모양을 다시 만드는 등의 강한 가지치기는 전문가에게 맡기는 것이 좋을 수도 있지만, '잎따기'나, '눈따기'는 혼자서도 할 수 있다. 섬세한 작업이어서 시간이 걸리기는 하지만 꼼꼼하게 손질하여 보기 좋게 완성하자.

잎따기(11~2월)

'잎따기'는 겨울에 하는 작업으로 가지 끝부분의 잎만 남기고 아래쪽에 붙어있는 잎을 손으로 따는 작업을 말한다. 잎따기는 섬세한 작업이므로 가위를 사용해도 시간을 단축하기 어렵다. 잎을 따주면 겉모습이 좀 더 깔끔해지고, 채광이나 통풍이 잘 되서 병충해도 줄어든다. p.162에 나와 있는 것처럼 2~3년 방치한 소나무의 모양을 정리할 때는 물론이고, 기본적으로 해마다 하는 것이 좋다.

❶ 먼저 가지 끝부분의 새가지를 2~3개만 남기고 식목가위로 잘라낸다.

잎이 무성하고, 전체적으로 덥수룩한 인상을 준다.

❷ 가지 끝부분의 잎만 남기고(기준은 5~6쌍), 아래쪽에 있는 잎을 딴다.

잎은 가지 끝부분에만 남기고 과감하게 솎아도 좋다.

눈따기(5~6월)

소나무는 싹이 잘 트고, 생장도 빨라서 가지나 잎이 촘촘해지기 쉬운 나무이다. 그래서 촘촘해지는 것을 방지하기 위해 잎이 되기 전의 새눈을 짧게 정리한다. 그리고 더 이상 자라지 않길 바라는 가지의 경우 그 끝에 붙어있는 싹이 트기 전의 눈을 제거한다. 이러한 작업을 '눈따기'라고 한다.

❶ 자라기 시작한 새눈을 3~4쌍의 잎을 남기고 잘라낸다.

이 시기까지 눈이 자라 가지 끝부분이 무성해졌다.

❷ 아직 잎이 나오지 않은 새눈을 딴다. 손으로 돌리면서 당기면 간단하게 제거할 수 있다.

가지 끝부분을 잘라서 눈 수를 줄였더니 상당히 깔끔해졌다.

❸ 눈이 많으면 1곳에 2~3개 정도만 남기고 정리한다.

one point lesson

7월에도 정리한다

7월이 되면 가지와 잎이 자란다. '잎따기'와 '눈따기'를 한 다음 7월에 좀 더 손질을 하면 아름다운 나무 모양을 즐길 수 있다. 나무 모양을 흐트러뜨릴 정도로 길게 자란 가지가 있으면 자르고, 잎이 촘촘해진 부분이 있으면 오래된 잎을 손으로 따서 솎아준다.

길게 자란 가지가 있으면 잘라서 모양을 정리한다.

실화백

- 측백나무과 편백속
- 별명 : 실향나무

실처럼 섬세한 잎이 아름답게 늘어진다

가지가 가늘고 길게 자라고, 이름 그대로 실처럼 가는 잎이 아름답게 늘어지는 늘푸른바늘잎나무이다. 깎기 가지치기에도 잘 견디기 때문에 다양한 형태로 즐길 수 있다.
비옥한 토양을 좋아하고 병충해에도 강하지만 햇빛을 받지 못하면 잎 색깔이 나빠진다.

크 기	넓은 원뿔형, 3~5m	가지치기 모양	자연수형, 층층형 등
꽃 색	-	내음성	보통
열매색	-	내한성	강함

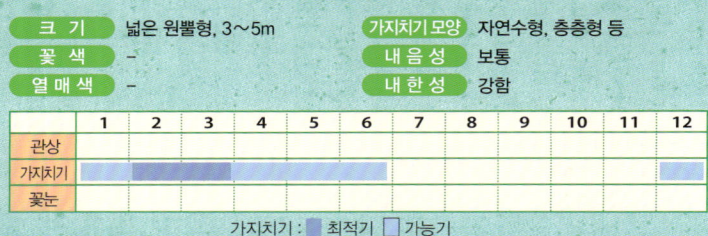

기본 가지치기(봄)

❶ 필요 없는 가지를 잘라낸다

촘촘한 가지나 마른 가지, 교차한 가지 등 필요 없는 가지(p.12)는 잘라내어 깔끔하게 정리한다. 나무 안쪽의 햇빛이 들지 않는 아랫부분에 위치한 가지는 마르기 쉬우므로 마른 가지가 있으면 정리한다.

나무 안쪽의 마른 가지를 정리한다. 손으로 제거하면 좀 더 쉽게 정리할 수 있다.

하나의 마디에서 여러 개의 가지가 나온 경우에는 가지를 잘라서 정리한다.

❷ 모양을 다듬는다

전체의 균형을 생각하면서 바깥쪽 가지나 나무갓 모양을 흐트러뜨리는 가지를 잘라내고 모양과 크기를 정리한다. 잎을 남기지 않고 자르면 그 가지에서 눈이 나오지 않을 가능성이 있으므로 주의해야 한다.

가지 끝부분을 잘라서 모양이나 크기를 정리한다. 굵은 가지를 자르고 잔가지는 남긴다.

one point lesson

양손가위를 사용한다

가지 수가 많기 때문에 양손가위를 사용하면 좀 더 쉽게 가지치기 할 수 있다. 깎기 가지치기를 할 경우에는 대부분의 다른 나무와 마찬가지로 가지치기 후에 굵은 가지를 식목가위로 정리한다.

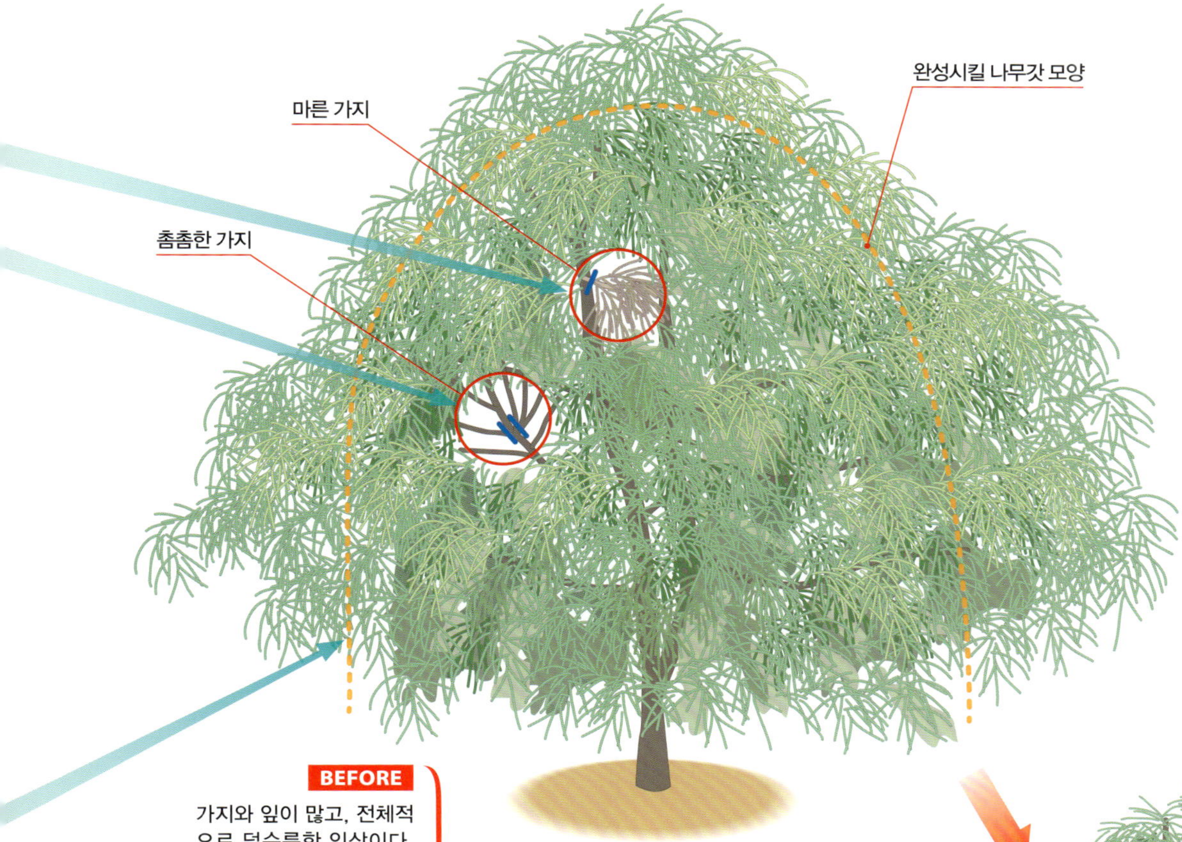

양손가위를 사용하면 좀 더 쉽게 모양을 다듬을 수 있다.

완성시킬 나무갓 모양

마른 가지

촘촘한 가지

BEFORE
가지와 잎이 많고, 전체적으로 덥수룩한 인상이다. 이래서는 잎이 늘어지는 아름다운 나무 모양을 즐길 수 없다.

그림의 파란 선은 가지치기할 곳의 예. 오렌지색 점선은 이 책에서 소개하는 완성시킬 나무갓 모양의 예

POINT

나무 안쪽의 잎이 마르기 쉬우므로 촘촘한 가지를 솎아서 채광과 통풍이 잘되게 한다.

잎을 남기지 않고 가지를 잘라버리면 그 가지에서는 눈이 나오지 않을 가능성이 있으므로 주의해야 한다. 녹색 잎을 남기고 가지치기한다.

나무 모양이 크게 흐트러진 경우에는 깎기 가지치기를 해도 좋다.

AFTER
필요 없는 가지를 잘라서 깔끔해졌고, 높이도 상황에 맞게 정리하였다.

황금화백

- 측백나무과 편백속
- 학명 : *Chamaecyparis pisifera* 'Plumosa Aurea'

꽃과 비교해도 뒤지지 않는 황금색 잎이 아름다운 나무

가지 끝에 빼빽하게 달린 아름다운 황금색 잎이 특징이다. 잎은 햇빛을 많이 받을수록 선명한 색을 띠는데 꽃에 뒤지지 않을 정도로 아름답다.
방치하면 원뿔형으로 성장하지만 깎기 가지치기에도 잘 견디므로 산울타리로도 이용할 수 있다. 토질에 그다지 까다롭지 않고, 추위에도 강한 튼튼한 나무이다.

크 기	원뿔형, 10m	가지치기 모양	산울타리형, 원뿔형 등
꽃 색	–	내 음 성	약함
열매색	–	내 한 성	강함

	1	2	3	4	5	6	7	8	9	10	11	12
관상												
가지치기												
꽃눈												

가지치기 : ■ 최적기 □ 가능기

깎기 가지치기(봄)

나무 안쪽을 정리한다

나무 안쪽에 마른 가지가 눈에 띄면 깔끔하게 정리한다. 마른 가지는 손으로 간단하게 제거할 수 있다.

나무 안쪽의 마른 가지는 손으로 제거한다.

굵은 가지를 잘라낸다

깎기 가지치기를 쉽게 하기 위해서 나무갓 모양에서 벗어난 굵은 가지가 있으면 미리 잘라낸다. 완성시킬 나무갓 모양보다 몇 마디 안쪽에서 자르는 것이 포인트이다.

가지치기를 하기 전에 나무갓 모양에서 벗어난 굵은 가지를 정리한다.

양손가위로 깎는다

굵은 가지의 정리가 끝나면 양손가위로 모양이나 크기를 다듬는다.

양손가위로 모양을 다듬는다.

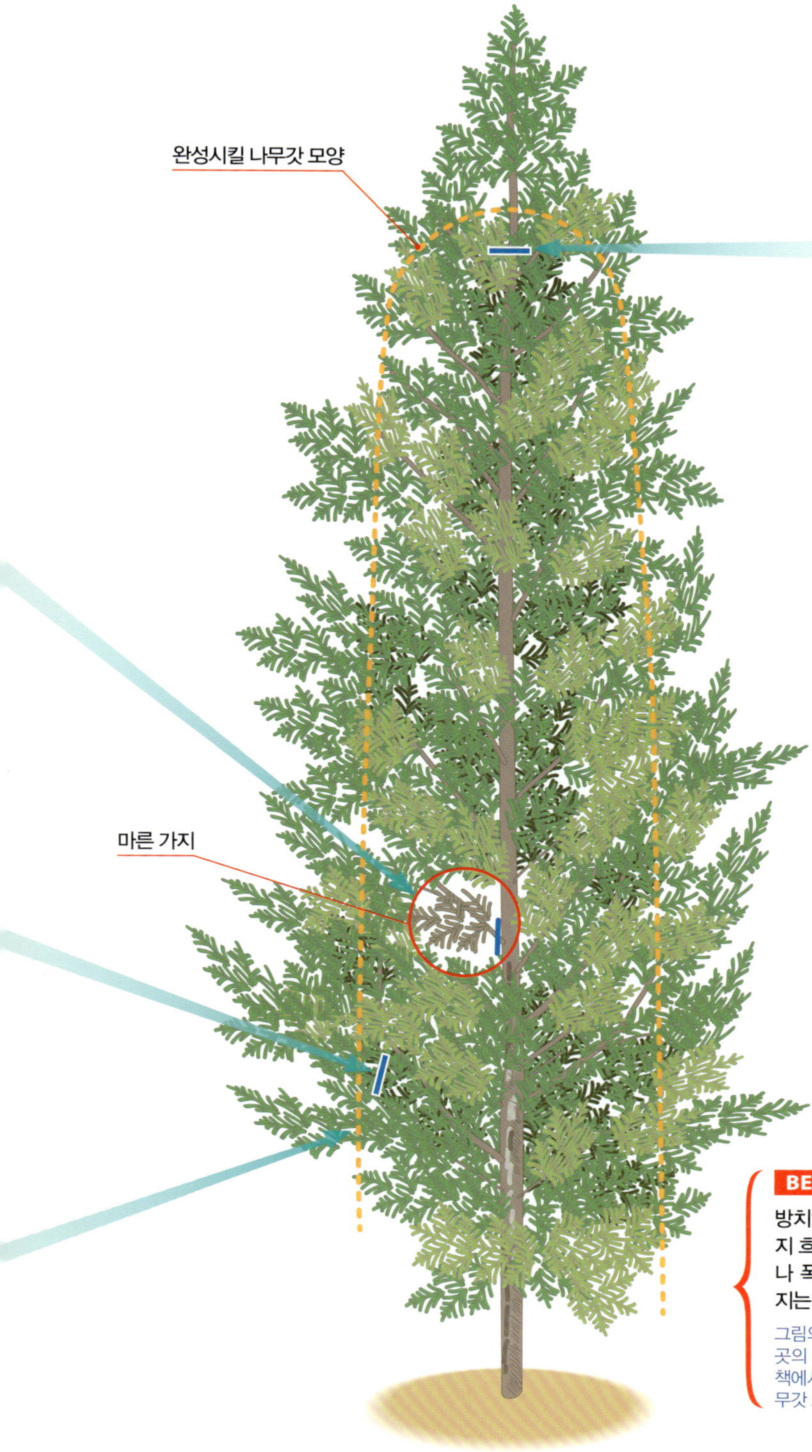

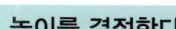

완성시킬 나무갓 모양

높이를 결정한다

생육이 빠른 나무이므로 높이를 유지하고 싶거나 작게 다듬고 싶은 경우에는 원줄기를 자른다.

원줄기를 잘라 상황에 맞는 높이로 다듬는다.

마른 가지

BEFORE
방치해도 나무 모양은 그다지 흐트러지지 않지만 높이나 폭이 필요 이상으로 커지는 경우도 있다.

그림의 파란 선은 가지치기할 곳의 예. 오렌지색 점선은 이 책에서 소개하는 완성시킬 나무갓 모양의 예

AFTER
높이와 폭을 아담하게 다듬었다.

POINT

방치해도 자연스러운 나무 모양을 유지하지만 생장이 빨라서 지나치게 크게 자랄 가능성도 있다.

싹이 잘 트기 때문에 깎기 가지치기에도 잘 견딘다.

가지치기 시기는 생장이 시작되는 초봄이 가장 좋다. 그 시기에 가지치기하면 깎은 자국이 곧 눈에 띄지 않게 된다.

여러 가지 가지치기 방법

정성을 들여 아름다움을 추구하다

● 유럽에서 보급된 '토피어리'

동서양을 막론하고 예로부터 사람은 정원에 나무를 심고 그 아름다움을 즐겨왔다. 그리고 오랜 역사 속에서 나무를 보다 아름답게 가꾸기 위한, 다양한 가지치기 방법을 발전시켰다.

토피어리도 그러한 가지치기 방법 중 하나이다. 토피어리란 '식물을 인공적이고 입체적인 모양으로 만든 조형물'을 말하는 것으로 라틴어의 'TOPIA(깎기)'에서 유래된 이름이다. 나무를 동물 모양으로 깎아 놓은 것을 떠올려 보면 쉽게 이해가 될 것이다.

토피어리는 유럽에서 보급된 기술로 그 역사는 기원전 고대 로마 시대까지 거슬러 올라간다고 한다. 토피어리의 대상이 되는 나무는 구과식물류 등의 바늘잎나무나 서양주목 등의 싹이 잘 트는 늘푸른나무이다. 토피어리를 만들기 위한 가지치기 방법은 기본적으로 모양에 맞게 깎아주기만 하면 된다. 철사로 만든 틀을 사용하면 좀 더 쉽게 모양을 만들 수 있다.

의자 모양의 토피어리

● '2장 솎기'와 '3장 솎기'

가지치기 기술이 발달한 일본의 경우 독특한 모양으로 다듬는 가지치기 방법이 오래전부터 발달되어 왔다. 소나무의 층층형 가지치기 모양도 역사가 오래된 것이다.

또, 감탕나무의 '2장 솎기'나 후피향나무의 '3장 솎기'도 오래 전부터 행해지던 가지치기 방법이다. 이것은 보다 아름다운 모양을 만들기 위한 기술로 기본적인 가지치기를 한 뒤에 가지 끝의 잎을 각각 2장, 3장만 남기고 손으로 딴다. 어느 쪽이나 손이 가는 일이지만 누구나 할 수 있는 가지치기 방법이므로 여러분도 한 번 도전해보기 바란다.

가지 끝의 잎을 손으로 따서(사진 왼쪽) 2장만 남긴 감탕나무의 2장 솎기.

잎을 3장만 남긴 후피향나무의 3장 솎기. 매우 깔끔해져서 아름다운 모습이 돋보인다.

내 손으로 직접하는 나무 가지치기
과일나무 가지치기
⑤

과일나무 가지치기

과일나무란?

먹을 수 있는 열매가 달리는 나무를 과일나무라고 한다. 감나무는 대표적인 과일나무로 오래전부터 정원수로 우리와 친숙하며, 최근에는 열매뿐 아니라 아름다운 꽃도 즐길 수 있는 페이조아 등이 인기를 얻고 있다.

과일나무는 감나무나 키위처럼 겨울에 잎이 떨어지는 낙엽성 과일나무와 비파나무나 페이조아 같은 상록성 과일나무로 나눌 수 있다.

가지치기 포인트

열매 수확만을 목적으로 하는 가지치기 방법도 있지만 과일나무를 정원수로 심을 경우에는 공간의 제한이 있고, 나무 모양을 아름답게 유지하려는 목적도 있기 때문에 이 책에서는 열매달림과 나무를 심는 여러 가지 목적을 고려한 가지치기 방법을 소개한다.

기본적인 가지치기 방법은 낙엽성 과일나무는 '갈잎나무 가지치기(p.30)', 상록성 과일나무는 '늘푸른나무 가지치기(p.84)'와 동일한데 열매를 수확하기 위해서는 가지치기할 때 열매의 근원이 되는 꽃눈이나 꽃에 신경을 써야 한다. 또한, 꽃이 많은 것이 반드시 좋은 것은 아니며, 꽃을 어느 정도 솎아주어야 튼튼하고 좋은 열매를 얻을 수 있다.

꽃자루(사진은 감나무 p.176)나 아직 익지 않은 열매를 어느 정도 솎아주어야 튼튼하고 좋은 열매를 얻을 수 있다

가지치기 시기

기본적으로 감나무나 키위 같은 낙엽성 과일나무는 낙엽기에, 감귤류나 비파나무 같은 상록성 과일나무는 봄에 가지치기하는 것이 좋다. 또, 튼튼하고 좋은 열매를 원하거나 다음 수확기에 열매달림을 유지하면서 크기를 다듬고 싶은 경우에는 열매가 달릴 가지를 확실히 알 수 있는 시기인 꽃이 진 후에 가지치기하는 방법도 있다.

나무 종류에 따라서 가지치기에 적합한 시기가 다른 경우도 있으므로 각각의 나무 종류에 따른 가지치기 시기는 이 책에 있는 달력을 참조하기 바란다.

낙엽성(사진 오른쪽) 과일나무는 낙엽기에, 상록성(사진 왼쪽) 과일나무는 봄에 가지치기하는 것이 기본이다.

가지치기 시기는?

- 낙엽성 과일나무 ➡ 나무 모양을 정리하고 싶은 경우에는 낙엽기(12~2월경)에 실시한다.
- 상록성 과일나무 ➡ 나무에 피해가 가지 않는 봄(3월경)에 실시한다.
- 열매를 위해서는 ➡ 열매가 될 부분을 알 수 있는 시기인 꽃이 진 후에 실시한다.

어떤 가지를 자를까?

- 스텝 1 ➡ 복잡해진 가지나 위로 뻗은 가지 등 필요 없는 가지(p.12)를 잘라낸다.
- 스텝 2 ➡ 나무갓 모양에 맞게 바깥쪽 가지를 잘라서 모양이나 크기를 다듬는다.

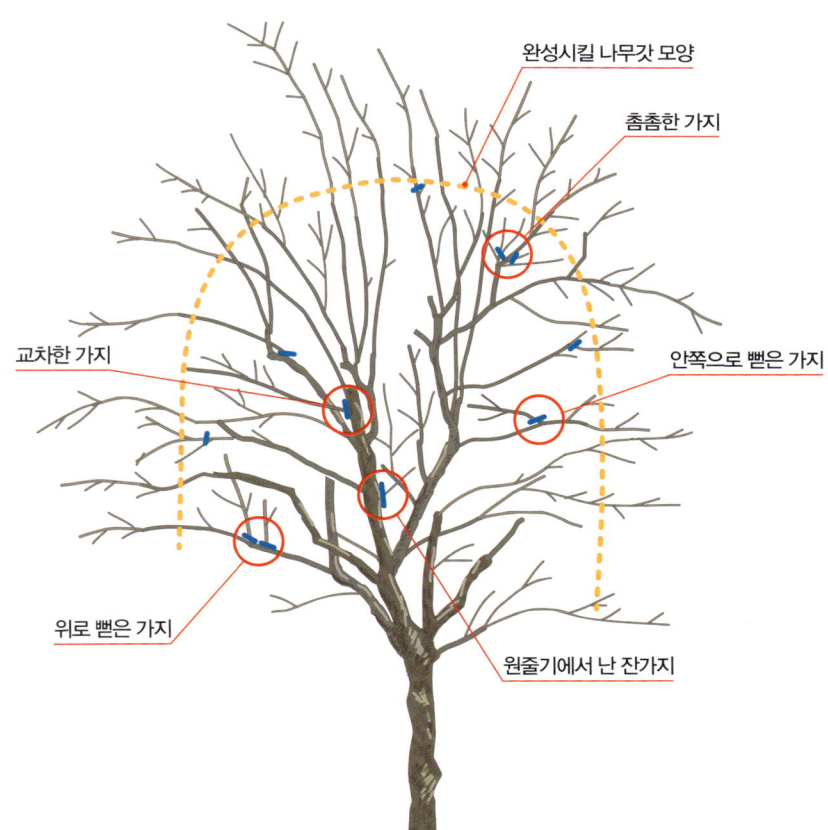

완성시킬 나무갓 모양
촘촘한 가지
교차한 가지
안쪽으로 뻗은 가지
위로 뻗은 가지
원줄기에서 난 잔가지

열매 수확 방법

반드시 이렇게 해야 된다는 규정은 없으며, 열매와 가지의 연결 부분을 자르면 된다. 또한, 대부분의 과일나무는 올해 열매가 달린 가지에는 이듬해 열매가 달리지 않기 때문에 모양을 다듬기 위해서 열매를 수확할 때 가지째 잘라 버리는 방법도 있다.

열매와 가지의 연결 부분을 자르면 되지만(사진 위), 나무 모양 정리도 겸해서 가지째 자르는 방법(사진 아래)도 있다.

열매가 많이 달리게 하려면?

- 스텝 1 ➡ 특히 촘촘한 가지의 정리에 신경을 쓴다. 통풍이나 채광이 잘되면 나무 안쪽에도 열매가 달릴 수 있다.
- 스텝 2 ➡ 튼튼하고 좋은 열매를 얻기 위해서는 꽃(꽃자루)이나 익기 전의 열매를 어느 정도 솎아 준다.

감귤류

- 운향과
- 별명 : Citrus fruits

겨울 정원을 밝은 노란색으로 따뜻하게 장식하는 늘푸른나무

감귤류란 운향과 중에서 감귤속·금귤속·탱자나무속에 속하는 온주귤, 유자, 금귤, 레몬 등의 과일 나무를 통틀어 이르는 말이다. 기본적으로 늘푸른나무로 여름부터 겨울에 걸쳐 열매가 달리는 종류가 많아서 겨울 정원을 장식하는 나무로 인기가 높다. 열매는 상큼한 향기와 달콤새콤한 맛이 특징으로 생으로 먹거나 주스로 만들기도 한다. 당도는 채광이 좋을수록 높아진다.

크 기	반구형, 1~3m	가지치기 모양	자연수형
꽃 색	흰색	내음성	보통
열매색	오렌지색, 노란색	내한성	약함

관상 : ■꽃 ■열매 가지치기 : ■최적기 ■가능기 ■부적기 꽃눈 : ■형성기

기본 가지치기(금귤·봄)

❶ 필요 없는 가지를 잘라낸다

촘촘한 가지나 안쪽으로 뻗은 가지, 교차한 가지 등 필요 없는 가지(p.12)는 잘라내어 깔끔하게 정리한다. 또, 원줄기에서 난 가지 사이의 간격이 좁으면 균형을 이루도록 굵은 가지라도 잘라낸다.

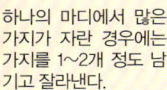

하나의 마디에서 많은 가지가 자란 경우에는 가지를 1~2개 정도 남기고 잘라낸다.

깔끔한 모양으로 만들기 위해 굵은 가지라도 가지치기한다.

one point lesson

6월에 한 번 더 가지치기한다

1년 내내 아름다운 나무 모양을 즐기고, 열매가 많이 달리게 하려면 6월경에 한 번 더 가지치기를 하는 것이 좋다. 길게 자란 가지를 자르면 나무 전체가 고르게 생장한다.

6월경에는 길게 자란 가지의 끝부분을 잘라서 모양을 다듬는다.

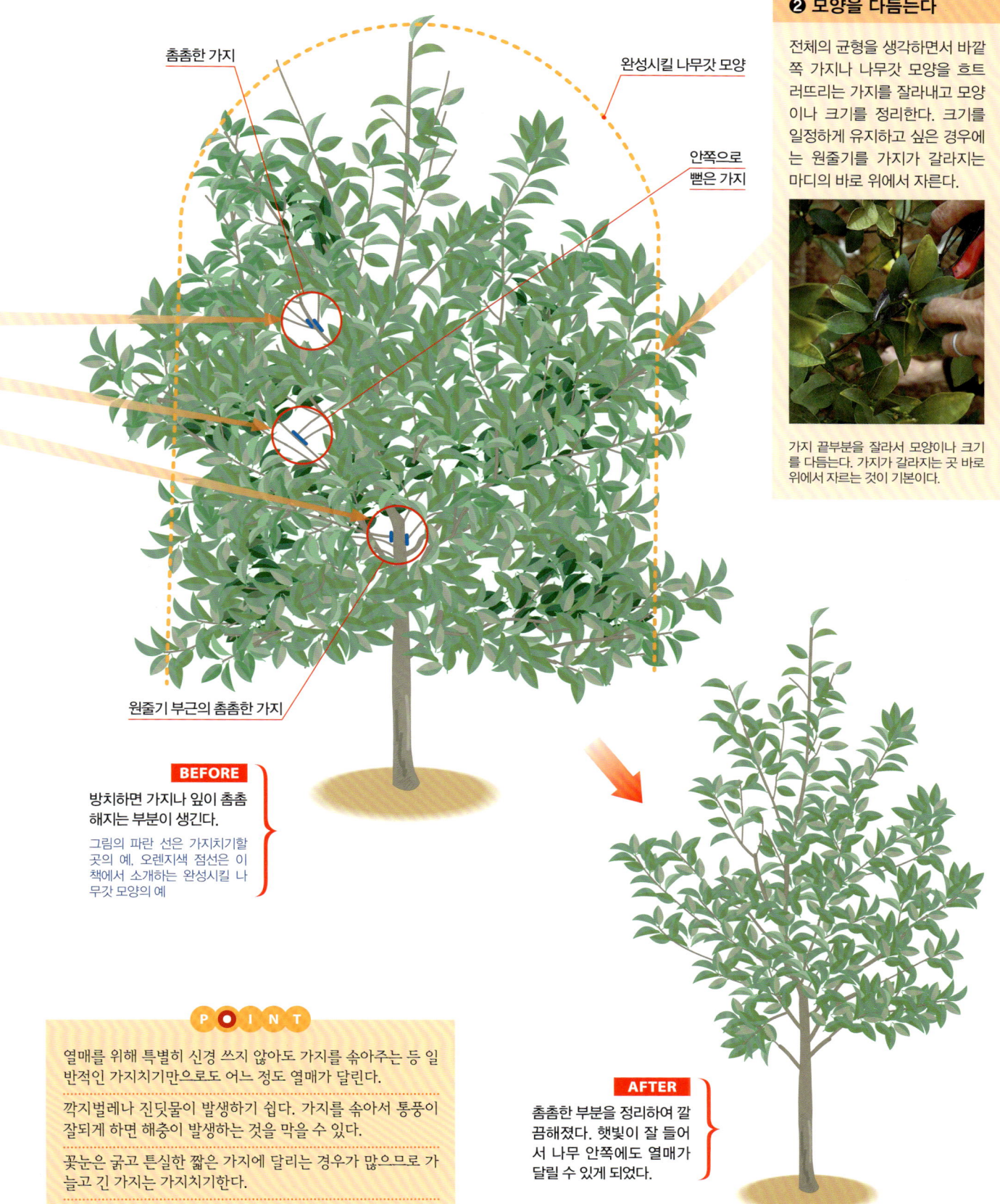

❷ 모양을 다듬는다

전체의 균형을 생각하면서 바깥쪽 가지나 나무갓 모양을 흐트러뜨리는 가지를 잘라내고 모양이나 크기를 정리한다. 크기를 일정하게 유지하고 싶은 경우에는 원줄기를 가지가 갈라지는 마디의 바로 위에서 자른다.

가지 끝부분을 잘라서 모양이나 크기를 다듬는다. 가지가 갈라지는 곳 바로 위에서 자르는 것이 기본이다.

- 촘촘한 가지
- 완성시킬 나무갓 모양
- 안쪽으로 뻗은 가지
- 원줄기 부근의 촘촘한 가지

BEFORE
방치하면 가지나 잎이 촘촘해지는 부분이 생긴다.

그림의 파란 선은 가지치기할 곳의 예. 오렌지색 점선은 이 책에서 소개하는 완성시킬 나무갓 모양의 예

AFTER
촘촘한 부분을 정리하여 깔끔해졌다. 햇빛이 잘 들어서 나무 안쪽에도 열매가 달릴 수 있게 되었다.

POINT

열매를 위해 특별히 신경 쓰지 않아도 가지를 솎아주는 등 일반적인 가지치기만으로도 어느 정도 열매가 달린다.

깍지벌레나 진딧물이 발생하기 쉽다. 가지를 솎아서 통풍이 잘되게 하면 해충이 발생하는 것을 막을 수 있다.

꽃눈은 굵고 튼실한 짧은 가지에 달리는 경우가 많으므로 가늘고 긴 가지는 가지치기한다.

감나무

- 감나무과 감나무속
- 별명 : 돌감나무, 산감나무

가을에 열매가 달리는
가장 대중적인 과일나무

가정에서 즐길 수 있는 가장 대중적인 과일나무 중 하나이다. 품종이 다양해서 100가지가 넘는데 크게 단감과 떫은 감으로 나눌 수 있다. 단감은 주로 생식하며, 떫은 감은 곶감으로 가공하여 떫은맛을 없앤 후 식용한다. 감은 영양가가 매우 높아서 숙취 해소와 피부미용, 고혈압 예방에 도움이 된다.

크 기	반구형, 5~7m	가지치기 모양	자연수형
꽃 색	흰색	내 음 성	다소 약함
열 매 색	오렌지색	내 한 성	보통

기본 가지치기(낙엽기)

❶ 필요 없는 가지를 잘라낸다

촘촘한 가지나 위로 뻗은 가지, 안쪽으로 뻗은 가지 등 필요 없는 가지(p.12)는 잘라내어 깔끔하게 정리한다.

위로 뻗은 가지는 보기에도 좋지 않고 열매도 달리지 않으므로 잘라낸다.

❷ 모양을 다듬는다

전체의 균형을 생각하면서 바깥쪽 가지나 나무갓 모양을 흐트러뜨리는 가지를 잘라내고 모양이나 크기를 정리한다. 크기를 일정하게 유지하고 싶은 경우에는 원줄기를 가지가 갈라지는 마디의 바로 위에서 자른다.

가지가 갈라지는 곳 바로 위에서 잘라 모양이나 크기를 다듬는다.

one point lesson ❶

봄에도 가지치기한다

특히 낙엽기에 강하게 가지치기를 하면 새로운 가지가 나오기 때문에 꽃이 진 후(봄~여름)에 가지와 잎을 다시 정리해서 나무 모양을 다듬는 것이 좋다. 또, 튼튼하고 좋은 열매를 얻기 위해서는 열매 수를 줄이는 것이 좋다.

원줄기에서 새가지가 나오면 연결 부분에서 자른다.

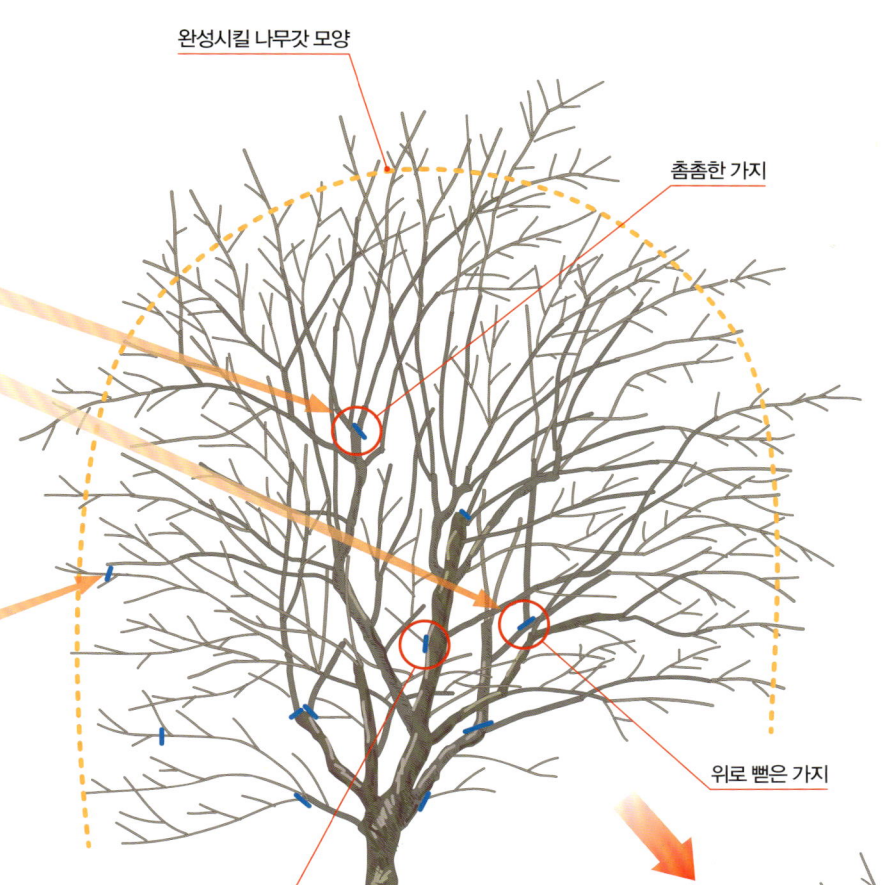

완성시킬 나무갓 모양

촘촘한 가지

위로 뻗은 가지

원줄기에서 난 잔가지

BEFORE

방치하면 가지가 복잡해지기 때문에 채광과 통풍이 잘 안되서 좋은 열매를 맺지 못한다.

그림의 파란 선은 가지치기할 곳의 예. 오렌지색 점선은 이 책에서 소개하는 완성시킬 나무갓 모양의 예

one point lesson ❷

가지 끝부분은 잘라도 좋다

열매는 여름까지 자란 새가지(가지의 끝에서 몇 마디 아랫부분)에, 이듬해 가을에 달린다. 따라서 낙엽기에 가지치기할 경우, 가지의 끝부분을 잘라도 이듬해 가을의 열매 수확에는 영향을 주지 않는다(끝부분은 여름 이후에 자란 부분이기 때문이다). 또, 같은 가지에 2년 연속으로 열매가 달리지는 않기 때문에 작년 가을에 열매가 달렸던 가지는 가지치기의 대상으로 생각하면 된다.

끝부분을 잘라도 이듬해 가을의 열매 수확에는 영향을 주지 않는다.

AFTER

위로 뻗은 가지나 촘촘한 가지 등을 정리하여 깔끔해졌다. 해마다 가지치기하면 그다지 많이 잘라낼 필요가 없다.

POINT

열매는 여름까지 자란 새가지에 이듬해 가을에 달리게 된다. 열매를 즐기려면 그 가지는 가지치기하지 않는다.

꽃이 진 후에 열매 수를 줄이면 더 좋은 열매를 얻을 수 있다.

전체적인 나무 모양을 다듬기 위한 가지치기는 낙엽기에 실시하는 것이 작업할 때 편하다.

블루베리

- 진달래과 산앵두나무속
- 학명 : *Vaccinium*

병충해에 강하고 단풍도 즐길 수 있다

열매는 영양가가 높고, 다른 과일나무에 비해 병충해에도 강해서 인기가 높은 과일나무이다. 암수한그루, 암수갖춘꽃으로 4~5월 경에 종 모양의 흰 꽃이 핀다.
6~8월경에 달리는 흑자색 열매는 생식하거나 잼이나 과실주 등으로 이용한다. 또, 가을에는 단풍도 즐길 수 있다.

크 기	낮은 달걀 모양, 1~2m	가지치기모양	자연수형
꽃 색	흰색	내 음 성	보통
열 매 색	흑자색	내 한 성	강함

기본 가지치기(겨울)

❶ 필요 없는 가지를 잘라낸다

촘촘한 가지나 안쪽으로 뻗은 가지, 교차한 가지 등 필요 없는 가지(p.12)는 잘라내어 깔끔하게 정리한다.

하나의 마디에서 몇 개의 가지가 나와 있는 곳은 1~2개만 남기고 잘라낸다. 굵은 가지는 톱을 사용해서 자른다.

one point lesson ❶

줄기 수를 줄인다

줄기 수가 너무 많으면 가지와 잎이 복잡해지고, 열매가 잘 달리지 않게 된다. 많을 때는 오래된 줄기를 우선으로 밑동에서 자른다.

줄기 수가 많으면 밑동에서 잘라 어린 줄기로 갈이한다.

one point lesson ❷

가지를 남기는 것에도 방법이 있다

가지 수를 정리하거나, 필요 없는 가지를 자를 경우에는 가지나 줄기와 연결된 부분에서 자르는 것이 기본이다. 그 이유는 조금 길게 남겨두고 자르면 그곳에서 새로운 가지가 나오기 때문이다. 빈 공간을 채우고 싶은 경우에는 이 성질을 이용해서 일부터 조금 남기고 자르기도 한다.

촘촘한 가지는 연결 부분에서 자르는 것이 정석이지만, 조금 남기고 잘라서 새로운 가지가 나오기 쉽게 만들었다.

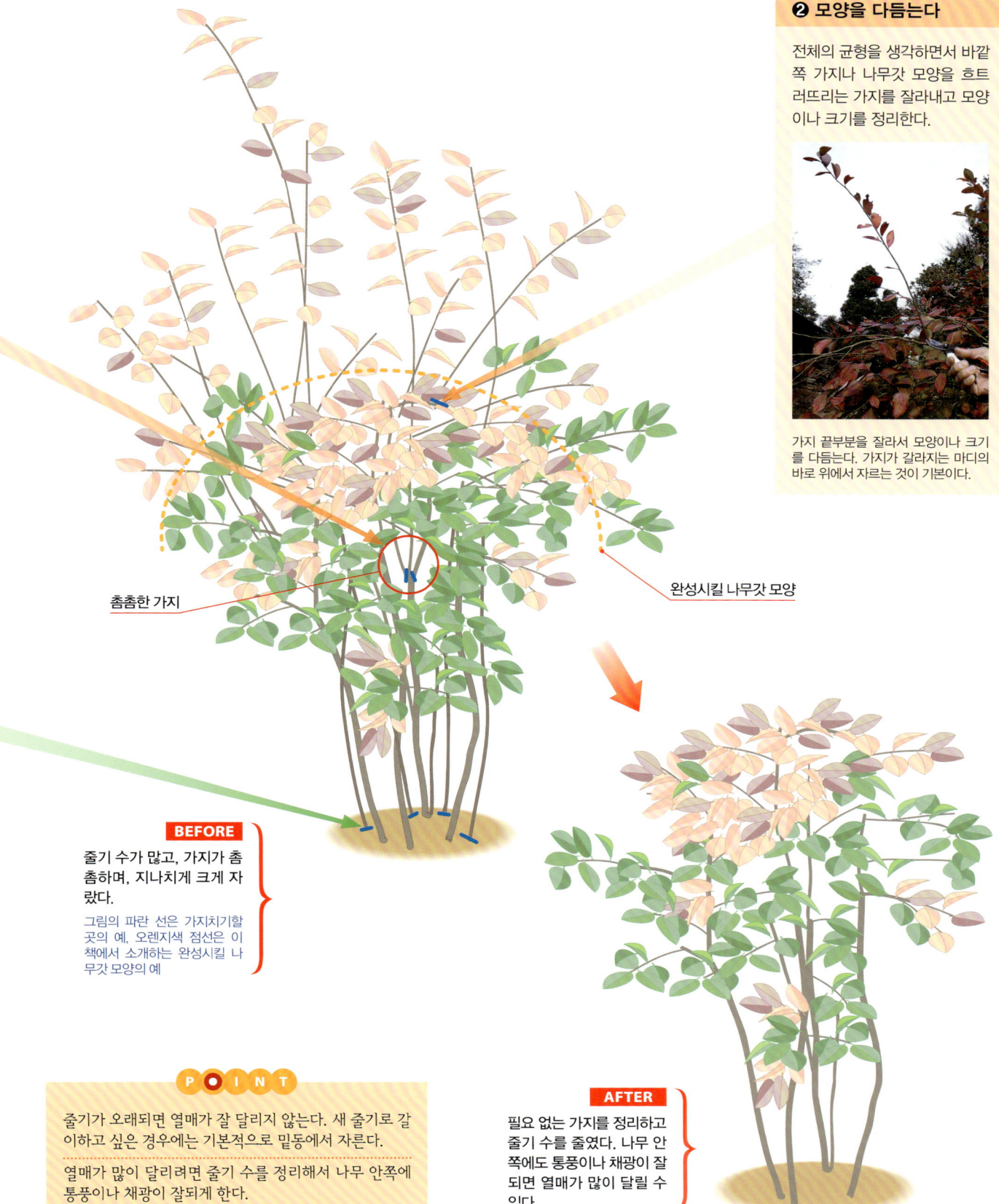

비파나무

- 장미과 비파나무속
- 학명 : *Eriobotrya japonica* (Thunb.) Lindl.

달콤한 향기가 나는 하얀 꽃을 피우고, 튼튼해서 키우기 쉬운 나무

중국 원산으로 우리나라와 일본, 중국 등지에 분포한다. 열매는 비타민과 미네랄이 풍부해서 건강에 좋다. 달콤한 향기가 나는 흰색 꽃은 11월경부터 피고, 6개월 이상에 걸쳐 조금씩 열매가 통통해진다. 병충해에 강해서 키우기 쉬운 과일나무이다.

기본 가지치기(봄)

❶ 필요 없는 가지를 잘라낸다

나무 자체는 내음성이 강해서 가지나 잎이 잘 마르지 않지만 촘촘한 부분을 솎아서 통풍이나 채광이 잘되게 하면 열매가 많이 달린다.

촘촘한 가지를 솎아주면 열매가 많이 달린다.

POINT
잘 자라는 나무이므로 방치하면 큰 나무가 될 가능성도 있다.
촘촘한 가지를 솎아서 채광과 통풍이 잘되게 하면 열매가 많이 달린다.

완성시킬 나무갓 모양

촘촘한 가지

그림의 파란 선은 가지치기할 곳의 예, 오렌지색 점선은 이 책에서 소개하는 완성시킬 나무갓 모양의 예

❷ 모양을 다듬는다

잘 자라는 나무이므로 공간에 제한이 있는 경우에는 크기를 다듬어야 한다. 전체의 균형을 생각하면서 바깥쪽 가지나 나무갓 모양을 흐트러뜨리는 가지를 잘라내고 모양과 크기를 정리한다.

가지를 잘라내어 공간에 맞는 크기로 다듬는다.

크 기	반구형, 2~3m	가지치기 모양	자연수형
꽃 색	흰색	내 음 성	강함
열 매 색	오렌지색	내 한 성	다소 약함

	1	2	3	4	5	6	7	8	9	10	11	12
관상	▨				▨	▨					▨	▨
가지치기	▨	▨	▨	▨	▨	▨					▨	▨
꽃눈							▨	▨	▨	▨		

관상 : ▨ 꽃 ▨ 열매   가지치기 : ▨ 최적기 ▨ 가능기 ▨ 부적기   꽃눈 : ▨ 형성기

캐나다서비스베리

- 장미과 채진목속
- 별명 : 준베리(Juneberry)

하얀 꽃과 붉은 열매, 가을에는 단풍도 즐길 수 있다

북아메리카 원산. 6월경에 적자색의 앵두 같은 열매가 달리는데 생식하거나 주스나 잼 등으로 이용한다. 봄에는 흰색의 작은 꽃이 많이 피고, 가을에는 단풍도 즐길 수 있는 등 사계절 내내 다양한 모습을 보여주기 때문에 관상용으로도 인기가 높은 과일나무이다.

기본 가지치기(낙엽기)

❶ 필요 없는 가지를 잘라낸다

촘촘한 가지나 안쪽으로 뻗은 가지, 교차한 가지 등 필요 없는 가지(p.12)는 잘라내어 깔끔하게 정리한다.

원줄기에서 난 잔가지는 연결 부분에서 잘라낸다.

POINT

땅가지가 나오기 쉽다. 3~4줄기 정도 남기고 필요 없는 줄기는 지면 부근에서 자른다.

그림의 파란 선은 가지치기할 곳의 예, 오렌지색 점선은 이 책에서 소개하는 완성시킬 나무갓 모양의 예

완성시킬 나무갓 모양
촘촘한 가지
안쪽으로 뻗은 가지

❷ 모양을 다듬는다

전체의 균형을 생각하면서 바깥쪽 가지나 나무갓 모양을 흐트러뜨리는 가지를 잘라내고 모양이나 크기를 정리한다. 크기를 일정하게 유지하고 싶은 경우에는 원줄기를 마디 위에서 자른다.

가지 끝부분을 잘라서 모양이나 크기를 다듬는다. 마디 위에서 자르는 것이 기본이다.

밑동 부근을 정리한다

밑동 부근의 가지는 기본적으로 필요 없는 가지이다. 가지가 나온 경우에는 깔끔하게 정리한다. 땅가지가 나오기 쉬우므로 필요 없는 가지는 지면 부근에서 자른다.

크 기	여러 줄기가 올라가는 모양, 3~5m	가지치기 모양	자연수형
꽃 색	흰색	내 음 성	보통
열매색	붉은색~보라색	내 한 성	강함

	1	2	3	4	5	6	7	8	9	10	11	12
관상				■	■	■						
가지치기	■	■	■			■						■
꽃눈								■	■			

관상 : ■꽃 ■열매   가지치기 : ■최적기 ■가능기   꽃눈 : ■형성기

석류나무

- 석류나무과 석류나무속
- 별명 : 석누나무

열매에 들어있는 많은 씨앗이 다산을 상징한다

서아시아 원산으로 우리나라에는 고려 초기에 중국에서 들어온 것으로 알려져 있다.
열매를 즐기는 열매석류와 꽃을 즐기는 꽃석류가 있으며, 생식하거나 주스로 이용하는 열매석류의 열매에는 여성 호르몬과 관계있는 에스트로겐 성분이 들어있다. 또, 씨앗이 많아서 전통적으로 다산을 상징하고, 나무 껍질은 구충제로 이용하기도 한다.

크 기	넓은 달걀형, 4~6m	가지치기 모양	자연수형
꽃 색	붉은색, 노란색, 흰색	내 음 성	보통
열 매 색	붉은색	내 한 성	보통

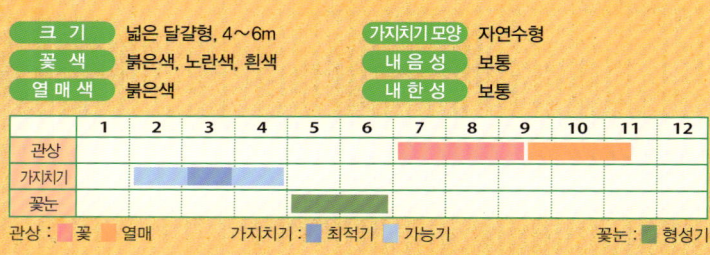

기본 가지치기(낙엽기)

❶ 필요 없는 가지를 잘라낸다

촘촘한 가지나 안쪽으로 뻗은 가지, 교차한 가지 등 필요 없는 가지(p.12)는 잘라내어 깔끔하게 정리한다. 또, 원줄기에서 난 가지 사이의 간격이 좁으면 균형을 이루도록 굵은 가지라도 잘라낸다.

안쪽으로 뻗은 가지는 가지 사이를 빽빽하게 만들어 마른 가지를 만들고, 나무 모양을 흐트러뜨리므로 가지치기를 해야 한다.

↓

굵은 가지를 자르기 위해서 톱을 사용하는 경우에는 줄기가 찢어지는 것을 막기 위해 먼저 아래쪽에 칼집을 낸 다음 위에서 자른다.

완성시킬 나무갓 모양

안쪽으로 뻗은 가지

촘촘한 가지

BEFORE
방치해도 나무 모양은 그다지 흐트러지지 않지만 열매석류의 경우 가지나 잎이 촘촘하면 튼튼하고 좋은 열매를 만들지 못한다.

그림의 파란 선은 가지치기할 곳의 예. 오렌지색 점선은 이 책에서 소개하는 완성시킬 나무갓 모양의 예

AFTER
촘촘한 가지를 정리해서 깔끔해졌다. 채광과 통풍이 잘되서 튼튼하고 좋은 열매를 기대할 수 있다.

POINT
꽃석류와 열매석류의 기본적인 가지치기 방법은 같다. 방치해도 나무 모양은 그다지 흐트러지지 않지만 열매석류를 방치하면 열매가 너무 많이 달려서 열매 크기가 작아진다.

꽃눈은 충실한 새가지에 잘 달리므로 가는 가지는 가지치기의 대상이 된다.

❷ 모양을 다듬는다

전체의 균형을 생각하면서 바깥쪽 가지나 나무갓 모양을 흐트러뜨리는 가지를 잘라내고 모양이나 크기를 정리한다. 높이를 유지하고 싶거나 작게 다듬고 싶은 경우에는 원줄기를 가지가 갈라지는 마디의 바로 위에서 자른다.

가지 끝부분을 잘라서 모양이나 크기를 다듬는다.

키위

- 다래나무과 다래나무속
- 별명 : 양다래

하얀 꽃을 즐길 수 있는 덩굴성 과일나무

원산지는 중국이며, 나중에 뉴질랜드로 건너가 품종이 개량되었다. 표면이 가는 털로 싸인 열매의 겉모습이 뉴질랜드의 국조인 '키위새'와 닮은 데서 이름이 붙여졌다.
우리나라에는 1977년, 뉴질랜드에서 도입되어 제주도, 전남, 경남 지역에서 주로 재배하고 있다. 암수딴그루이고, 5월경에는 귀여운 흰색 꽃을 즐길 수 있다.

크 기	덩굴성, 10m(덩굴길이)	가지치기 모양	선반형
꽃 색	흰색	내 음 성	약함
열 매 색	갈색	내 한 성	보통

	1	2	3	4	5	6	7	8	9	10	11	12
관상					■					■	■	
가지치기	■	■	■			■	■					
꽃눈						■	■	■	■			

관상 : ■ 꽃 ■ 열매 가지치기 : ■ 최적기 ■ 가능기 꽃눈 : ■ 형성기

기본 가지치기(낙엽기)

❶ 필요 없는 가지를 잘라낸다

촘촘한 가지나 안쪽으로 뻗은 가지, 교차한 가지 등 필요 없는 가지(p.12)는 잘라내어 깔끔하게 정리한다. 덩굴성 식물이기 때문에 가지가 얽히기 쉬운데 얽혀있는 부분은 특히 신경 써서 정리해야 한다.

가지가 얽히기 쉬운 나무이므로 얽혀있는 가지는 정리한다.

❷ 모양을 다듬는다

전체의 균형을 생각하면서 바깥쪽 가지나 나무갓 모양을 흐트러뜨리는 가지를 잘라내고 모양과 크기를 정리한다.

가지 끝부분을 잘라서 모양이나 크기를 다듬는다. 가지가 갈라지는 마디의 바로 위에서 자르는 것이 기본이다.

one point lesson ❶

굵고 짧은 가지는 남겨둔다

키위는 굵고 짧은 가지에 꽃눈이 잘 생기기 때문에 가지치기 할 때 굵고 짧은 가지는 가능하면 남겨두는 것이 좋다.

꽃눈

굵고 짧은 가지에 달린 꽃눈. 될 수 있으면 잘라내지 말고 남겨둔다.

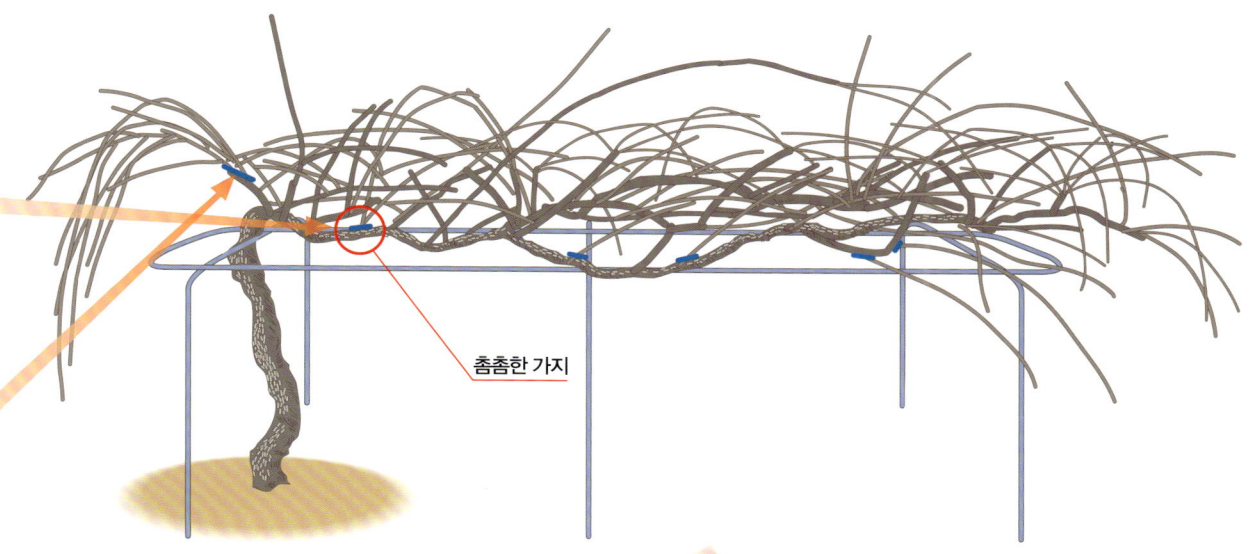

촘촘한 가지

BEFORE
생육이 왕성하여 방치하면 가지가 얽히기 쉬운데 그러면 튼튼하고 좋은 열매를 얻을 수 없다.
그림의 파란 선은 가지치기할 곳의 예

AFTER
원가지와 원가지에서 자란 굵은 가지만 남기고 정리했다. 과감하게 정리해야 튼튼하고 좋은 열매를 얻을 수 있다.

one point lesson ❷

초여름에 다시 한 번 가지치기한다

생육이 왕성하므로 가능하면 가지가 자란 초여름에도 가지치기를 하는 것이 좋다. 꽃이 피지 않은 가지는 빨리 자라므로 가지가 갈라지는 마디의 바로 위에서 잘라낸다. 또, 꽃 수를 줄이면 좀 더 튼튼하고 좋은 열매를 얻을 수 있다.

꽃이 피지 않은 가지는 빨리 자라므로 정리한다.

POINT

생육이 왕성하므로 채광과 통풍을 고려해서 덩굴이 겹쳐지지 않도록 유인하면서 가지치기를 한다.

굵고 짧은 가지에는 꽃눈이 잘 생기므로 가지치기 할 때 잘라내지 말고 남겨둔다.

낙엽기의 가지치기에 더하여 6월경에는 새가지를 정리한다.

페이조아

- 도금양과 페이조아속

- 별명 : 파인애플 구아바

안쪽은 붉은색, 바깥쪽은 흰색을 띤 독특한 모양의 희귀한 꽃

구아바의 일종으로 파인애플과 바나나를 합친 맛이 난다고 해서 '파인애플 구아바'라고도 한다. 열매는 생식하거나 잼 등으로 이용한다. 독특한 모양의 꽃은 안쪽은 적갈색, 바깥쪽은 흰색을 띠고 있다. 다양한 품종이 있으며, 하나의 품종만으로는 열매를 맺지 못하는 종류도 있으므로 다른 품종과 함께 심어야 한다.

기본 가지치기(봄)

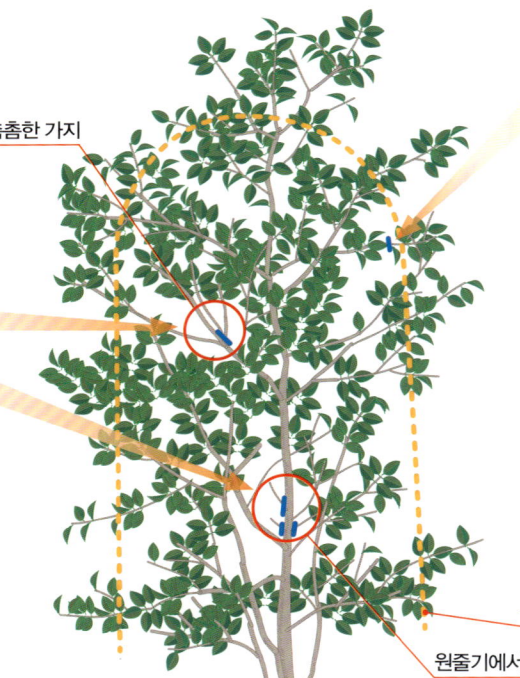

❶ 필요 없는 가지를 잘라낸다

촘촘한 가지나 원줄기에서 난 잔가지, 교차한 가지 등 필요 없는 가지(p.12)는 잘라내어 깔끔하게 정리한다.

원줄기에서 난 가지가 복잡할 때는 연결 부분에서 잘라내어 정리한다.

그림의 파란 선은 가지치기할 곳의 예. 오렌지색 점선은 이 책에서 소개하는 완성시킬 나무갓 모양의 예

❷ 모양을 다듬는다

전체의 균형을 생각하면서 바깥쪽 가지나 나무갓 모양을 흐트러뜨리는 가지를 잘라내고 모양과 크기를 정리한다. 단, 꽃눈은 가지 끝부분에 달리는 경우가 많으므로 너무 많이 자르지 않도록 주의한다. 크기를 일정하게 유지하고 싶다면 원줄기를 가지가 갈라지는 마디의 바로 위에서 자른다.

가지 끝부분을 잘라서 크기를 정리한다.

POINT

싹이 잘 트기 때문에 어디를 잘라도 괜찮다.

방치해도 어느 정도 열매가 달리지만 솎아서 채광과 통풍이 잘되게 하면 좀 더 튼튼하고 좋은 열매가 달린다.

꽃눈은 가지 끝부분에 잘 달리므로 끝부분을 모두 잘라 버리는 것은 바람직하지 못하다

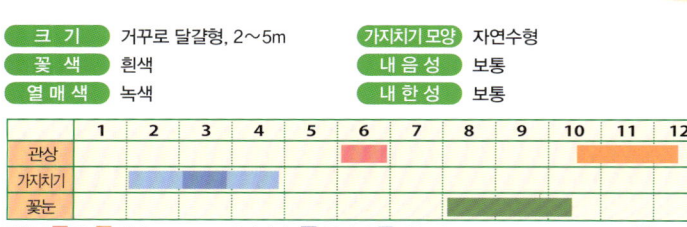

포도

- 포도과 포도속

- 학명 : Vitis

과일가게에 진열되는 품종도 직접 재배할 수 있다

덩굴성 낮은키나무로 보통 선반형으로 키운다. 5~6월에 이삭 모양의 꽃이 피지만 꽃보다는 열매가 더 기대되는 나무이다. 품종이 다양한데 머스캇, 델라웨어, 거봉 등 과일가게에 진열되는 종류도 재배할 수 있다. 보다 튼튼하고 좋은 열매가 많이 달리게 하려면 낙엽기에 가지치기를 해야 한다.

기본 가지치기(낙엽기)

가지를 정리한다

포도의 가지치기는 과감하게 해야 한다. 원줄기와 원가지, 그리고 원가지에서 난 굵은 가지를 2~3마디 정도 남기고 잘라낸다. 선반형으로 가지치기할 경우 선반에는 가지가 남지 않게 된다.

원가지에서 자란 굵은 가지를 2~3마디 남기고 과감하게 자른다.

one point lesson

원가지를 새가지로 같이한다

해마다 원가지를 2~3마디 남기고 잘라내는 가지치기를 반복하면 가지 수가 늘어 난다. 가지 수를 일정하게 유지하기 위해 2~3년에 1번은 원가지를 줄기와 연결된 부분에서 잘라 가지를 정리한다.

원가지 수가 많으면 연결 부분에서 잘라 수를 제한한다.

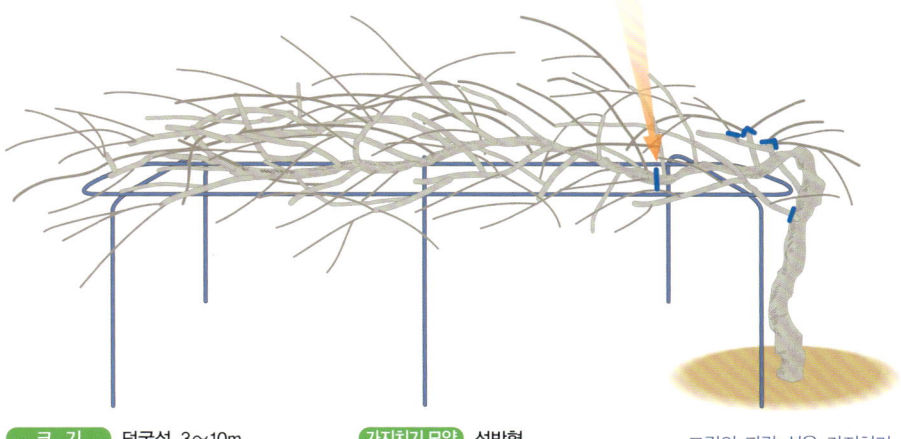

그림의 파란 선은 가지치기 할 곳의 예

크 기	덩굴성, 3~10m	
꽃 색	흰색, 보라색 등	
열 매 색	황녹색, 보라색 등	
가지치기 모양	선반형	
내 음 성	보통	
내 한 성	보통	

	1	2	3	4	5	6	7	8	9	10	11	12
관상					■				■	■		
가지치기	■	■	■				■	■				
꽃눈								■	■			

관상 : ■꽃 ■열매   가지치기 : ■가능기   꽃눈 : ■형성기

POINT

가지치기할 때는 과감하게 한다. 원줄기와 원가지, 그리고 원가지에서 난 굵은 가지(채광이 좋아 충실한 것)를 2~3마디 정도 남기고, 오래된 가지는 모두 잘라낸다.

튼튼하고 좋은 열매를 얻으려면 여름에 자란 가지(덩굴)의 끝부분을 잘라낸다.

열매가 잘 달리지 않게 되면 원가지를 연결 부분에서 잘라내어 같이한다.

가지치기 용어 사전

가지치기 가위_ 가지를 자르는 도구. 가지치기에서 가장 많이 사용하는 가위. P.16

갈잎나무(낙엽수)_ 가을이나 겨울에 잎이 떨어졌다가 봄에 새잎이 나는 나무. P.8

강하다_ 가지치기에서 '강한 가지'는 다른 가지보다 길고 굵은 가지, '강한 가지치기'는 자를 부분을 길게 하여 연결된 부분에서 자르는 것을 말한다.

갖춘꽃_ 하나의 꽃이 암술과 수술을 모두 갖춘 꽃. 대부분의 나무 종류가 해당된다.

거치(톱니 모양)_ 잎 가장자리에 있는 톱니처럼 뾰족뾰족한 자국.

겨드랑눈_ 줄기의 옆쪽에 생기는 눈. 곁눈 또는 액아라고도 한다.

격년개화_ 꽃나무의 개화와 관련된 성질을 표현하는 용어로 꽃이 많이 피었던 해의 이듬해에는 꽃이 적게 피는 사이클이 반복되는 것. 만병초나 목련에서 흔히 볼 수 있다.

격세유전_ 원예품종 등에서 품종개량 전의 가지나 잎이 나오는 것을 말한다. 바늘잎나무를 강하게 가지치기할 때 흔히 볼 수 있다.

곁가지_ 나무의 부위를 나타내는 용어. 원가지에서 자란 가지. P.9

교차한 가지_ 가지치기의 대상이 되는 필요 없는 가지. 글자 그대로 교차한 가지, 얽힌 가지라고도 한다.

구형(공모양)_ 가지치기 후 완성된 나무 모양을 표현한 용어. 주로 양손가위를 사용하여 공모양으로 완성한다.

긴 가지_ 마디와 마디 사이가 넓고 길게 자란 가지.

깎기 가지치기_ 양손가위를 사용해서 한 번에 많은 가지나 줄기, 잎을 자르는 가지치기 방법. 산울타리를 다듬을 때 주로 이용하는 방법이다.

꺾꽂이_ 식물의 가지를 자르거나 꺾어서 흙 속에 꽂아 뿌리 내리게 하여 묘목을 만드는 증식 방법.

꽃눈_ 자라서 꽃이 되는 눈을 말한다.

꽃눈 분화_ 꽃눈이 만들어지는 것을 말하며, 꽃눈 분화기란 그 시기를 말한다.

꽃달림(착화)_ 꽃이 핌, 꽃이 맺힘.

꽃자루_ 꽃이 달리는 짧은 가지. 끝부분에 꽃잎이 달리고 그 자루가 되는 줄기 부분이다. 대부분의 경우 꽃이 진 뒤에도 남아있다.

꽃자루 따기_ 꽃이 진 후에 꽃자루를 가지와 연결된 부분에서 제거하는 것. 그대로 두면 나무자람새가 약해지기 때문에 해야 한다. 꽃솎기라고도 한다.

끝눈(정아)_ 줄기가 가지 끝에 생기는 눈.

나무높이(수고)_ 나무의 부위를 표현하는 용어. 나무 밑동에서 나무갓 맨 윗부분까지의 높이. P.9

나무갓(수관)_ 나무의 부위를 표현하는 용어. 가지치기에서 많이 사용하는 용어이다. 가지와 잎이 많이 달려있는 줄기의 윗부분. P.9

나무갓 너비(수관폭)_ 나무의 부위를 나타내는 용어. 나무의 잎이 있는 부분의 가로 너비를 나타낸다. P.9

나무 모양(수형)_ 나무 종류나 환경에 따른 특징을 지닌 모양을 말한다.

나무자람새(수세)_ 나무가 자라나는 기세나 상태를 말한다.

내서성_ 식물의 성질을 나타내는 용어. 내서성이 강할수록 높은 기온에서도 생육할 수 있다.

내한성_ 식물의 성질을 나타내는 용어. 내한성이 강할수록 낮은 기온에서도 생육할 수 있다.

넓은잎나무(활엽수)_ 잎이 넓은 나무 종류. P.8

눈따기_ 필요 없는 눈을 제거하는 작업.

늘푸른나무(상록수)_ 가을이나 겨울이 되어도 낙엽이 지지 않고 주로 봄의 생장기에 잎이 떨어지고 새로 나는 나무를 말한다. 새잎이 번갈아 달리기 때문에 늘 잎이 붙어 있다. P.8

대목_ 접붙이기를 할 때 바탕이 되는 나무.

덩굴성_ 나무 본래의 모양을 표현한 용어. 원줄기와 가지가 덩굴성으로 자라는 것. P.9

돌려나기_ 잎이나 가지가 되는 눈이 달리는 방법을 나타내는 용어. 한 곳에서 3개 이상의 잎이나 가지가 나오는 것. P.15

땅가지_ 가지치기의 대상이 되는 필요 없는 가지. 밑동에서 나오는 어린 가지. P.13

떨기나무(관목)_ 키가 작고 원줄기와 가지의 구별이 분명하지 않으며 밑동에서 가지가 많이 나오는 나무.

ㅁ

마디_ 가지에서 눈(생육 후에는 잎이나 가지, 꽃이 되는)이 달리는 부분.

마른 가지_ 가지치기의 대상이 되는 필요 없는 가지. 글자 그대로 말라버린 가지. 채광이 잘 안되면 발생하기 쉽다. P.12

마주나기_ 잎이나 가지가 되는 눈이 달리는 방법을 나타내는 용어. 하나의 마디에서 가지나 잎이 2개씩 쌍으로 마주보고 붙어서 나오는 것. P.15

무늬잎_ 본래의 잎색과는 다른 색 줄이나 모양이 들어간 잎. 원예품종에서 많이 볼 수 있다.

ㅂ

바깥쪽 눈_ 생장하면 바깥쪽으로 가지가 자라는 눈.

바늘잎나무(침엽수)_ 바늘 모양의 가늘고 뾰족한 잎(옆맥이 주맥만 있는 잎)을 가진 나무. P.8

바퀴살가지_ 가지치기의 대상이 되는 필요 없는 가지. 같은 마디에서 바퀴살 모양으로 몇 개씩 나오는 가지. P.13

반구형_ 가지치기 후 완성된 나무 모양을 표현한 용어. 주로 양손가위를 사용해 반구형으로 깎는다.

반그늘_ 하루 중 3~4시간 정도밖에 해가 비치지 않는 상태. 또는 하루 종일 나뭇잎 사이로 비치는 정도의 햇빛밖에 비치지 않는 상태.

반내한성_ 내한성이 높은 나무만큼 낮은 기온에 대한 내성은 없지만 추위를 막아주면 월동이 가능한 성질.

반상록성_ 기본적으로는 늘푸른나무지만 지역에 따라서는 낙엽이 지는 경우도 있는 것.

봉오리따기_ 과일나무나 채소 등에 꽃봉오리가 너무 많이 달렸을 때 꽃봉오리를 제거하는 작업. 나무의 세력을 유지하기 위해, 또, 꽃 수를 미리 줄이기 위해 실시한다.

ㅅ

산울타리_ 산 나무로 울타리를 만든 것. 잎이나 가지가 가늘고 무성한 나무를 많이 사용한다. P.7

새가지_ 그 해에 자란 가지. 신소라고도 한다.

선반형_ 가지치기 후에 완성된 모양을 표현한 용어. 선반을 만들어서 가지나 덩굴을 유인하는 것.

식목가위_ 가지를 자르기 위한 도구. 가지치기 가위로 자르기 힘든 가는 가지를 자를 때 사용한다. P.16

실생_ 꺾꽂이나 접붙이기와는 달리 종자를 파종하여 기르는 것. 또는 그런 식물.

ㅇ

아래로 늘어진 모양(하수형)_ 나무의 본래 모양을 표현한 용어. 바깥쪽으로 벌어지는 가지가 아래로 늘어지는 것. P.9

아래로 뻗은 가지_ 가지치기의 대상이 되는 필요 없는 가지. 아래로 자라는 가지 P.13

안쪽 눈_ 원줄기 쪽에 붙어 있는 눈. 생장하면 안쪽으로 가지가 자란다. P.15

안쪽으로 뻗은 가지_ 가지치기의 대상이 되는 필요 없는 가지. 안쪽으로 자라는 가지. P.12

암수딴그루(자웅이주)_ 수꽃만 피는 수그루와 암꽃만 피는 암그루로 나누어져 있는 식물. 동청목이나 키위 등이 이에 해당한다.

암수딴꽃(자웅이화)_ 꽃이 수술만 있는 수꽃과 암술만 있는 암꽃으로 나누어져 있는 식물. 그루가 따로 떨어져 있는 암수딴그루 이외에 참나무류처럼 같은 그루 안에서 수꽃과 암꽃이 나누어진 나무도 있다.

약하다_ 가지치기에서 '약한 가지'는 다른 가지보다도 가늘고 짧은 가지. '약한 가지치기'는 자를 부분을 짧게 하여 가지 끝부분에 가까운 쪽에서 자르는 것을 말한다.

양손가위_ 가지를 자르기 위한 도구의 하나로 산울타리 등의 깎기 가지치기에 사용한다. P.19

어긋나기_ 잎이나 가지가 되는 눈이 달리는 방법을 나타내는 용어. 잎이나 가지가 서로 어긋나게 자라는 것. P.15

여러 줄기가 올라가는 모양(다간형)_ 나무의 본래 모양 또는 가지치기 후의 완성된 나무 모양을 표현한 용어. 땅에서부터 여러 개의 줄기가 올라가 전체적으로 작은 숲과 같이 보이는 모양. P.7, 9

열매솎기_ 열매를 솎아주는 작업. 보다 충실한 열매를 키우기 위해 아직 열매가 어릴 때 솎아주는 작업을 말한다.

열매달림(착과)_ 과일나무에 열매가 달리는 것.

왜성종_ 원래 종에 비해 생장이 느리고 키가 크게 자라지 않는 종.

웃자람가지_ 가지치기의 대상이 되는 필요 없는 가지. 다른 가지에 비해 확연히 굵고 길게 잘 자라는 가지. P.13

원가지_ 나무의 부위를 표현하는 용어. 원줄기에서 나와 나무의 뼈대가 되는 중요한 가지. P.9

원예품종_ 꽃이나 잎 색 또는 다양한 모양이나 강건한 성질 등 목적에 맞게 품종을 개량한 식물.

원줄기_ 나무의 부위를 나타내는 용어. 나무의 중심이 되는 줄기. P.9

원줄기에서 난 잔가지_ 가지치기의 대상이 되는 필요 없는 가지. 원줄기에서 나온 잔가지. P.13

위로 뻗은 가지_ 가지치기의 대상이 되는 필요 없는 가지. 줄기나 가지에서 똑바로 위를 향해 뻗어나가는 가지. P.12

유인_ 식물의 줄기나 가지를 받침대 등에 고정해서 목적하는 위치로 유도하는 것.

일일화_ 개화한 꽃의 수명이 하루인 꽃.

잎눈_ 자라서 잎이나 가지가 되는 눈.

ㅈ

자연수형_ 가지치기 후 완성된 나무 모양을 표현한 용어. 나무의 본래 모양을 살린 것. P.7

전년도 가지_ 작년에 자란 가지. 지난해 가지라고도 한다.

절간_ 식물의 줄기에서 잎이 달려있는 마디와 마디 사이.

접붙이기_ 식물의 일부분을 잘라 다른 식물과 접붙이는 기술. 원예품종이나 과일나무를 건강하게 키우기 위해 실시한다.

접수_ 접붙이기에서 바탕이 되는 나무에 꽂는 나뭇가지. 접지, 접순이라고도 한다.

정아우세_ 끝눈이 자라면 그 가지의 곁눈이 자라지 못하는 현상.

조엽_ 표면에 광택이 있는 잎. 동백나무 등이 대표적이다.

줄기가 하나인 모양(단간형)_ 나무의 본래 모양을 표현한 용어. 하나의 굵은 원줄기에 곁가지가 붙어 있는 모양. P.9

줄기 마름_ 가지치기에 의해 지금까지 그늘이었던 줄기나 굵은 가지에 직사광선이 비치게 되어 그 부분에 피해를 입게 되는 것. 심한 경우에는 햇빛에 노출된 줄기는 물론 나무 전체가 말라버리는 경우도 있다.

지피식물_ 지면을 낮게 덮는 식물.

지하고(枝下高)_ 나무의 부위를 표현하는 용어. 밑동에서 가장 아래에 위치한 가지까지의 높이. P.9

짧은 가지_ 마디와 마디 사이가 짧고 꽃눈이 잘 달리는 가지.

ㅊ

층층형_ 가지치기 후 완성된 나무 모양을 표현한 용어. 원줄기에서 난 가지마다 가지와 잎이 계단 모양이 되도록 완성한다. P.7

ㅋ

큰키나무(교목)_ 줄기가 곧고 굵으며 높이가 8미터를 넘는 나무.

ㅌ

토피어리_ 가지치기 후 완성된 나무 모양을 표현한 용어. 나무갓 전체를 기하학적인 모양이나 동물의 모습 등으로 다듬은 것. P.7

톱_ 가지를 자르기 위한 도구. 가지치기 가위로는 자를 수 없는 굵은 가지를 자를 때 사용한다. P.16

ㅍ

평행한 가지_ 가지치기의 대상이 되는 필요 없는 가지. 가까운 위치에서 평행하게 난 가지. P.13

표준형_ 가지치기 후 완성된 나무 모양을 표현한 용어. 원줄기의 아래쪽 가지와 잎을 잘라내고, 윗부분만 둥글게 깎아서 정리한 것. P.7

ㅎ

해거리(격년결과)_ 열매를 맺는 과일나무의 성질을 표현한 용어로 열매가 많이 달린 이듬해에는 열매가 적게 달리는 사이클이 반복되는 현상. 감이나 감귤류 등에서 흔히 볼 수 있다.

INDEX

가는잎조팝나무 32

가막살나무 34
가문비나무류 148
가이즈까 향나무 150
감귤류 174
감나무 176
감탕나무 86
개나리 36
개동청나무 88
구과식물류 149
금목서 90
금송 152
꽃댕강나무 92
꽝꽝나무 94

나한송 154
남천 96

납매 38
낮은키편백 156
노각나무 35
눈주목 158

다정큼나무 98
단풍나무류 40
단풍철쭉 42
대나무 160

도사물나무 44
동백나무 100
등나무 46
때죽나무 48

마취목 102
만병초류 104
매실나무 50
먼나무 106
무궁화 52

물푸레나무(늘푸른 나무) 108
미국산딸나무 54
미국호랑가시나무 110
미켈리아 112

배롱나무 56
백목련 58

벚나무 60
별목련 49
병솔나무 114

블루베리 178
비파나무 180
뿔남천 116

사스레피나무 118
산당화 62
산딸나무 54
상록풍년화 120
서양수수꽃다리 64

석류나무 182
소귀나무 99
소나무 162
수국 66

수양단풍 68
식나무 122
실화백 166

안개나무 70

애기노각나무 72
애기동백나무 124

영산홍 126

올리브나무 123
월계수 128
일본고광나무 74
일본황칠나무 130

자작나무 76
조릿대류 153
조장나무 78
종가시나무 132

치자나무 134

캐나다서비스베리 181
키위 184

팔손이 144
페이조아 186
포도 187
풍년화 80
피라칸타 136

홍가시나무 138
황금아카시아 140
황금화백 168
황매화 82
후피향나무 142

191

무라코시 마사요시[村越匡芳]_ 감수

1942년생. 도쿄농업대학 농학부 조경과 졸업. 수목의 생산, 판매, 수출입과 정원의 설계, 시공, 관리를 전문으로 하는 주식회사 코가네이엔[小金井園]의 고문. 사단법인 일본조원조합연합회 회원, 사단법인 일본식목협회 위원. 홋카이도, 후쿠시마, 치바, 도쿄 등의 나무 농장과 제휴하여 식물의 생산관리와 새로운 수종 개발에 힘씀. 저서 『수종별 정원수 가지치기』, 『정원에 심고 싶은 수목도감』. 편저 『정원사가 가르쳐주는 정원 만들기-새로운 수종의 전정과 재배법』, 『녹화수목 가이드북』 등.

김현정_ 번역·감수

동아대학교 원예학과를 졸업하고 일본 니가타[新潟]국립대학 원예학 석사 · 박사 취득. 건국대학교 원예학과 박사 후 연구원, 학부 및 대학원 강사를 거쳐 부산 경상대 플로리스트학과 겸임교수, 인천문예전문학교 식공간연출학부 플라워디자인과 교수 역임. 현재 푸르네 정원문화센터 센터장 및 푸르네 정원학교 주임교수.

HITOME DE WAKARU! NIWAKI NO SENTEI
© IKEDA PUBLISHING CO., LTD. 2010
Originally published in Japan in 2010 by IKEDA PUBLISHING CO., LTD.
Korean translation rights arranged through TOHAN CORPORATION, TOKYO,
and EntersKorea Co., Ltd., SEOUL.
Korean translation rights © 2012 Donghak Publishing Co., LTD.

이 책의 한국어판 저작권은 일본 토한 코퍼레이션과 (주)엔터스코리아 에이전시를 통해
일본 저작권자와 독점 계약한 주식회사 동학사(그린홈)에 있습니다.
저작권법에 의해 한국 내에서 보호를 받는 저작물이므로 무단전재나 복제, 광전자 매체 수록 등을 금합니다.

내 손으로 직접 하는
나무 가지치기
[80종 전정剪定 가이드]

펴낸이	유재영	기 획	이화진
펴낸곳	그린홈	편 집	박선희
감수	무라코시 마사요시	디자인	문정혜
번역·감수	김현정		

1판 1쇄 | 2012년 3월 15일
1판 13쇄 | 2024년 11월 29일
출판등록 | 1987년 11월 27일 제10-149

주소 | 04083 서울 마포구 토정로 53(합정동)
전화 | 324-6130, 324-6131 · 팩스 | 324-6135
E-메일 | dhsbook@hanmail.net
홈페이지 | www.donghaksa.co.kr
　　　　　www.green-home.co.kr
페이스북 | www.facebook.com/greenhomecook

ISBN 978-89-7190-367-4 13480

- 이 책은 실로 꿰맨 사철제본으로 튼튼합니다.
- 파본 등의 이유로 반송이 필요할 경우에는 구매처에서 교환하시고,
  출판사 교환이 필요할 경우에는 위의 주소로 반송 사유를 적어 도서와 함께 보내주세요.
- 이 책은 저작권법에 따라 보호를 받는 저작물이므로 무단전재나 복제, 광전자 매체 수록 등을 금합니다.
- 이 책의 내용과 사진의 저작권 문의는 주식회사 동학사(그린홈)로 해주십시오.

※ **Green Home** 은 자연과 함께 하는 건강한 삶, 반려동물과의 감성 교류, 내 몸을 위한 치유 등 지친 현대인의 생활에 활력을 주고 마음을 힐링시키는 자연주의 라이프를 추구합니다.